ALTE ABENTEURLICHE REISEBERICHTE

Johann Jacob Saar

Johann Jacob Saar

GEHEIMNISVOLLE
GEWÜRZINSELN

Reise nach
Java, Banda und
Ceylon

1644–1660

Herausgegeben und erläutert
von Stefan Chr. Saar

Mit 62 zeitgenössischen
Abbildungen

Edition Erdmann

Johann Jacob Saar,
Geheimnisvolle Gewürzinseln
ISBN 3-86503-041-6
ISBN 978-3-86503-041-2
© 2006 by Edition Erdmann GmbH, Lenningen
Umschlaggestaltung: Nele Schütz Design, München
Satz und Reproduktionen:
Rund ums Buch – Rudi Kern, Kirchheim/Teck
Schrift: Adobe Garamond
Druck und Bindung: Friedrich Pustet, Regensburg
Printed in Germany. Alle Rechte vorbehalten.

5 4 3 2 1   06 07 08 09 10

INHALT

ERKLÄRUNG DES KUPFER-TITELS.................... II

VORWORT DES HERAUSGEBERS
Eine kurze Geschichte der Niederländischen
Ostindienkompagnie – Ein Deutscher im Dienst
der V.O.C.: Johann Jacob Saar (1625 bis 1664) –
»Ostindianische fünfzehnjährige Kriegsdienste« –
Editorische Notiz – Danksagung.............. 13

JOHANN JACOB SAAR,
REISE NACH JAVA, BANDA UND CEYLON
1644–1660

1. KAPITEL (1644)............................... 43

2. KAPITEL (1645)............................... 51

3. KAPITEL (1646)............................... 81

4. KAPITEL (1647)............................... 98

5. KAPITEL (1648)............................... 147

6. KAPITEL (1649)............................... 149

7. KAPITEL (1650)............................... 155

8. KAPITEL (1651)............................... 157

9. KAPITEL (1652)............................... 160

10. KAPITEL (1653) 167

11. KAPITEL (1654) 168

12. KAPITEL (1655) 169

13. KAPITEL (1656) 182

14. KAPITEL (1657) 192

15. KAPITEL (1658) 194

16. KAPITEL (1659) 209

17. KAPITEL (1660) 222

ANMERKUNGEN. 239

ANHANG

DANIEL WÜLFER,
WIDMUNG UND VORWORT ZUR
FOLIOAUSGABE 1672 (AUSZUG). 255

ABSCHIED DES AUCTORIS,
DEN ER ZU BATAVIA ERHALTEN (1659) 259

JOHANN CHRISTOPH ARNSCHWANGER,
ZUM EHRENGEDÄCHTNIS DES EDLEN UND MANN-VESTEN
JOHANN JACOB SAHREN, 1664 (AUSZUG) 261

WORTERKLÄRUNGEN 273

LITERATURHINWEISE. 281

Für Margit

Titelkupfer der Folioausgabe Nürnberg 1672. Die Banneraufschriften lauten: »Wir sehen und suchen weit – Durch viel Gefährlichkeit – nicht ohne Krieg und Streit – Die abgelegne Leut – und ihre reiche Beut«

8

ERKLÄRUNG DES KUPFER-TITELS

Was Nutz Meerfahren bringt, ist zwar der Welt schon kund:
Man führet so zu Uns, der fremden Länder Waaren.
Dem Nutzen folgt die Lust. Frag, was vor Lust es gunnt?
Der Echo Gegenlaut, antwortet dir: Erfahren.
Erfahrung bringt, die Fahrt: Der, schiffet über Meer,
und holet Wissenschaft von fernen Ländern her:
daß Ich zu Haus im Buch, kann alle Welt durchreisen.
Der Teutsche, deutet diß in Seiner Sprache an,
die der Natur gemäß die Sachen nennen kan:
Das Wort, Erfahrung, muß Ihm von den Fahren heisen
Das Schiff, pfeilt durch die Flut, erzielet manchen Fund:
Es führt Europen hin, und bringt nach vielen Jahren
uns Asien zu rück, ja gar das gantze Rund.
Ein Beyspiel, sihe hier, und schaue an Herrn Saaren.

Johann Jacob Saars/

Ost-Indianische
Funfzehen-Jährige

Kriegs-Dienste/

Und

Wahrhafftige Beschreibung/

Was sich Zeit solcher funfzehen Jahr/
von Anno Christi 1644. biß Anno Christi 1659.
zur See/ und zu Land/ in offentlichen Treffen/ in Beläge-
rungen/ in Stürmen/ in Eroberungen/ Portugäsen/ und Heydnischer/ Plätze
und Städte/ in Marchirn, in Quartirn, mit Jhm/ und andern Seinen
Camerades begeben habe/ am allermeinsten auf der grossen/
und herrlichen/ Jnsul

CEILON.
Zum andern mahl heraus gegeben/

Und mit vielen denckwürdigen Notis oder Anmerckungen/
wie auch Kupfferstücken/ vermehret/ und gezieret.

Psal. XXIV. vers. 1.
Die Erde ist des HErrn/ und was darinnen ist; der Erd-
boden/ und was darauf wohnet. Denn Er hat Jhn
an die Meer gegründet/ und an den Wassern bereitet.

Nürnberg/

Zu finden bey Johann Daniel Tauber/ Buchhändlern/
Gedruckt bey Johann-Philipp Miltenberger/
Im Jahr Christi/ 1672.

Vorwort des Herausgebers

Die Eroberung der Welt,
die im Wesentlichen darauf hinausläuft,
dass man sie denen wegnimmt,
die eine andere Hautfarbe oder
etwas plattere Nasen als wir haben,
ist, genau besehen, nichts Erfreuliches.

Joseph Conrad, Herz der Finsternis (1899)

Im Frühjahr 1644 unternahm der Kaufmannssohn *Johann Jacob Saar* (1625–1664) eine Reise in die Niederlande, um in Amsterdam Anstellung bei einem Handelshaus zu finden. Als sein Vorhaben fehlschlug, betrat er das in der Mitte Amsterdams am Kloveniersburgwal gelegene »Ostindische Haus« und verdingte sich bei der Vereinigten Ostindischen Compagnie als Soldat. Im Dezember trat der gerade Neunzehnjährige mit der »Weihnachtsflotte« der Ostindiencompagnie eine Reise an, die ihn nach Java, Banda und Ceylon, Indien und Persien führte und 1660 nach »sechzehn Jahren und vielem Ungemach, gefährlichen Travaglien zu Wasser und zu Lande, unter Heiden und Christen« mit der Rückkehr in die Vaterstadt Nürnberg ihr gutes Ende fand. *Johann Jacob Saars* Erinnerungen an »Ostindianische fünfzehnjährige Kriegsdienste« erschienen erstmals 1662 und gehören zu den meistgelesenen Reisejournalen deutscher Ostindienfahrer des 17. Jahrhunderts.

Eine kurze Geschichte der Niederländischen Ostindiencompagnie

Als der junge Deutsche sich auf den Weg nach Asien machte, erlebte die Republik der Vereinigten Niederlande ihr »Goldenes Zeitalter«, das 1579 mit der Lossagung der sieben nördlichen Provinzen des burgundischen Reichskreises von habsburgisch-spanischer Herrschaft begonnen hatte und bis in das frühe 18. Jahrhundert andauern sollte. Im Befreiungskampf gegen Spanien wuchsen die Niederländer zu einer anerkannten Nation mit ökonomisch wie kulturell wohlbegründetem Selbstbewusstsein zusammen. Durch Fischfang, Ostseehandel, Stapelmarkt und Seefracht reich geworden, geboten die Niederländer über die weltweit größte Handelsflotte, als erstes großes Handelsvolk der Neuzeit beherrschten sie die Waren- und Finanzmärkte; ihre Städte beherbergten bildende Künstler, Dichter und Wissenschaftler von europäischem Rang, waren führend in der Buchproduktion und verfügten über ein Bildungswesen, das nicht seinesgleichen hatte. Lesen und schreiben konnte in den Niederlanden fast jedermann, und wer im 17. Jahrhundert zur europäischen Bildungselite gehören wollte, verschaffte sich an einer niederländischen Hohen Schule das Prädikat »civilisé en Hollande«.

Diese staunenswerte Blüte, die den Niederländern den Respekt aber auch das Misstrauen ihrer Nachbarn einbrachte, wurzelte in der republikanisch-föderalen Staatsverfassung, in Frömmigkeit und weltanschaulicher Toleranz, calvinistischem Arbeitsethos und einem mit spröder Rationalität gepaartem Erwerbssinn, der im »reichen Handel« mit dem in Asien errichteten Kolonialreich ein lohnendes Betätigungsfeld fand. Trägerin dieses Kolonialreiches war die 1602 aus dem Zusammenschluss von Kaufmannssyndikaten hervorgegangene Vereinigte Ostindiencompagnie (V.O.C.), deren Aufstieg zum international operierenden Unternehmen eng verbunden war mit der außereuropäischen Expansion der iberischen Mächte, die seit dem ausgehenden Mittelalter versucht hatten, ihre überseeischen Einflussgebiete gegeneinander abzugrenzen. Nachhaltiger als das Edikt »Inter caetera« (1493), in dem Papst *Alexander VI.* (1492–1503) die spanische Krone mit den westindischen Entdeckungen belehnte, wirkte der Vertrag von Tordesillas von 1494, der die überseeische Welt in eine spanisch beherrschte westliche und eine östliche Sphäre teilte, in der die Portugiesen sich behaupten konnten, bis niederländische Kaufherren an der Wende zum 17. Jahrhundert eigene Flotten ausschickten, um die begehrten »reichen Güter« Asiens – Gewürze und andere Luxuswaren – zu beschaffen.

Den Anstoß zu dieser Entwicklung, so ist in älteren Darstellungen zur Geschichte der V.O.C. zu lesen, soll das Jahr 1585 gebracht haben, in dem *Philipp II.* (1527–1598), seit 1580 in Personalunion König von Spanien und Portugal, seinen rebellischen niederländischen Untertanen den Hafen von Lissabon versperrte. Heute wissen wir, dass dieses Embargo den Handel mit den Niederlanden weitgehend unberührt ließ, weil ungeachtet allen Streits niemand ein Interesse am Abbruch der traditionell guten Wirtschaftsbeziehungen hatte. Die Situation änderte sich erst im Jahr 1591, als es einem internationalen Konsortium unter Beteiligung der oberdeutschen Fugger gelang, die Niederländer aus dem »Pfefferkontrakt« mit Portugal zu verdrängen.

Dieser Vorgang hat den Entschluss niederländischer Handelsherren, auf eigene Rechnung im Asienhandel Fuß zu fassen, fraglos befördert, zumal das für eine derartige Unternehmung notwendige Kapital, eine hinreichend große Flotte und seemännisches Können vorhanden waren. Zwei Wege schlugen die Niederländer in den 1590er Jahren ein, um die asiatischen Märkte zu erreichen. Größeren Erfolg als die Erkundung eines nordöstlichen Seewegs nach China und Ostindien unter *Willem Barentsz* (um 1550–1597), die 1596/97 im Packeis scheiterte, versprach die Route um das Kap der Guten Hoffnung. Das von den Portugiesen lange als Staatsgeheimnis gehütete Wissen um den südlichen Seeweg in den Indischen Ozean war in der zweiten Hälfte des 16. Jahrhunderts durch Forschungsreisende und Kartographen in die nördlichen Niederlande gelangt. Zu den besten Kennern der portugiesischen Besitzungen in Indien gehörte *Jan Huygen van Linschoten* (1562–1611), der dem Erzbischof von Goa als Sekretär gedient hatte und 1595 in Amsterdam sein »Intinerario. Voyage ofte Schipvaert« veröffentlichte. Dieses mit Seekarten, Zeichnungen und nautischen Anweisungen angereicherte Handbuch gehörte zum Rüstzeug von vier Schiffen, die im April 1595 von Amsterdamer Handelsherren auf den Weg um das Kap der Guten Hoffnung gebracht wurden. Die Waren, die diese »Eerste Schipvaert« unter der Führung von *Cornelis de Houtman* (1565–1599) mitbrachte, spielten zwar kaum die Kosten ein; immerhin bewies die Expedition, dass die portugiesische Hegemonie zerbrechlich und selbstständiger Fernhandel mit Asien möglich war. Nachdem die »Tweede Schipvaart« (1598) unter *Jacob Cornelisz van Neck* (1594–1638) die Erwartungen vollauf erfüllt hatte, machten sich in Amsterdam, Middelburg, Hoorn, Enkhuizen, Delft und Rotterdam gegründete Kaufmannssyndikate daran,

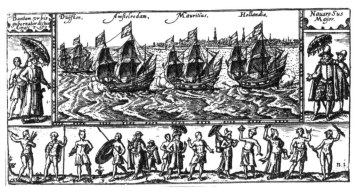

Die »*Eerste Schipvaert*« (1595) mit den Schiffen »Duijfken«, »Amstelredam«, »Mauritius« und »Hollandia«

14

das Gewürzmonopol der Portugiesen zu brechen und gegen englische Kaufleute anzutreten, die schon vor den Niederländern in asiatischen Gewässern Handel getrieben und im Jahr 1600 die *East India Company* gegründet hatten.

Die Kaufmannssyndikate, die als »Voorcompagniën« in die Geschichte eingegangen sind, schickten bis 1601 sieben moderne und gut bewaffnete Flotten nach Fernost. Diese Handelsreisen waren allerdings nicht abgestimmt, Konkurrenz trieb auf den asiatischen Märkten die Preise in die Höhe, während in Europa die Preise verfielen. Als die Vorcompagnien sich im März 1602 auf obrigkeitlichen Druck zur *Generale Vereenichte Geoctroyeerde Oostindische Compagnie* (V.O.C.) zusammenschlossen, war die gemeinschädliche Rivalität der Kaufleute behoben, denn hinfort segelten deren Handelschiffe unter gemeinsamer Flagge. Entgegen einer gängigen Umschreibung war die V.O.C. aber weit mehr als ein schlichtes »Handelshaus«. Es lässt sich nämlich neben dem wirtschaftspolitischen ein zweites, betont machtpolitisches Motiv nennen, das die Generalstaaten (das Parlament der Vereinigten Niederlande) und den einflussreichen holländischen Kanzler *Johan van Oldenbarneveld* (1547–1619) dazu bewogen hat, die Vorcompagnien zur Fusion anzuhalten: Indem die V.O.C. die Portugiesen aus dem Asienhandel drängte, schwächte sie zugleich den Hauptgegner Spanien, mit dem die junge Republik einen Befreiungskrieg führe, der im Jahr 1602 keineswegs schon entschieden war. Kurzum – Die Ostindiencompagnie war Handelsunternehmen und Instrument der Kriegsführung (und der Privatisierung von Kriegskosten) in einem.

Die Zwitterhaftigkeit der V.O.C. tritt bereits im Gründungspatent (Oktroy) hervor, in dem die Vereinigten Niederlande der Compagnie nicht nur das Monopol für Schifffahrt und Handel zwischen dem afrikanischen Südkap und der Magellanstraße, sondern auch eine Reihe quasistaatlicher Hoheitsrechte übertrugen: Die Compagnie wurde ermächtigt, im Namen der

Magazin der V.O.C. und Werft in Amsterdam

Generalstaaten ziviles und militärisches Personal in Dienst zu nehmen, befestigte Stützpunkte in Asien zu errichten, mit konkurrierenden Seemächten Kriege zu führen und mit asiatischen Fürsten Handels- und Beistandsabkommen zu verabreden. Der hierdurch begründete politische Einschlag der V.O.C. war den Zeitgenossen durchaus bewusst: »Es ist«, bemerkte gegen Ende des 17. Jahrhunderts ein niederländischer Staatsmann, »ein allgemeines und wahres Wort, dass die Niederländische Ostindische Compagnie nicht nur eine Handelsgesellschaft, sondern auch eine Compagnie der Herrschaftsausübung ist.«

Die ebenfalls im Gründungspatent festgelegte Struktur und Organisation der V.O.C. im Mutterland war ein Abbild des niederländischen Förderalismus und zielte darauf, die gegenläufigen Interessen der Handelsherren ins Gleichgewicht zu bringen und ihre Kräfte zu bündeln. Am Sitz der ehemaligen Vorcompagnien

16

Compagnie Souveraine des Indes Orientales.

Versammlung der »Heren XVII«

wurden »Kammern« gegründet, deren Aufgabe es war, Handelsflotten zu bauen und auszurüsten und die aus Asien eintreffenden Waren auf die Märkte zu bringen. Die größte, in Amsterdam ansässige Kammer trug die Hälfte, Middelburg (Seeland) ein Viertel aller Unternehmungen, die kleineren Kammern trugen je ein Sechzehntel, und entsprechend stellten Amsterdam den größte, die anderen Kammern je geringere Anteile des Kapitals. Im Direktorium der V.O.C. war Amsterdam mit zwanzig, Middelburg mit zwölf und die kleineren Kammern mit je sieben »Bewindhebbers« vertreten; im Vorstand, der berühmten »Versammlung der Heren XVII«, hatten Amsterdam mit acht und Middelburg mit vier Mitgliedern das Sagen, während die kleineren Kammern durch je ein Mitglied repräsentiert waren.

Obwohl die V.O.C. aus einer staatlich betriebenen Fusion hervorgegangen war, verhielt ihre Führung sich im Umgang mit den Vereinigten Provinzen derart selbstbewusst, dass von einem Staat im Staate zu sprechen ist. Nach dem Verständnis der Heren XVII war es der vornehmliche Zweck der Compagnie, im Interesse privater Kapitalgeber Gewinne zu erwirtschaften, und in der Tat brachten die an der weltbeherrschenden Börse von Amsterdam gehandelten Aktien alsbald beachtliche Renditen ein. Der Aktienkurs, der zu Beginn der 1630er Jahre noch bei 200 Gulden gestanden hatte, stieg bis 1643 auf 470 Gulden und erreichte im Jahr 1648, als die Niederlande mit dem Frieden von Münster und Osnabrück ihre volle Souveränität gewannen, mit 539 Gulden den Höchststand. Zwischen 1623 und 1782 schüttete die Compagnie regelmäßig Dividenden aus, die sich im Mittel auf ansehnliche 18,5 % beliefen.

Auch die mit ihrer Gründung verfolgten wirtschafts- und machtpolitischen Zwecke verfehlte die V.O.C. nicht. Zwar blieb ihr Beitrag zum Steueraufkommen stets bescheiden, und nie stellte sie mehr als 4 % der niederländischen Handelsflotte; neben dem Staat war die Compagnie jedoch der größte Arbeitgeber, und indem sie zahllose Betriebe mit Aufträgen versorgte und neue Industrien entstehen ließ, die importierte Waren weiterverarbeiteten, beförderte sie das »Goldene Zeitalter« und die insgesamt verhältnismäßig günstigen Lebensumstände der niederländischen Bevölkerung. Vor allem aber verkörperte die V.O.C. auf den Meeren und in Übersee die Expansionspolitik der Vereinigten Provinzen, deren juristische Untermauerung nicht lange auf sich warten ließ:

In seiner Kampfschrift über die »Freiheit der Meere« (Mare libero, 1609), bestritt der hochbedeutende Rechtsgelehrte und Begründer der Völkerrechtswissenschaft *Hugo Grotius* (1583–1645) den Portugiesen das auf Entdeckung und päpstliche Belehnung gestützte Vorrecht auf den Besitz Indiens, die Seefahrt und den Handelsverkehr mit Asien. Weil die Ozeane und ihre Gestade, so *Grotius*, Gemeingut seien, begründe die Inbesitznahme fremder

Länder keine Rechtstitel; fremde Völker zum Zwecke des Handels aufzusuchen sei das natürliche Recht eines jeden Volkes. Diese vermutlich im Auftrag der V.O.C. entwickelte Lehre wirkte gut liberal; ihre Kehrseite hatte sie darin, dass die »Freiheit der Meere« gleichbedeutend war mit der Freiheit der Niederländer, soweit die Meere sich in niederländischem Alleinbesitz befanden. Nicht zu Unrecht ist *Grotius'* Schrift daher als die geschickte Tarnung eines Wirtschaftsterrorismus kritisiert worden, von dem die mit der V.O.C. konkurrierenden europäischen Handelsnationen ebenso betroffen waren wie die Bevölkerung in den Kolonialgebieten Asiens.

In Fernost unterhielt die Compagnie Niederlassungen, die nach dem Verständnis der Heren XVII nicht als nationaler Besitz, sondern als frei verfügbares Privatvermögen galten. Hauptort des Handelsimperiums war zunächst der Stapelplatz Bantam auf Großjava, ab 1619 dann die benachbarte Stadt Batavia (das heutige Jakarta), die *Jan Pietersz. Coen* (1587–1627), Architekt des Kolonialreiches und Generalgouverneur der V.O.C., nach Kämpfen mit der *East India Company* gegründet hatte. Batavia war Haupthafen und Sitz des Generalgouverneurs und des Ostindischen Rates, die Handel, Verwaltung und Kriegsführung lenkten. Von Batavia erweiterte die V.O.C. ihr Imperium auf die Molukken (»Gewürzinseln«) mit dem Zentrum Ambon (Amboina), von wo Gewürznelken, Muskatnüsse und Muskatblüten importiert wurden. Sodann übernahm sie die Kontrolle über die strategisch wichtige Sundastraße zwischen Sumatra und Java. Auf Banda zog die V.O.C. den Muskatanbau an sich, auf Ceylon das Zimtmonopol, indem sie zwischen 1638 und 1658 die Portugiesen vertrieb. 1641 eroberte sie die als Ort des Pfefferanbaus wichtige Halbinsel Malakka und kontrollierte nunmehr mit der Malakkastraße die zweite bedeutsame Passage zwischen Indischem Ozean und Südchinesischem Meer. Über den Mittleren und Fernen Osten spannte die Compagnie ein Netz von Faktorien, von denen einige sich allerdings nur für relativ kurze Zeit halten ließen. Niederlassungen entstanden in Mokka am Roten Meer und in Gamron am Persischen Golf, in Surat im Nordwesten Indiens (1616), auf Ceylon und an der südostindischen Koromandelküste, in Bengalen, Birma, Siam und Vietnam, auf Formosa (Taiwan) und in Japan. Die 1652 am Kap der Guten Hoffnung gegründete Niederlassung diente den Retourflotten auf dem Weg in den Indischen Ozean und auf der Heimreise nach Europa als Versorgungsposten. Im Verlauf ihrer Expansion fügte sich die V.O.C. in den hoch entwickelten innerasiatischen Handel ein und erweiterte das Sortiment der nach Europa verschifften Waren auf Tee und Kaffee, Zucker, Opium, Seide, Baumwolle und Leinen, Edelmetalle, Juwelen und Perlen, Porzellan, Edelhölzer, Möbel und exotische Tiere. Zwischen 1602 und 1795 unternahm die Compagnie mehr als 4 700 Handelsreisen, und bis zur Mitte des 18. Jahrhunderts fuhren geschätzte 50 % aller Schiffe auf dem Weg von Asien nach Europa unter niederländischer Flagge.

Diese Dominanz beruhte keineswegs nur auf kaufmännischem Geschick, sondern zu einem guten Teil auf militärischer Gewalt. Mit der Übertragung der Kriegsführung auf die V.O.C. gelang den Niederländern eine Entkoppelung von europäischer Bündnispolitik und fernöstlicher Kolonialpolitik. Ohne inneren Widerspruch konnten die Vereinigten Provinzen sich in Europa mit England gegen den gemeinsamen Feind Spanien verbünden, während in Asien die V.O.C. mit der *East India Company* um die Vorherrschaft focht. Ein 1619 zwischen der englischen Krone und den Generalstaaten geschlossener Pakt, der den Engländern ein Drittel des Gewürzhandels zuwies, wurde alsbald unterlaufen, und im Kampf um die Gewürzinseln ließ Generalgouverneur *Jan Pietersz. Coen* keine Gelegenheit zur Demütigung der Engländer aus. Auf Ambon ließ *Coen* im Jahr 1623 englische Kaufleute unter dem zweifelhaften Vorwurf der Verschwörung

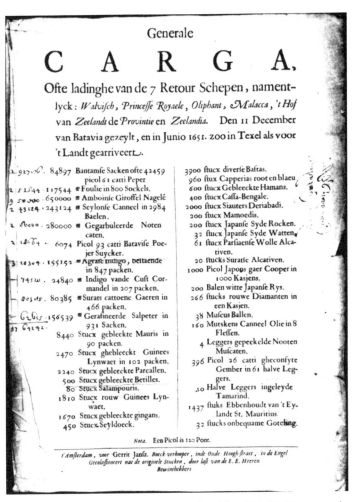

Ladeliste einer Retourflotte der V.O.C. aus dem Jahr 1651. Die Liste vermerkt unter anderem Zimt und Zucker, Indigo, Salpeter, Stoffe und Edelsteine.

durch japanische Söldner grausam hinrichten und vierteilen. Das Massaker beendete die Kooperation mit der *East India Company*, blieb in der kollektiven Erinnerung der Engländer haften und inspirierte ein halbes Jahrhundert später im Dritten englisch-niederländischen Krieg (1672–1674) den Dramatiker *John Dryden* (1631–1700) zu dem Trauerspiel »Amboyna, or the Cruelties of the Dutch to the English Merchants«.

In den 40er Jahren des 17. Jahrhunderts waren die Engländer im indonesischen Archipel geschwächt, der Hauptgegner Portugal war nach Indien und Ceylon zurückgeworfen. Im Kampf um Ceylon spielte die V.O.C. ihre militärische Überlegenheit zu Lande und auf See aus; bei der Eroberung Colombos (1656) legte sie eine Brutalität an den Tag, unter der die Soldaten beider Seiten und die portugiesische und asiatische Zivilbevölkerung gleichermaßen zu leiden hatte. Wo die Niederländer die Herrschaft erkämpften, zielte ihr Regime vornehmlich auf Expropriation der Eingeborenen, die als Sklaven und Dienstboten beschäftigt wurden oder unter Androhung harter Strafen Gewürze oder Textilien zu liefern hatten. Außerordentliche Härte legte die V.O.C. an den Tag, wenn Einheimische sich dem Ausbau des Gewürzmonopols in den Weg stellten. Nach der Eroberung der als Ort des Muskatanbaus bedeutsamen Bandainseln befahl *Jan Pietersz. Coen* im Jahr 1621 die Hinrichtung von siebenundvierzig Häuptlingen, die sich der englischen Krone unterworfen hatten. Ganze Dorfgemeinschaften wurden in die Sklaverei verkauft oder dem Hungertod überlassen. Zur Sicherung des Muskatmonopols siedelte die V.O.C. auf dem verwaisten Archipel Kolonisten (»Freibauern«) an und ließ auf den umliegenden Inseln sämtliche Muskatbäume roden; ähnliche Ereignisse spielten sich 1651 auf Ceram ab. Augenzeugen aus den Niederlanden beobachteten derartige Ereignisse mit Abscheu; *Coen* sah die Lage gelassen, denn die Heren XVII hatten den Generalgouverneur ermuntert, die Gewürzinseln zu unterwerfen und ihre Anführer zu vernichten oder aus dem Land zu weisen, weil von dem »widerspenstigen Volk nichts Gutes zu hoffen« sei.

Die auf den Bandainseln verfolgte Strategie war allerdings keineswegs die Regel. Gewöhnlich handelte die V.O.C. nach dem

22

bewährten Grundsatz »Teile und Herrsche«, indem sie die rivalisierenden asiatischen Potentaten gegeneinander ausspielte und Handels- und Allianzabkommen schloss. Sinnfälliges Beispiel für diese Vorgehensweise ist das ceylonesische Fürstentum Kandy, dessen Fürst vom Bündnis mit den Niederländern die Befreiung von portugiesischer Herrschaft erhoffte und bald einsehen musste, dass neue Herren an die Stelle der alten getreten waren. In einer weiteren Hinsicht ist Ceylon bezeichnend für die Kolonialpolitik der V.O.C.: Die Heren XVII begnügten sich weithin mit dem Erwerb von Küstenstreifen und befestigten Stützpunkten zur Sicherung der Seewege und der im Kampf gegen Portugal und England erstrittenen führenden Stellung. Ausgreifende Landnahmen und die organisierte Ansiedlung von Kolonisten, wie sie auf den Bandainseln und später am Kap der Guten Hoffnung geschahen, blieben die Ausnahme, und die meisten Europäer, die im Dienst der V.O.C. nach Ostindien segelten, hatten wohl schon bei ihrer Abreise die Rückkehr im Sinn. Zur Differenz zwischen niederländischer und portugiesischer Kolonialpolitik bemerkt *Johann Jacob Saar* in seinem Reisejournal: »Es ist da ein schön ebenes Land, das haben die Portugiesen über zweihundert Jahre innegehabt. Denn wo sie einmal hingekommen, da meinen sie ihr Lebtag zu bleiben und wollen nicht leicht wieder nach Portugal. Ein Holländer aber, der nach Indiam kommt, denkt: Sind meine sechs Jahre gepassiert, so gehe ich wieder nach meinem Patria! Daher will er das Land und die Städte nicht viel bebauen. Ja, wenn die Holländer eine Festung oder Stadt erobern, so schneiden sie gemeiniglich an der Landseite den Halben Teil ab. Und den andern halben Teil machen sie gegen das Land sehr fest, damit es wenig Besatzung braucht.« Diese Strategie war Ausdruck klug kalkulierter Selbstbeschränkung, ohne die den relativ bevölkerungsarmen Niederlanden der Aufstieg zur Kolonialmacht nicht hätte gelingen können – niederländischer Kolonialismus zielte auf den Ausbau und die Sicherung von Handelsbeziehungen und Monopolen und war unter diesem Vorzeichen erst in zweiter Linie ein System politischer Herrschaft.

Erste Anzeichen des Niedergangs der V.O.C. wurden an der Wende zum 18. Jahrhundert sichtbar – die Besitzungen in Fernost brachten viel Ärger und wenig Profit ein. Gewichtung und Zusammenspiel der Ursachen dieses schleichenden Zerfalls werden unterschiedlich beurteilt, als Faktoren gelten die Auflösung der Monopole für Waren aus Fernost, unverhältnismäßig hohe Verwaltungskosten, schlecht ausgebildetes und korruptes Personal, das Missverhältnis von Gewinn und Dividende, eine zwischen den Kammern im Mutterland und den asiatischen Niederlassungen mangelhaft abgestimmte Buchhaltung. Zuerst gingen die Stützpunkte in Arabien und Persien verloren, dann musste die Compagnie in Indien den Engländern weichen. In den 80er Jahren des 18. Jahrhunderts begann der endgültige Niedergang. Im Vierten englisch-niederländischen Seekrieg (1780–1784) riegelten die Engländer den Handel mit Asien ab, die 1795 gegründete Batavische Republik verweigerte der V.O.C. die Verlängerung des Gründungspatents, übernahm ihre Schuldenlast und zog die Besitzungen ein, die im 19. Jahrhundert zur Grundlage eines zweiten niederländischen Kolonialreichs in Fernost wurden.

Ein Deutscher im Dienst der V.O.C. –
Johann Jacob Saar (1625–1664)

Die Bevölkerung im ostindischen Kolonialgebiet und die nach
hunderttausenden zählenden Bediensteten hatten einen hohen
Preis für die niederländische Expansion zu zahlen. Weil die
V.O.C. ihren enormen Personalbedarf auf dem heimischen Ar-
beitsmarkt nicht decken konnte, war sie während ihrer gesamten
Geschichte auf ausländische Matrosen, Kaufleute, Handwerker
und Soldaten aus ganz Europa angewiesen. Im 17. Jahrhundert
und besonders in der Zeit des Dreißigjährigen Krieges stammte
die überwiegende Zahl der Compagniebediensteten aus Deutschland. Dass die weitaus meisten Männer auf der Seereise starben
oder den erbärmlichen Lebensbedingungen in Asien zum Opfer fielen, war allgemein bekannt; ohne Übertreibung heißt es
in *Heinrich von Kleists* »Zerbrochenem Krug« (1811): »Errettet
Ruprecht von der Konskription! Denn diese Konskription [...]
geht nach Ostindien; und von dort, Ihr wisst, kehrt von drei
Männern einer nur zurück!«

Für jene, die das ostindische Abenteuer einigermaßen unver-
sehrt überstanden, erwies sich die Hoffnung auf einen Anteil
an den »croesischen Schätzen« Asiens gewöhnlich als flüchtiger
Traum. Die Heren XVII gewährten freie Kost und Logis, sparten
aber am Sold und versperrten Ausländern gewöhnlich den Aufstieg
in die oberen Ränge des Personals. Zudem wachte die V.O.C. über
ihr Handelsmonopol. Kehrten die Ostindienfahrer in die Niederlande zurück, so wurden ihre Seekisten inspiziert, und es bedurfte
eines gewissen Geschicks, um im Übermaß eingeführte Waren wie
Tee und Porzellan, feine Stoffe, Kleinmöbel, Muscheln, lebende
oder präparierte Tiere und andere in Europa gefragte Kuriositäten
vor der Beschlagnahme durch die Compagnie zu schützen.

Der mäßige Verdienst und das gefahrvolle Leben in Asien fü-
gen sich zu Zeugnissen des 17. Jahrhunderts, in denen die V.O.C.

als Zuflucht von Desperados geschildert wird. Dieses bis an die Gegenwart heran lebendige Bild bedarf der Korrektur, denn bei der Ostindiencompagnie verdingten sich keineswegs nur entwurzelte Menschen aus den untersten Schichten, sondern durchaus auch verarmte Adelige, aus der Bahn geworfene Gelehrte, in Not geratene Kaufleute und Handwerker sowie abenteuerlustige junge Männer aus bürgerlichem Milieu, die eine gewisse Bildung genossen hatten. Dieser Gruppe zuzurechnen ist *Johann Jacob Saar*, dessen Herkunft und Lebensumstände in zeitgenössischen Quellen verhältnismäßig gut dokumentiert sind. Neben Hinweisen im Reisebericht gibt die 1664 von dem Nürnberger Diakon und Kirchenliederdichter *Johann Christoph Arnschwanger* (1625–1696) verfasste Leichenrede Auskunft:

Geboren wurde *Johann Jacob Saar* am 19. November 1625 in Nürnberg. Der Vater *Jacob Christoph Saar* († 1659) war Kauf- und Handelsmann. Als Mitglied des Größeren Rates gehörte *Johann Christoph* zum gehobenen Bürgertum der ratsfähigen mittleren Kaufleute und vermögenden Handwerker. Seine Ehe mit *Magdalena Krausberger* brachte neben *Johann Jacob* wenigstens zwei weitere Söhne und eine Tochter hervor. *Johann Christoph* und *Magdalena Saar* waren lutherische Protestanten, die ihren »*ein wenig erwachsen*« gewordenen Sohn *Johann Jacob* »neben dem Catechismo im Lesen, Rechnen und Schreiben fleißig unterrichten« ließen. 1631 verlor der Knabe die leibliche Mutter, um das Jahr 1637 schickte ihn der Vater in die Fremde. Über die Hintergründe dieser ersten Reise besteht kein Aufschluss – es mag sein, dass es nach der Wiederheirat *Jacob Christoph Saars* zu Zwistigkeiten mit der Stiefmutter gekommen war. Über die nachfolgenden Lebensjahre ist wenig bekannt. *Arnschwanger* bemerkt, *Johann Jacob* habe »in Ungarn und Oesterreich sich aufgehalten und eine zimliche Zeit unterschiedlichen Herren aufgewartet«. Zu der Annahme, *Jacob Christoph Saar* habe seinen Sohn in der Fremde für die Kaufmannschaft ausbilden lassen, fügt sich der Hinweis, *Johann Jacob* habe nach seiner Heimkehr im Dienst des Vaters an Handelsmessen teilgenommen. Zu Ostern 1644 kehrte *Saar* der vom Krieg schwer betroffenen Vaterstadt mit dem Ziel Hamburg den Rükken; vermutlich wählte er die beliebte Ostroute, die über Gotha nach Dresden und von dort auf der Elbe nach Hamburg führte. Der Anlass der Reise ist wiederum ungewiss, doch liegt die Vermutung nah, dass *Saar* sich bei einem Handelshaus zu verdingen suchte; als er in Hamburg keine ihm genehme Anstellung fand, ging er nach Amsterdam, wo die Suche nach einem Dienstherrn erneut scheiterte.

Von der V.O.C. ließ *Johann Jacob Saar* sich wohl aus schlichter Not anwerben, vielleicht auch aus jugendlich-unbedachter Lust am Abenteuer. Dass er als Söldner engagiert wurde, obwohl ihm das Kriegshandwerk fremd war, erstaunt nur auf den ersten

Allard von Everdingen (1621–1675), das Hauptquartier der V.O.C. in Amsterdam um 1666

Blick. Der Compagnie war an der Beschaffung von Seemannschaft und der Versorgung ihrer Stützpunkte mit Soldaten gelegen. Militärische Fähigkeiten spielten bei der Rekrutierung eine untergeordnete Rolle, zumal der notwendige Drill auf See und nach der Ankunft in Fernost nachgeholt werden konnte. *Johann Jacob Saar* diente der V.O.C. in Batavia, sodann auf den Molukken, wo er an Expeditionen gegen die rebellische Bevölkerung teilnahm. Seit 1647 auf Ceylon stationiert, unternahm er Reisen nach Persien und Nordwestindien und beteiligte sich in den Jahren 1652 bis 1659 an der Vertreibung der Portugiesen aus ihren ceylonesischen Besitzungen. Während der Belagerung Colombos geriet *Saar* in portugiesische Gefangenschaft und wurde zweimal schwer verwundet. Die »Fünfzehnjährigen ostindianischen Kriegsdienste« überstand er dennoch einigermaßen schadlos; ein unkompliziertes Gemüt mag das Soldatenleben erträglich gemacht haben und brachte ihm bei seinen Kameraden den nom de guerre »Leichtherz« ein. Wohl aus Heimweh erbat *Saar* 1659 seinen Abschied, im Juli des folgenden Jahres erreichte er wohlbehalten die Niederlande, im August kehrte er nach Nürnberg zurück.

Ob er sein Glück gemacht hatte, steht dahin. Die Vorstellungen die man sich in Europa von Asiens »güldenen Bergen« machte, hatten nur wenig mit der Wirklichkeit gemein. Die Erwerbs- und Karrierechancen waren gering – *Saar*, der in Amsterdam als »Adelborst« (Offiziersanwärter) angemustert hatte, brachte es 1654 nach immerhin zehn Jahren im Dienst der V.O.C. nur zum Korporal und einem mäßigen Aufschlag auf den ohnehin mäßigen Sold. Allerdings konnte, wer in Asien durch halblegale Geschäfte »ein Capitalchen« gesammelt, sparsam gelebt und seine Gage nicht vertrunken, in den Bordellen Amsterdams vertan oder auf der Heimreise an Wegelagerer verloren hatte, beachtliche Summen mitbringen. Der Nürnberger *Johann Sigmund Wurffbain* (1613–1661), der 1632 bis 1645 in niederländischem Dienst gestanden und als Oberkaufmann und Flottenkommandeur eine außergewöhnliche Karriere gemacht hatte, lebte nach seiner Heimkehr derart aufwändig, dass der Nürnberger Magistrat ihn wegen Missachtung der strengen Kleidervorschriften maßregelte. *Johann Jacob Saar* war gewiss weniger erfolgreich als sein Landsmann *Wurffbain*; dennoch ist der Schluss erlaubt, dass er auf seiner Heimreise ein kleines Vermögen mit sich führte; immerhin plausibel ist die Einschätzung bei *Zedler*, er habe »heimlich so viel aus Ost-Indien gebracht, dass er damit gar wohl sey zufrieden gewesen, wiewohl er es sich gegen niemand mercken lassen«. Alles in allem scheint *Saar* die Rückkehr in ein geordnetes Leben zunächst besser gelungen zu sein als anderen Ostindienfahrern. In der Nachfolge seines anfangs 1659 verstorbenen Vaters versuchte er sich als Kaufmann, im Juni 1661 ging er eine unbekindete Ehe mit der Jungfer *Katharina Söhner* († nach 1666) ein, der Tochter eines geachteten Nürnberger Amtmanns. Ein letztes Selbstzeugnis aus dem Jahr 1663 belegt, dass *Saar* den ererbten Anteil an dem am Milchmarkt (heute: Albrecht Dürer-Platz und Bergstraße) gelegenen Vaterhaus an die Stiefmutter veräußerte.

Im Charakterbild des gewesenen Söldners, der nun am Ende seines vierten Lebensjahrzehnts stand, hatten die »Ostindianischen Kriegsdienste« Spuren hinterlassen, von denen wiederum *Arnschwanger* berichtet: »Gleich wie er aber in seinen blühenden Jahren nichts anders gehört und gesehen, als was Kriegsgeschäfte gewesen: also hat er auch in seinen [...] fruchtbringenden Jahren nichts anders als was zum Kriegen gehöret verwalten mögen. Deswegen er dann in Kriegsverrichtungen gebraucht zu werden, sonderlich seinem Vatterlande zum Besten, sich jederzeit verlangen lassen«. Zu Beginn des Ersten Türkenkrieges des 17. Jahrhunderts trat *Johann Jacob Saar* im Frühjahr 1664 als Fähnrich in eine von der Reichsstadt Nürnberg gestellte Kompanie von Infanteristen ein. Sein Schicksal erfüllte sich im August 1664 in der Türkenschlacht bei St. Gotthard-Mogersdorf im Burgenland, die mit dem Sieg der kaiserlichen Truppen unter *Raimund Graf Montecocculi* (1609–1680) endete. Ein Augenzeuge: »Bei so vielen Gelegenheiten dieser Art ich auch war, so erstaunendwürdige Wirkung eines panischen Schreckens sah ich niemals als damals. Es gab ganze Regimenter, wo sich die Soldaten die Köpfe abschlagen ließen, ohne aus ihren Gliedern zu weichen und ohne den geringsten Widerstand zu tun; so hatte sie der Schrecken ergriffen [...]« Der Verlauf der Schlacht und die Hinweise bei *Arnschwanger* legen den Schluss nah, dass *Saar* bei St. Gotthard unter den ersten Toten war.

»Ostindianische fünfzehnjährige Kriegsdienste«

Das kostbarste Gut, das *Johann Jacob Saar* bei seiner Heimkehr mit sich führte, waren die Erinnerungen an die in Asien verbrachten Jahre, die erstmals 1662 in Nürnberg als Quartausgabe erschienen. Die Veröffentlichung der »Ostindianischen fünfzehnjährigen Kriegsdienste« diente wohl nicht dem Gelderwerb, sondern dem üblichen Zweck der Selbstdarstellung – Reisejournale wiesen ihre Verfasser als tugendhafte Männer aus, die ihren Herren treu gedient und das ostindische Abenteuer tapfer und klaglos überstanden hatten. Wie andere Autoren, so hat auch *Saar* sich bei der redaktionellen Bearbeitung seines Reisebuchs fremder Hilfe bedient. Erkennbar wird der Beistand durch den Nürnberger Theologen und Prediger zu St. Lorenz *Daniel Wülffer* (1617–1685) allerdings erst in der Folioausgabe von 1672, aus deren Vorwort der Leser erfährt, dass *Saar* seine Erlebnisse in einem Reisetagebuch festgehalten hat, das auf der Heimreise »durch Unglück auf See, leider!« verloren ging; die Quartausgabe enthält daher ein verkürztes Gedächtnisprotokoll. Die Folioausgabe nennt *Wülfer* ein »neues Werk«, das im Vergleich zur »ander[en] Emission fast um so viel gewachsen [sei], als die erste war«. Dieses Anwachsen auf das Doppelte beruhte auf der Einfügung von Illustrationen und auf Anleihen bei »anderen Scribenten«, die *Wülfer* redlicherweise beim Namen nennt. Erwähnt sind der mit *Saar* befreundete Wundarzt *Johann Jacob Merklein* aus Windsheim (1620–1700), der mecklenburgische Adlige und Forschungsreisende *Johann Albrecht von Mandelslo* (1614–1644) sowie die Soldaten *Jürgen Andersen* aus Tondern/Schleswig (um 1620–1679), *Volquard Iversen* aus Husum (um 1630–1668), *Albrecht Herport* aus Bern (1641–1680) und *Johann von der Behr* aus Leipzig († 1680).

Deutsche Ostindienfahrer des 17. Jahrhunderts, die zur Feder griffen, um ihre Erinnerungen niederzuschreiben, wurden lange als »Verfasser von geringer Erziehung und sehr wenigen Kenntnissen« gering geachtet. Heute gelten ihre Reisejournale als kulturgeschichtliche Quellen von Wert, bei deren Lektüre und Deutung in Rechnung zu stellen ist, dass die Autoren Kinder ihrer Zeit waren. Spürbar sind die eurozentrische Sicht, die christlichen Glaubensvorstellungen der Verfasser und der Umstand, dass sie Asien in zeitlich und örtlich eng begrenzten Ausschnitten erlebt haben. In *Johann Jacob Saars* »Ostindianischen Kriegsdiensten« macht sich bemerkbar, dass der Autor das Kolonialreich der V.O.C. nicht als Matrose, Handwerker oder Kaufmann, sondern als Soldat kennen gelernt hat. Vieles von dem, was *Saar* über die von den Schiffen der Compagnie eingeschlagenen Seerouten, das elende Leben an Bord, über karge Verpflegung, Krankheit, Tod und drakonische Disziplin berichtet, findet sich ebenso (und meist detailgetreuer) in anderen zeitgenössischen Reisejournalen, und auch in geographischer Hinsicht ist der Bericht alles andere als originell, mitunter sogar fehlerhaft.

Erheblichen Raum beanspruchen in *Saars* Reisebuch naturgemäß das Militärwesen und der Krieg gegen die Portugiesen und gegen widerständige Asiaten. Hart ist das Soldatenleben schon in Friedenszeiten, als überlebenswichtig erweist sich die Kameradschaft mit Landsleuten, die Nachricht aus der Heimat bringen und in der Not Beistand leisten. Der Wachdienst in den Garnisonen und Faktoreien ist eintönig, das tropische Klima, Krankheiten, Wassermangel und magere Kost setzen den Europäern zu. Weil die V.O.C. an der Ausrüstung spart, ist die Kleidung meist ärmlich, und es kommt vor, dass die Soldaten barfüßig unterwegs sind; fehlt es an Verpflegung, so bereiten die Männer sich eine Mahlzeit von Schlangen, die mit Behagen verzehrt werden.

Diese Lebensumstände machen es verständlich, dass die fernöstliche Pflanzenwelt vornehmlich unter dem pragmatischen Blickwinkel der Nahrungsbeschaffung und der arzneilichen Verwendbarkeit einzelner Arten beschrieben wird. Beeindruckt zeigt *Saar* sich von Nashörnern und Elefanten, die von den Niederländern eingefangen und zu hohen Preisen verkauft werden. Die Soldaten zähmen vor der Heimreise exotische Vögel und Äffchen, weil sie hoffen, in Europa zahlungsbereite Abnehmer zu finden. Gewöhnlich wird die fernöstliche Fauna aber als lästig oder bedrohlich erlebt – Skorpione, Tausendfüßler, Moskitos und anderes Ungeziefer machen das Leben sauer, Krokodile, Tiger, Schlangen sind gefährliche Menschenfresser, denen mancher Kamerad zum Opfer fällt.

Zweifel an der gottgegebenen Herrschaft der Europäer über die »Heiden« kommen in *Saars* Reisejournal nicht auf: »Also haben die Heiden freilich die besten und schönsten Länder und Inseln inne; aber Gott der Allmächtige hat ihnen den Verstand nicht gegeben, dass sie es recht zu nutzen bringen können. Sie müssen daher solche Länder gleichwohl den Christen zukom-

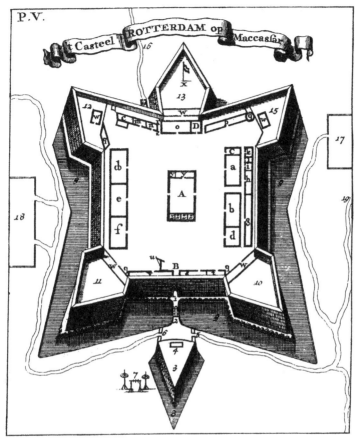

Ein typischer Festungsbau der V.O.C. in Asien: Kastell »Rotterdam« auf Celebes

men lassen [...]«. Die militärische Überlegenheit der V.O.C. steht ebenfalls außer Zweifel, und es fehlt auch nicht an patriotisch gefärbten Hinweisen auf die Tüchtigkeit der deutschen Solda-ten: »[...] hoch ist die deutsche Tapfer- und Redlichkeit auch mitten im Heidentum respectiert [...]«. Im Kampf Mann gegen Mann sind die Eingeborenen ernst zu nehmende Gegner, die »Säbel und Schild [...] künstlich und mächtig behände führen.

Sie springen so gewaltig hoch, daß sie einem im Sprung schnell den Kopf abschlagen können«. Spielt jedoch die V.O.C. in offener Feldschlacht die überlegene Bewaffnung und Disziplin ihrer Söldner aus, so können dreihundert von ihnen zwanzigtausend »Heiden« schlagen, bis der Kommandeur ausruft: »All genug von dem armen Volk niedergewürgt, lasset die anderen laufen!«

Grimmige Entschlossenheit bestimmt auch den Kampf mit den Portugiesen. In portugiesischer Gefangenschaft hat *Saar* derart zu leiden, dass er »viel lieber unter Heiden oder Mohren hätte sein mögen als unter ihnen«. Portugiesen und Niederländer ersparen einander im Krieg keine Grausamkeit. Während der Belagerung Colombos bringen Soldaten der V.O.C. portugiesische Kriegsgefangene um, flüchtige Zivilisten sterben zwischen den feindlichen Linien und Frauen werden zur Abschreckung genötigt, ihre Kinder zu erschlagen. Solche Kriegsgräuel werden nüchtern und mit geringer Anteilnahme mitgeteilt; der Waffendienst stumpft ab und lässt allenfalls Raum für Selbstmitleid.Nach der Einnahme Colombos zerschlägt sich die Hoffnung der einfachen Soldaten auf reiche Beute, denn bei der Plünderung haben die Offiziere den Vortritt; Goldstücke, die *Saar* in einem Kloster an sich gebracht hatte, wurden ihm sogleich wieder abgenommen.

Angesichts dieser enttäuschenden Erfahrungen fällt *Saars* Urteil bemerkenswert günstig aus. Besonders gut gefällt es ihm in Persien: »Könnte man dort auch einen Gottesdienst tun, so wollte ich mir nicht wünschen, dafür in Deutschland zu sein.« Die insgesamt positive Haltung hat ihre wesentliche Ursache wohl in der Faszination, die von der fremdartigen Landschaft, der Lebensweise der Einheimischen und ihrer Kultur ausgeht. Javanesen, Ceylonesen, Inder und Perser werden vornehmlich anhand biologischer Merkmale beschrieben: Statur, Haut- und Haarfarbe. Geht es jedoch um die Wertschätzung, die einzelnen Menschen entgegengebracht wird, so hat deren ethische und religiöse Prägung den Vorrang. So berichtet *Saar* von einem schwarzhäutigen getauften Schiffsprovoss, der »so heilig und gottesfürchtig [war], dass er nicht hören konnte, wenn einer fluchte, und nicht sehen konnte, wenn um Geld gespielt wurde«. In diesem Lob schwingt Kritik an den europäischen Glaubensbrüdern mit. Religiöse Differenzen machen sich vor allem im Verhältnis zu den Portugiesen bemerkbar, die als mörderisch, feige, verschlagen und heuchlerisch geschildert werden. In religiöser Hinsicht stehen *Saar* die Niederländer gewiss näher als die Portugiesen; dennoch hält er Distanz auch zu seinen Dienstherren, die ihm als machthungrig und profitbesessen gelten und einen zweifelhaften Lebensstil pflegen. Beamte und Offiziere der V.O.C. haben Umgang mit »der Unzucht ganz ergebenen« Prostituierten und leben mit Asiatinnen im Konkubinat. Ohnehin erscheint in *Saars* Schilderungen Asien als ein Ort ungeahnter sexueller Freizügigkeit, wobei allerdings diskret verschwiegen wird, welchen Anteil der Autor an solcher Freiheit hatte.

Das Leiden der Einheimischen unter der Herrschaft der Niederländer wird nicht verschwiegen und nicht beschönigt. So berichtet *Saar* von einer Sklavenjagd – die gefangenen Männer sterben auf dem Weg nach Batavia, wo die Frauen als Sklavinnen »unter die vornehmsten Holländischen Damen [...] ausgeteilt«, in Handarbeiten unterwiesen werden und die niederländische Sprache erlernen. Besonders hart ist das Los der Lohnarbeiter, die der V.O.C. Gewürze, Perlen oder Textilien abzuliefern haben; verfehlt ein Weber das vorbestimmte Kontingent, so wird seine Produktion vernichtet: »Die Holländer haben ihren eigenen Mann daselbst, und wenn ein Indianer seine rechten Maße nicht liefert, wird sein Gut alsbald ins Feuer geschmissen und verbrannt, und unsereiner darf sich nicht nur eine halbe Elle von dem Stoff nehmen.«

Überlegenheitsphantasien kommen mitunter völlig ungeschminkt daher. Als *Saar* für einen aus Fahrlässigkeit niedergeschossenen »Indianer« Ersatz leisten muss, tröstet ihn ein niederländischer Hilfsprediger mit der Bemerkung: »Der Indianer wäre wie ein Hund zu achten, an dem nicht viel läge. Wenns einem Christen geschehen wäre, hätte es Not gehabt, dass ich nicht die Kugel über den Kopf bekommen.« Auf unterster Stufe stehen die Khoi-Khoin, denen *Saar* am Kap der Guten Hoffnung begegnet – die nach Schafsfett stinkenden »Hottentotten« seien »fast Unmenschen«, man könne nicht wissen, was ihre Religion sei.

Die Religionen Asiens – Buddhismus, Hinduismus und Islam – bezeichnet *Saar* durchweg als »Abgottesdienst«. Den vermeintlich leichtfertigen Umgang der Einheimischen mit dem Ehestand, Vielweiberei, Inzest und die in Indien üblichen Witwenverbrennungen schildert er mit tadelndem Unterton. Mitunter kommt es zu skurrilen, aus Unwissenheit geborenen Fehldeutungen: »So es möglich ist, schicken sie alle Jahre etliche nach Mecha und lassen dem Mahummed opfern, dessen Sarg daselbst im Tempel an einem Magnet hangen soll.« Allerdings fehlt jeder missionarische Eifer, der auch den Niederländern (im Übrigen auch den Portugiesen) fremd war. Die V.O.C. war am Handel interessiert, respektierte die im Kolonialgebiet praktizierten Religionen und unternahm nur selten den Versuch, Eingeborene für den christlichen Glauben zu gewinnen. Die einzige Bekehrungsexpedition, von der *Saar* zu berichten weiß, schlägt fehl.

Obwohl *Johann Jacob Saar* die Kultur Asiens letztlich fremd geblieben ist, wird in seinem Reisejournal immer wieder echte Anerkennung spürbar. Die fernöstliche Architektur, Paläste, Tempel, Hütten beeindrucken ihn wenig, und in den Berichten über die Stützpunkte und Städte der V.O.C. stehen die Militärbauten im Mittelpunkt. Mit Staunen erlebt *Saar* dagegen das in Batavia versammelte Völkergemisch, die Schönheit und Anmut der Frauen, die Kunstfertigkeit der Handwerker, Essgewohnheiten, Heilwesen, Musik und Tanz der Einheimischen, das Straßentheater der Chinesen, die ebenso geschäftstüchtig sind wie die niederländischen Kolonialherrn. Nachhaltigen Eindruck hinterlässt die Prachtentfaltung an den Fürstenhöfen, die Soldaten der V.O.C. aus Anlass von Gesandtschaften erleben konnten. Die asiatischen Fürsten sind grausame Sklavenhalter, üben strenge Justiz und opfern im Krieg ihre Völker. Dennoch fällt das Urteil insgesamt positiv aus. So wird der Fürst von Kandi als ein auf Ausgleich bedachter »verständiger Herr« beschrieben, während die Niederländer beständig auf Krieg aus sind und keine Gelegenheit auslassen, den mit ihnen verbündeten Fürsten zu hintergehen.

Editorische Notiz

Johann Jacob Saars Reisebericht erschien erstmals bei dem bedeutenden Nürnberger Verleger *Wolf Eberhard Felszecker*:

Johann Jacob Saars, Ost Indianische Fünfzehen=Jährige Krieg =Dienst, und Wahrhaftige Beschreibung, was sich zeit solcher funfzehn Jahr, von Anno Christi 1644 bisz Anno 1660 ... begeben habe, am allermeisten auf der grossen und herrlichen Insul Ceilon. Nürnberg, Wolf Eberhard Felszecker, und zu finden bey Johann Tauber, Buchhändlern 1662, 4°.

1671 kam trotz eines Publikationsverbots für Berichte über Ostindien eine niederländische Übersetzung auf den Markt:

De reisbeschryving van Johan Jacobsz. Saar naar Oostindiën, sedert zijn uitvaart, in 't jaar 1644 tot aan zijn wederkering in dat van 1659: daar in al 't geen, dat hem zijn vijftienjarige

dienst ter zee en te lant ... overkomen is, vertoont, en voorna-
melijk de belegering den veröring van Kolumbo en andere
verstingen op Ceilon beschreven word / In de Hoogduitsche
taal beschreven, en van J. H. Glazemaker vertaalt. Met kopere
platen verçiert, Amsterdam: Jan Rienwertz. en Pieter Arentsz.
1671.

Die illustrierte deutsche Folioausgabe wurde bei *Johann Daniel
Tauber* verlegt und richtete sich an einen finanzkräftigen Leser-
kreis:

Johann Jacob Saars, Ost=Indianische Funfzehen=Jährige
Kriegs=Dienste, und Wahrhaffte Beschreibung, Was sich
Zeit solcher funfzehen Jahr von Anno Christi 1644 bisz Anno
Christi 1659 ... begeben habe, am allermeisten auf der grossen,
und herrlichen Insul Ceilon. Zum andern mahl heraus gegeben, und mit vielen denckwürdigen Notis oder Anmerckun-
gen, wie auch Kupfferstücken vermehret, und gezieret. Zu finden bey Johann Daniel Tauber, Buchhändlern, Gedruckt bey
Johann Philipp Miltenberger. Im Jahr Christi, 1672.

Den beiden deutschen Ausgaben ist ein Bildnis des Verfassers
vorangestellt, gefolgt vom Titelkupfer mit einer Flotte von See-
schiffen und einer Erläuterung in Versform. Die Widmung zur
Quartausgabe an Bürgermeister und Rat der Reichsstadt Nürnberg trägt den Namen *Johann Jacob Saars* unter dem Datum des
12. Januar 1662. Die Folioausgabe ist unter dem 1. März 1672
dem Nürnberger Bankier und Ratsherrn *Georg Fierer*, einem
Freund *Daniel Wülfers*, gewidmet. In beiden Ausgaben folgen
das im November 1659 in Batavia ausgestellte Demissionsschrei-
ben und eine langatmige Abhandlung *Wülfers* zu der Frage, ob es
Christenmenschen erlaubt sei, den Niederländern zu dienen, die
aus Gier und Ruhmsucht fremde Völker unterjochen.

Auf den Abdruck dieses schon zur Zeit seines Erscheinens über-
holten »Discours über Holländische Kriegsdienst in Ost-Indien«
wird in der vorliegenden Ausgabe ebenso verzichtet wie in der bis-
lang letzten Ausgabe, die 1930 unter dem Titel »Reise nach Java,
Banda, Ceylon und Persien 1644–1660« als Band VI der von
S. P. l'Honoré Naber herausgegebenen Reihe »Reisebeschreibungen
von deutschen Beamten und Kriegsleuten im Dienst der Niederländischen West- und Ost-Indischen Compagnien 1602–1797«
erschienen ist. Die von *L'Honoré Naber* besorgte Ausgabe enthält
neben weiterführenden Anmerkungen zu Personen, Orten und
Ereignissen die Berichtigung offensichtlicher Fehlangaben.

Die vorliegende Bearbeitung beruht auf der Quartausgabe der
»Ostindianischen fünfzehnjährigen Kriegsdienste« und lässt die
von *Wülfer* angefügten Ergänzungen beiseite. Sie versucht, den
Duktus des barocken Textes zu erhalten und zugleich den Bedürf-
nissen eines heutigen Lesers entgegenzukommen. Wo die für baro-
ckes Deutsch charakteristischen ausufernden Satzkonstruktionen
nur mit Mühe verständlich sind, wurde der originale Text mit
gehöriger Vorsicht zergliedert. Geographische Angaben, außer
Gebrauch geratene Wörter und Wendungen, militärische und
nautische Fachausdrücke sind, soweit sie sich nicht aus dem Zu-
sammenhang erklären, in Anmerkungen zum Text und in einem
separaten Verzeichnis erläutert.

Der Auszug aus der Leichenrede auf *Johann Jacob Saar* folgt
der Druckausgabe von 1664:

Christlicher Soldaten Tapffere Großmuetigkeit, gezeiget Aus
den Worten 1. Maccab. IX v. 10. und Zum Ehrengedächtnis
Des Edlen und Mann = Vesten Johann Jacob Sahren, bey des
Hochlöbl. Fränckischen Kreises Regiment zu Fuß, von des
Herrn Obrist Wachtmeisters Baron de Beek Compagnie ge-
wesenen Fenderichs, Welher Anno 1664, den 16. August. S.
N. oder 22. Julii S. V. im Treffen von bey St. Gotthart in Un-

garn zwar unglücklich doch rühmlich geblieben; Schriftlich verabfasset Durch M. Johann Christoph Arnschwanger in des Heil. Röm. Reichs Stadt Nürnberg Diaconus zu St. Lorenzen. Gedruckt im Jahr 1664 (*Kat. Stolberg 4/1,46; Herzog August Bibliothek Wolfenbüttel, Kat. Nr. 19625*).

Die in den Text eingestreuten Abbildungen sind vornehmlich der Folioausgabe der »Ostindianischen fünfzehnjährigen Kriegsdienste« und zwei reich illustrierten Darstellungen über das Kolonialreich der V.O.C. entnommen. Es handelt sich um den Bericht über »Begin ende voortgang van de Vereenigte Nederlantsche Geoctroyeerde Oost-Indische Compagnie« (1646) des Historikers *Isaac Commelin* (1598–1676) und um die von dem Prädikanten *François Valentijn* (1666–1727) verfasste vielbändige »Beschrijving van Oud en Nieuw Oost-Indiën« (1724/26).

Danksagung

Der Herausgeber dankt den Kollegen und Freunden *Eckhart Berkenbusch* (Berlin), *Thomas Diembach* (Münster/W.), *Christian Hattenhauer* (Heidelberg) und *Jan Kuijs* (Nijmegen) für freundlich gewährte Hilfe.

Havixbeck im Frühjahr 2006   *Stefan Chr. Saar*

Johann Jacob Saar,
Reise nach Java, Banda und Ceylon
1644–1660

Das erste Capitul – Wie der Autor zur Abreise Anno 1644 kommen sei

Nachdem ich am heiligen Ostertag im Jahr 1644, meines Alters im neunzehnten Jahr, von meinem herzgeliebten, nunmehr seeligen Vater in die Fremde geschickt worden und mit dem Ordinari-Botten (damals *Hansen Buckel*) in Hamburg angelangt war[1], bin ich nach zwei Monaten nach Amsterdam in Holland gegangen, um meine Reise zu beschleunigen. Dort habe ich mich für ein halbes Jahr umgesehen, konnte aber keine Condition nach meinem Begehren und Willen finden, weil es dem lieben Gott gefiel, anderes mit mir zu machen. Es fügte sich aber eben zur selben Zeit im Dezember, daß die Flotte aus Ost-Indien wieder ankam. Denn jährlich werden von der Ost-Indianischen Compagnia drei Flotten verschickt[2], die eine im Monat Mai, die deswegen die Mai-Schiffe heißen, die andere im Monat August, die man Kirchweih-Schiffe heißt, und eine dritte um die Neujahrszeit, die

Das »Ostindische Haus« der V.O.C. in Amsterdam

heißen die Neujahr-Schiffe. Mit dieser Flotte auch wieder abzugehen, war mein Herz, das immer etwas durch Reisen und in fremden Ländern zu versuchen beliebt, festiglich geneigt.

So schrieb ich denn meinem lieben Vater, erlangte auch bald den väterlichen Consens, worauf ich mich verpflichtete, der Ost-Indianischen Compagnia als »Adelborst« für zehn holländische Gulden im Monat zu dienen[3]. Den 25sten November des 1644sten Jahres wurde mir zu Amsterdam von den siebzehn prinzipalsten Herren der Kammer der Ost-Indianischen Compagnia der Artikelbrief verlesen[4]. Der Verlust des rechten Auges, der rechten Hand, des rechten Armes oder Fußes soll danach mit sechshundert Gulden vergolten werden (ein Verlust auf der linken Seite aber mit einhundert Gulden weniger), und der Verlust eines Gliedes mit dreißig Gulden. Ich wurde aufgenommen und habe das Gewehr empfangen, auf die Hand aber den Sold für zwei Monate und für jeden Tag, solang wir da still liegen würden, einen Holländischen Schilling, unseres Geldes ungefähr drei Batzen. Den 30. November wurde ich nach Seeland in die Hauptstadt Middelburg verschickt, wo zwei große Schiffe schon segelfertig lagen, gerad auf Indien zu gehen: Die »Hof von Seeland« mit fünfhundertfünfzig Last (jede Last zu dreißig Zentnern[5]) mit sechsunddreißig Stück von Eisen und Messing, sowie die gleich große »Middelburg«[6], auf die ich von meinen Prinzipalen kommandiert wurde, so daß auf beiden Schiffen neunhundert Seelen waren, groß und klein, Soldaten und Schiffsgesellen.

Ehe man von Holland oder Seeland nach Indien segelt, wird (wenn man zu Schiff geht) eine Generalmusterung angestellt, und jedwedem wird der Sold für zwei Monate nach seinem Offizium in bar gereicht. Die volle Besoldung aber geht nicht eher an, bis man die Tonnen passiert hat, die eine Meile entfernt in der See liegen. Von da an ist die Compagnia gehalten, die Gage zu zahlen und den Sold für zwei Monate zu belassen, gleichgültig, ob die Flotte fortgeht oder durch Contrari-Wind wieder zurückgeschlagen wird[7]. Denn es ist geschehen, daß die Schiffe nicht nur in den Hafen laufen müssen, sondern daß manche, wenn solcher Wind anhält oder in starken Winterszeiten die See zugefroren ist, wieder abgedankt worden sind, um die Unkosten zu erleichtern, die täglich mächtig hoch laufen.

Ist aber der Wind gut und die Flotte zwei oder drei Tage in der See passiert, so verehrt die Compagnia einem jeden, ob groß oder klein, fünf holländische Käse für die Reise. Darauf muß alles Volk, das Schiffs- und Soldatendienst hat (ausgenommen die Jungen, die das Schiff reinigen, und die, die Hühner und Schweine hüten und frei von aller Wacht sind), Offiziere und ge- meine Knechte, Soldaten und Schiffsgesellen, oben auf das Schiff kommen. Dort wird die Besatzung in drei Teile (oder »Quar- tiere«) verteilt, damit ein jeder weiß, wo er in der Zeit der Not seine Pflicht tun und in dem Schiff sich finden lassen soll. Der er- ste Teil des Volkes wird das »Prinzenquartier« genannt, der zweite »Graf Moritz-Quartier« und der dritte »Graf Ernst-Quartier.« Alle Namen derer, die in dieses oder jenes Quartier komman- diert sind, werden auf drei Tafeln geschrieben und aufgehängt, damit ein jeder wissen kann, wohin er gehört, wo er anzutref- fen sei und wann ihn die Wache treffe. Das »Prinzenquartier« hat am Anfang die Erste Wacht. Das »Graf Moritz-Quartier« hat die andere Wacht, sonst die »Hunde-Wacht« tituliert. Das »Graf Ernstens-Quartier« nennt man die »Tagwacht«. Die Wacht ei- nes jeden Quartiers (die »Compagniewacht«) dauert auf die vier Stunden, die aber nach und nach verändert werden, wie jedwede die Ordnung trifft, hinter und vor sich[8].

Man führt auch Glocken auf den Schiffen mit, die man läuten oder anschlagen kann. Es wird einmal geläutet, sobald die erste Wacht beginnt, die der Provoß beim großen Mastbaum ausruft, und bei Strafe verbeut, sich trunken zu trinken.

Nicht weniger hat man Sanduhren zu halben Stunden groß, die jeder Soldat auf Wacht und der Schiffgeselle am Ruder sehen kann. Und wenn ein Glas (oder die erste halbe Stunde) aus ist, so geschieht ein Schlag mit der Glocke; ebenso, wenn die zweite halbe Stunde vorüber ist, und so fort, bis acht Glasen (oder vier Stunden) aus sind. Dann wird die ganze Glocke geläutet, und ein anderer Offizier mit seinem Quartier, der Mast- und Steuermann, die die Ordnung trifft, werden vom Quartiermeister geweckt. Der geht durch das Schiff und ruft laut, die vorherige Wacht abzulösen. Was den Mast betrifft, so wird er allezeit von einem oder zwei Mann bewacht. Davon sind die Soldaten befreit, die nach Indien gehen; wenn sie aber wieder in Patriam wollen, so werden sie zu dem gleichen Dienst angehalten wie die Schiffsgesellen. Wer aber ein Dutzend Taler darauf verwendet, der kann sich freikaufen, und sollte er auch Jahr und Tag auf der Heimreise sein. Wenn aber viele Kranke auf dem Schiff sind[9], so wird das gesündeste und stärkste Quartier wieder ausgeteilt, so gut es eben geht. Ist aber Sturm und muß man die Segel einneh-

Niederländische Handelsschiffe bei der Ausfahrt nach Asien

men oder lavieren, so wird alle zwei Stunden das Schiff gewendet, dazu jedermann helfen muß.

Wer seine Wacht nicht versieht zu seiner Zeit, der bekommt in acht Tagen keine Rancion Wein. Und wer nicht alle Morgen und Abend zum Gebet kommt, der muß zur Strafe in die Armenbüchse legen. Jeden Morgen wird der Morgensegen gelesen und des Abends das Abendgebet, wobei in niederländischer Sprache aus den Psalmen Davids einer gesungen wird. Zu diesem Ende schenkt die Compagnia auch einem jeden ein Psalmenbuch, gesangsweise gemacht für die Reise[10].

Sonderlich warnt man davor, unter Deck bei nächtlicher Weil Tabak zu trinken, damit nicht etwa ein Funke in einem Bette, die hübsch von Baumwolle gemacht sind, verwahrlost werde. Deswegen steht oben auf dem Schiff allezeit ein viereckiger Kasten mit einem Holz in der Mitte; um das Holz sind stets zehn oder zwölf Klafter Lunten gewunden, woran einer sich die Pfeife anstecken kann[11].

Wenn die dritte Wache aufgesetzt wird, muß einer den Koch wecken. Der muß, wenn es Tag geworden und man das Morgengebet getan hat, seine Speise auch fertig haben, sintemalen des Tags drei mal gespeist wird[12], zu Morgen, zu Mittag und zu Abend. Morgens in der Frühe, wenn man in das Gebet geht, wird allezeit die Glocke geläutet und jedem der zehnte Teil von einem Maß Wermutwein gegeben. Zu Mittag, wenn man gegessen hat, gibt es wieder so viel des spanischen Weins, und des Abends abermals so viel France-Wein. Das nennen die Holländer »Mutsies«, einem gemeinen Trinkglas gleich. Dann wird alle Sonnabend einem Mann fünf Pfund Zweiback gegeben, ein Mutsies Baumöl, zwei Mutsies Essig[13] und ein halbes Pfund Butter. Damit soll er sich acht Tage behelfen.

Im übrigen bekommt man alle acht Tage drei mal Fleisch zu essen, alle Sonnabende auf folgenden Sonntag ein dreiviertel Pfund. Aber solches Fleisch hat oft schon vier, fünf oder sechs

Jahre im Salz gelegen, und wenn man es kocht, wird es kaum ein halbes Pfund. Am Dienstag bekommt man ein halbes Pfund Speck, der gekocht aber kaum drei Achtel Pfund macht, und am Donnerstag bekommt man so viel wie am Sonnabend. Was den Trank belangt, so gibt es, wenn man ausfährt, Bier, solange es währt. Ist solches auf, so bekommt man den ganzen Tag nicht mehr als ein Maß Wasser, wenn es noch reichlich hergeht. Wenn man aber in Ostindien ist oder wohin man auch kommandiert wurde, ist das Getränk nichts anderes als lediges Wasser. Und weil es so scharf gehalten wird, wäre es leidlicher, einem anderen hundert Gulden zu stehlen als ihm sein Deputat Wasser auszu-saufen.

Strenge Justiz wird auch sonst auf den Schiffen gehalten[14]. Wer einen anderen mit einem Messer oder anderem Gewehr be-schädigt, der muß die Hand an den Mast legen. Dann kommt der Barbier und schlägt ihm ein kleines Messerlein zwischen zwei Finger in das Fell oder die Haut. So kommt es, daß einer zuwei-len die Finger oder, weil ihm mitten durch die Hand geschlagen worden ist, er selbige unter dem Messer gar herausziehen muß[15].

Wer einen Offizier schlägt oder den Schiffskapitän, der muß sonder Gnade drei mal unten durch das Schiff. Und so man ihn nicht tief genug sinken läßt, daß er sich nicht den Kopf am Kiel (oder Grund des Schiffs) anstößt, so muß er sich zu Tode sto-ßen[16].

Sonderlich ist der Provoß privilegiert. Wer sich an Land an dem vergreift, der verliert die Hand; geschieht es auf See, so hängt man ihm etliche Gewichtsteine an die Füße und bindet ihm einen Schwamm, mit Öl gefüllt, an den Arm, damit er doch etwas Luft haben kann. Und weil man weiß, wieviel Schuh das Schiff im Wasser geht, läßt man ihn auf der einen Seite in die See sinken und auf der anderen Seite holt man ihn wieder hervor; und das geschieht drei mal. Anno Christi 1647 habe ich gese-hen, daß vor dem Hafen von Galle[17] auf dem Schiff »Aggerslot«

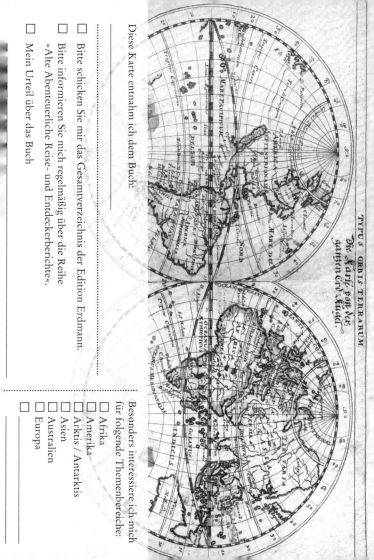

Diese Karte entnahm ich dem Buch:

....

☐ Bitte schicken Sie mir das Gesamtverzeichnis der Edition Erdmann.

☐ Bitte informieren Sie mich regelmäßig über die Reihe »Alte Abenteuerliche Reise- und Entdeckerberichte«.

☐ Mein Urteil über das Buch

....

Besonders interessiere ich mich für folgende Themenbereiche:

☐ Afrika
☐ Amerika
☐ Arktis / Antarktis
☐ Asien
☐ Australien
☐ Europa

TYPUS ORBIS TERRARUM
Die Karte von der gantzen Erd-Kugel.

Absender

Name, Vorname

Straße/Nr.

PLZ/Ort

Telefonnummer

Faxnummer

E-Mail-Adresse

Alter / Beruf

Briefmarke
nicht
vergessen!

Rückantwort

Edition Erdmann
c/o Paul Pietsch Verlage
Postfach 10 37 43
70032 Stuttgart

einer diese Strafe ausstehen mußte. Weil er aber nicht tief genug gesenkt wurde und deswegen am Kiel sich den Kopf zerstieß, war er ganz zerschmettert und tot, da er wieder empor kam.

Genau wird auch Achtung gegeben auf das Spielen um Geld. Bei Tag werden das Brettspiel und der Dam nicht verwehrt, um die Zeit zu kürzen[18]. Mit Karten zu spielen oder zu würfeln um Geld ist aber scharf verboten, es sei denn, man liegt im Hafen oder auf der Ré. Sonst paßt der Provoß mächtig auf, dem die Soldateska deswegen gewaltig feind ist. Einstmals haben sie ihm übel mitgespielt, wie mir einer mit Namen *Hermann Geißler* aus Mülhausen, der in Person mit- und dabei gewesen, selbst erzählt:

Anno Christi 1653 sollten drei unserer Schiffe, »Dromedares«, »Rhinocer« und »Windhund«, fünf portugiesische Galeonen abpassen, die mit Victuaille von Goa nach Colombo wollten[19], um selbiges (auf das wir schon lange ein Auge gehabt hatten) zu provantieren. Etliche von der Compagnia hätten bei Nacht auf dem Schiff »Windhund« gespielt und eine Matratze vor das Loch gehängt, daß man kein Licht sehen sollte. Da wäre der Provoß, der sie reden und die Würfel laufen hörte, dazu gekommen, hätte sie geschlagen und das Licht ausgeblasen. Das Volk hätte sich also entrüstet und geschwind die Matratze genommen, sie über den Provoß geworfen und ihm den Hals zugehalten, daß er nicht schreien konnte. Dann hätten sie ihn aus einem solchen Loch, aus dem die Stücke herausstehen, in die See geschmissen. Und weil gleich den anderen Tag die portugiesischen Galeonen in Sicht kamen, da hätte es ausgesehen, als wäre der Provoß im Kampf verloren worden. Denn als dem portugiesischen Admiral gemeldet wurde, daß drei holländische Schiffe auf die fünf Galeonen gingen, da ließ er alsbald die »Dromedares« und die »Rhinocer« von drei seiner Galeonen angreifen. Der Admiral und der Viceadmiral aber griffen unseren Admiral (den »Windhund«) an, und brachtens auch so weit, daß sie ihn schon enterten. Unser Schiffsvolk aber retteten sich in die Schanzen, und als haufenweise Portugiesen an Bord waren, spielten sie mit Schrot auf der einen Seite unter sie, da inzwischen die andere Seite unseres Volkes ganz niederfiel. Und als das geschehen war, geschah auf der anderen Seite gerade dergleichen, daß die Portugiesen wieder weichen mußten und viele Tote und Gequetschte zurückließen. Den Gefangenen gaben wir Quartier und brachten sie nach Negumbo[20]. Und als sie hörten, daß das Schiff der »Windhund« heiße, sprachen sie, es sollte besser der »Feuerhund« heißen, weil es so gewaltig Feuer ausgespien hätte.

DAS ANDER CAPITUL –
WAS SICH ANNO 1645 ZUGETRAGEN

Worauf wir, im Namen Gottes, Anno 1645 nach unseres Herrn und Seligmachers Geburt, den 8ten Januar mit gutem Ostwind ausgelaufen sind[21]. Der Provoß auf unserem Schiff war ein geborener Mohr, aber aus Westindien von einem Ort mit Namen Angola. Er war der erste Mohr, den ich mein Lebtag gesehen hatte, ganz schwarz, mit kurzen, krausen Haaren, großer breiter Nase, ziemlichen Lippen so rot wie Blut, schneeweißen Zähnen, aber mit nur einer, der rechten Hand. Die andere hatte er in stadischen Diensten vor Dünkirchen verloren. Mit der einen Hand aber war er dennoch so stark, wie ein anderer mit zweien. Denn wenn er mit einem gefochten, hat er seinen Widerpart mit der einen Hand so fest gehalten und mit dem anderen Arm (oder Stumpf) so gewaltig stoßen können, daß der zu Boden sinken mußte. Zu Middelburg war er zum christlichen Glauben gebracht und daselbst getauft worden; er hatte sich mit einer seeländischen Frau verheiratet und zwei Kinder mit ihr gezeugt, nicht ganz so schwarz wie er, aber mit krausen Haaren. In seinem übrigen Leben war er so heilig und gottesfürchtig, daß er nicht hören konnte, wenn einer fluchte, und nicht sehen konnte, wenn um Geld gespielt wurde; solches Geld hat er alsbald weggenommen. Er hat sieben Sprachen reden können, erstlich seine eigene mohrische Sprache, als zweite die holländische, perfekt. Zum dritten Spanisch. Zum vierten Portugiesisch. Zum fünften Dänisch. Zum sechsten Englisch. Zum siebten Italienisch. Diese Sprachen hatte er durch seine Reisen hin und wieder an solchen Orten gelernt. Ich habe mich sonderlich an ihn gemacht und seine Freundschaft gesucht, das eine oder andere zu erfahren. Er hat sich mir so getreu, beständig und redlich erwiesen wie meine rechten Blutsverwandten[22].

Die Insel S. Tiago

Als wir nun sechs Wochen unter Segel waren, sind wir neunhundert Meilen von Holland an eine Insel gelaufen mit Namen Isle de S. Tiago mit einer portugiesischen Stadt desselben Namens darin[23]. Da haben wir frisches Wasser geholt und alle Tag frisches Ochsen- und Kuhfleisch gespeist.

Und da wir viele Kranke auf dem Schiff hatten, haben wir sie täglich an Land geführt und gegen Abend wieder zu Schiff gebracht, weil wir den Portugiesen nicht weiter trauen durften, denn es ist ein untreues, heimtückisches Volk. Doch fingen wir an, mit ihnen zu handeln, gaben ihnen Käse, Messer und holländische Hemden, wofür sie uns Hühner, Eier, Bennanas (oder »Fice«[24]) gaben. Das ist eine Frucht wie fast unsere Schoten oder Erbiß, doch länger, die hat fünf schwarze Körner in Gestalt eines Kreuzes †. Um Respekt und Memoria von dem Kreuz des Herrn Jesus Christi können es die Portugiesen überaus ungern leiden, wenn man die Frucht nicht mit den Fingern, sondern mit

Messern aufzwengt, weil an den Kernen ein Schaden geschehen möchte.

Sie gaben uns auch weißen Zucker und kleine Zitronen oder Limonien. Die haben wir zu zweihundert oder dreihundert ausgepreßt und in Salz in leere Branntweinfässer gelegt. Auf hundertundfünfzig, die wir in ihren eigenen Säften behalten, haben wir ein oder zwei Löffel Öl getan. Davon sind sie sehr frisch geblieben und haben uns zur See stattlich gedient wider den Scharbock[25], wenn wir täglich eine halbe oder ganze Frucht genossen, einen Löffel ihrer Brühe getrunken und die Zähne damit gerieben und gewaschen haben.

Als wir nun vierzehn Tag an S. Tiago gelegen hatten und fertig waren fortzusegeln, ist das Flöt-Schiff »Jungfrau« zu uns gekommen. Das war von Amsterdam ausgesegelt, in spanischen Gewässern durch einen großen Sturm von der Flotte weg geschlagen worden und vier Dünkirchener Raubschiffen in die Hände gefallen[26]. Mit denen hatte der Schiffskapitän (ein guter Soldat) zwei ganze Tage gekämpft, bis er sich resolvierte, sich endlich lieber in die Luft zu sprengen, als Schiff und Volk in die Hand der Feinde zu liefern. Denn das ist der ostindischen Schiffe Maniere, daß sie lieber eines kurzen Todes sterben, als in den mörderischen Händen der Spanier oder Portugiesen zu sein.

Ich habe es selbst an mir erfahren, als ich zu Angerdotta (einem Paß auf der Insel Ceylon[27]) auf dreizehn Wochen bei den Portugiesen gefangen war und viel lieber unter Heiden oder Mohren hätte sein mögen als unter ihnen. Denn sie schlugen uns an den Füßen in einen Stock, ließen uns Salpeter stampfen, in der Pulvermühle mahlen und dabei Hunger leiden, daß wir erschwarzen möchten. Einer von uns warf aus einer Desperation zu unser aller höchster und nächster Gefahr einige Male Funken von seinem Tabaktrinken in das Pulver, um alles in die Luft zu jagen und uns von dem Elend zu befreien. Das hat der mildgütige GOTT aber väterlich abgewendet. Ein junger, schöner Mensch aus Friesland war damals mit gefangen, der wagte es und wollte durchgehen. Deswegen überschmierte er sich ganz schwarz und floh wie ein Weibsbild gestaltet. Er kam auch schon außer der Wacht, als ihn ein schwarzer Junge an den Füßen erkannte, die eine weiße Haut sehen ließen. Der Flüchtling aber wurde darauf so elendiglich zerschlagen, daß er sich etliche Zeit nicht regen und wenden konnte. Wenn aber die Portugiesen in solche Not kommen, so können sie sich auf das Allerdemütigste stellen.

Als Gott mich meines Gefängnisses wieder entledigt hatte (das geschah zwischen Goa und Calutre[28] durch unsere Schiffe, die auf die Schiffe, worauf wir waren, losgingen und sie durch Gottes Gnade auch besiegten), erfuhr ich erst recht die feigen Herzen der Portugiesen. Denn sie sperrten uns gefangene Holländer zusammen und berieten, ob sie uns leben lassen oder tot machen wollten. Einige rieten, man sollte uns über Bord schmeißen, damit wir uns nicht an ihnen rächen möchten, wenn wir den unsrigen erzählten, was Courtoisie sie uns angetan hatten. Teils mißrieten sie um der Esperance, unseretwegen desto besseres Quartier zu haben. Als unsere Flaggen nun da waren, verhielten wir uns leise, zumal einer von uns mit Drohworten um sich warf. Einer aus dem Haufen wollte schon mit Lunten auf den Pulverkasten zu, um alles in die Luft zu sprengen. Das hätte er auch gewiß getan, wenn nicht einer von ihnen selbst es noch verhindert hätte.

Ich habe aber für meine dreizehnwöchige Gefangenschaft unter den Portugiesen meine Revenge genommen, sonderlich auf der Insel Ceylon, wo ich fünf bis sechs Occasionen gewesen und wo wir sie geschlagen haben. Riefen auch unsere Offiziere: »Messieurs oder Soldaten! Haben wir den Namen der barmherzigen Holländer, so lasset uns die Tat auch haben und gebt Quartier!«, so taten wir, als hörten wirs nicht. Wir schossen und schlugen lustig drein, solange wir Arme und Hände regen konnten, und etliche Hundert von ihnen haben gewiß das Aufstehen vergessen. Denn die Portugiesen ersparen es uns auch nicht, und wenn sie

54

auch einen schnellen Tod geben und uns mit ihrem Schießgewehr eine Kugel vor den Kopf brennen könnten, so tun sie es doch nicht, sondern zerstoßen uns mit ihren langen Steggaten (oder Degen) eine lange Zeit und verwunden uns wohl noch nach unserem Tod mit zehn oder zwanzig Stichen.

Weil nun Gott der Allmächtige die Gnade getan, daß unser Schiff »Jungfrau« den Feinden entkommen war und viele Tote[29] und Beschädigte an Bord und auch den Mast verloren hatte, haben wir allen Beistand getan und unsere Zimmerleute in einem Wald auf S. Tiago einen neuen Mast schlagen lassen. Nach ihrer besten Verpflegung sind wir in Gottes Namen wieder voneinander fortgesegelt und haben unseren Kurs nach der Æquinoctial-Linie genommen. Als wir aufs Neue sechs oder sieben Tage auf dem Meer waren und viel Wind hatten, bekamen wir viele Kranke von Tag zu Tag, doch nicht so viele wie auf dem anderen Schiff »Hof von Seeland«, worauf unser Admiral war. Die meisten lagen mit Kindspocken oder Blattern, und von den Alten sind viele daran gestorben; die Jungen aber sind mehrenteils wieder aufgekommen. Wir haben auch viele gehabt, die im Kopf ganz toll gewesen sind, und an dieser Kopfschwachheit bin ich selbst ganze acht Tage gelegen. Hätte man es mir nicht mit Gewalt verwehrt, ich wäre in das Meer gesprungen wie ein Junge auf dem Schiff, der sich selbst ersäuft hat. Etliche sind so toll geworden, daß man sie hat festbinden müssen, damit sie sich selbst nur keinen Schaden tun. Solche Blödigkeit soll uns, die wir auf die andere halbe Weltkugel kommen, die Linea verursachen[30]; meistens vergeht sie auch wieder von sich selbst oder durch Gebrauch der Venæsection.

Den ersten April haben wir die Linie passiert mit vielen Kranken und einigen Toten, und wir hofften über den Tropico Capricorni das Capo de bona Esperance anzulaufen[31]. Weil wir aber um den Süden einen ganzen Monat nur mit der Fock und mit der Pinnet segeln konnten, sind wir auf der Höhe des Capo

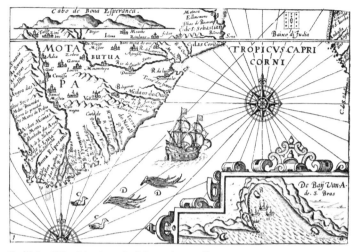

Südlicher Wendekreis und afrikanisches Südkap

durch Contrair-Wind wieder zurückgeschlagen worden, daß wir es lassen und im Namen Gottes vorbei gehen mußten.

Als wir das Capo passiert hatten, ist uns alle Tage eine halbe Kanne Wasser gegeben worden, weil all unser Bier aus war. Von dieser Zeit an hat Gott gnädiglich geholfen, daß wir bis auf die Insel Java majorem und die Stadt Batavia guten Wind hatten[32]. Und da wir den 15ten Juli in die Straß-Sunda gekommen sind, haben wir nur drei Tag darin zugebracht und nur drei mal den Anker geworfen[33]. Andere Schiffe müssen dort wohl auf die anderthalb Monate sein und hundert mal und öfter den Anker werfen und wieder aufwinden, was so nahe bei Batavia sehr verdrießlich ist. Denn die Straß de Sunda ist nur sechsunddreißig Meilen lang, und weil man nach einer so langen Reise oft viele Kranke hat und dennoch zuerst so langweilig liegen und schweben muß, kommt von Batavia oft Volk, das den neu ankommenden Gästen zu der Stadt hinhelfen muß. Anno Christi 1647 hat sich zugetragen, daß das Schiff »Delft« ganze vierzehn Monate unterwegs gewesen ist mit hundertvierundsiebzig Toten und an die

56

hundertsiebenundfünfzig Kranken, wo doch sechs oder sieben Monate die gemeine Reise von Holland nach Indien sind[34].

Die Heiden heißen Javaner nach der Insel Java. Die brachten uns von Bantam[35] zur Erfrischung allerlei Früchte, die nach so langer Entbehrung trefflich wohl kamen.

Die Reé der Stadt Bantam selbst liegt wie in einem halben Mond, ist auf der Landseite mit Mauern umfangen und mit Stükken besetzt, aber ohne Graben. Starkes Volk ist da, aber nicht lang von Statur. Männer und Frauen haben sehr dicke Arme und Beine; dergleichen haben auch die Japarner, ein Volk von eben dieser Insel in der Stadt Japara[36], die sechzig Meilen von Batavia ostwärts liegt. Das ist ein fruchtbarer Ort mit Kühen, Ochsen, Hühnern, Reis, Fischen und mit Pferden, die von anderen für nobel gehalten werden. Die Japarner sind gelb von Angesicht, und das gemeine Volk ist oberwärts des Leibes ganz bloß. In der Mitte haben sie einen Gürtel, darin sie ihr Geld tragen. Damit schnüren sie das Unterkleid um sich, das ist von allerlei Farben und Bildern wie ein bunter Teppich und geht bis an die Waden; an der Seite aber sind sie mit einem »Kriez« (oder Dolch) versehen. Sie haben kurze und schwarze Haare, die sie mit Clapperöl beschmieren, daß sie vor Schwärze gleißen. Wer etwas gilt, der trägt darüber eine weiße, runde und platt aufliegende, gestärkte Haube. Von einem Bart aber ist bei den meisten gar nichts zu sehen, weil sie sich auch die Bartwurzeln mit kleinen Zänglein ausreißen. Deshalb sehen sie, so sie alt werden, abscheulich aus wie ein Fabian.

Ihre Häuser haben ein Dach aus Bambus und geflochtenen Clapperwedeln und stehen abhängig nicht auf gleicher Erde, sondern ruhen auf vier Pfählen, daß man unten hindurchkriechen kann und fünf, sechs Staffeln hinaufsteigen muß, um (sonderlich bei dem gemeinen Volk) durch enge, kleine Türen mehr gebeugt hineinzukriechen als aufrecht hineinzutreten.

Es hat Bantam einen eigenen König, wie auch die Insel Java einen eigenen Kaiser hat, der nach seiner Residenz Mataran auch der »Große Mataran« genannt wird[37]. Und wenn er es wollte, so würde Batavia zu Land abgesperrt sein und große Not haben, sonderlich, wenn der König von Bantam, welches nur zwölf holländische Meilen davon liegt, dazuhelfen wollte. Der König ist ehedessen auch unter der Herrschaft des Kaisers von Japara (des genannten »Großen Mataran«) gewesen. Hernach aber ist er von ihm abgefallen, hat sich selbst zum König gemacht und ist den Holländern noch dato sehr zugetan geblieben.

Das königliche Palais zu Bantam ist mit einiger Leimenwand umfangen und von schlechtem Splendor. Darin haben wir zu Ehren des Königs auf das Kommando unseres Offiziers einiges Exercitium unserer Waffen tun müssen, woran er ein großes Belieben trug.

Ihre Waffen zu Feld sind sonderlich Piquen von achtzehn Schuh, damit sind sie hurtig und geschwind. Sie fechten mit großer Resolution, wenn sie ein Latwergen gebrauchen, das sie nach meiner Erinnerung »Affion« genannt haben, von gräulicher Farbe und bittersüßen Geschmacks. Davon werden sie so toll und frech-kühn, daß sie mit schäumendem und mächtig geiferndem Mund ganz blind und unbesonnen gegen die Rohre des Schuß- und gegen die Spitze der Stoßgewehrs anlaufen. Wir mußten an unsere Ladestecken eine Spitze machen, damit wir sie von uns weg und niederstoßen konnten, wenn wir nicht zum Schuß kamen. Zu Batavia gebrauchen auch die Chinesen häufig diese Ladwergen. Dadurch werden sie so entbrannt für das Frauenvolk, daß sie wohl eine ganze Nacht ihr Plaisir haben und doch kaum satt werden.

Wenn sie essen, sitzen sie auf der Erde nach türkischer Art mit kreuzweis geschlossenen Füßen, ohne Löffel und ohne Messer, und greifen nur mit der rechten Hand zu.

Den Gottesdienst betreffend sind sie mahummedisch. So es möglich ist, schicken sie alle Jahre etliche nach Mecha und lassen dem Mahummed opfern, dessen Sarg daselbst im Tempel an einem

Magnet hangen soll[38]. Und weil sie mahummedischer Religion sind, tragen sie vor dem Schweinefleisch einen gewaltigen Ekel. Ich habe sie nie besser erzürnen können, als wenn ich (sonderlich wenn ich etwas von ihnen kaufen wollte und sie bald expediert waren) ein Stück Speck in die Hand genommen. Davor sind sie so scheu wie (dem Sprichwort nach) der Teufel vor dem Kreuz. Als die von Japara einst Batavia überfielen und schon ein Außenwerk angefallen und Elefanten angespannt hatten, um die Palissaden niederzureißen, soll die schwache Besatzung, die nichts mehr zu schießen hatte, sich durch das einzige Mittel errettet haben, daß sie mit Speck unter die Angreifer liefen und sie damit vertrieben.

Sie gebrauchen auch die Beschneidung und halten es für ein hohes und heiliges Werk. Als sie einstmals Batavia bestritten, lief von uns ein Tambour über und ließ sich beschneiden. Hernach aber, da es zum Frieden kam und unser Herr den Überläufer begehrte, hielten sie fest und steif zu ihm und hätten eher alles

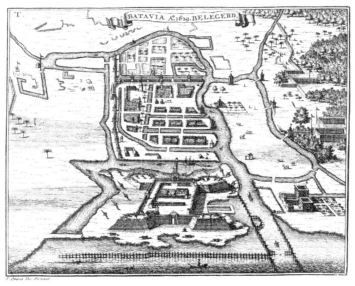

Die Stadt Batavia auf Großjava mit Befestigungsanlagen

59

zerschlagen als ihn auszuliefern. Da sagte unser Herr: Um eines einzigen Menschen und Renegaten, der seine Seele nicht besser hat verwahren wollen, sollte man das Friedenswerk nicht aufhalten, weil so vieler Nutzen darauf stand.

Ihr Neujahr (das sie im Monat März haben) und die Neumonde halten sie so sehr devot, daß sie bei jenem ganze acht Tage bei Sonnenschein, und bei diesem (dem Plenilunio) nicht einen Bissen essen, bis er vorbei ist. Dergleichen pflegen auch die Mohren zu tun.

Wunderliche Schiffe haben sie, darinnen sie auch nicht sitzen wie wir, sondern nur hocken, wenn sie fahren. Die kleinsten können acht Personen fassen und werden um ihrer Geschwindigkeit willen von den unsrigen »Flieger« genannt[39]. Vorn und hinten sind sie zugespitzt, haben nur einen Mast und ein langes Segel aus Stroh und zumeist auf beiden Seiten Stangen in die See. An deren Spitzen ist ein Bambus gebunden, der das Schiff hält, damit es nicht umschlagen oder untersinken kann. Denn der Bambus ist wie ein Pantoffelholz, das immer schwimmt und kein Wasser faßt, sintemalen er nichts anderes ist als ein »Canna« (oder Rohr), und der größte, den ich gesehen, war so dick wie ein Fuß bei seinen Waden ist. Der Bambus wächst buschweise auf freiem Feld und ist sehr hart. Wenn man einen solchen Busch anzündet, kracht es nicht anders als wenn eine ganze Armee eine volle Salve gibt. Von dem Bambus machen sie auch ganze Flöße, auf denen sie Fische nach Batavia führen. Die Flöße binden sie artlich und eng zusammen mit Stricken von Figuer. Das ist ein Gemüse an den Bäumen, das sie zwölf oder achtzehn Daumen dick so steif und fest winden können, wie nimmermehr die Seiler es machen. Mit diesen Tauen binden sie die Seitenbretter obgemeldeter Schiffe ohne Nägel oder Band, daß nicht ein Tropf Seewasser hineindringen kann.

Sonderlich gut ists nicht, mit ihnen genau umzugehen, weil sie sehr mit dem Mal de Naples angesteckt sind. Wenn sie wieder kuriert werden wollen, müssen sie eine harte Penitence tun. Auf die vierzehn Tage müssen sie sehr warm gehalten auf dem Bauch liegen und sich mit dem Fett von einem beschnittenen Schwein, vermischt mit Quecksilber und wohl untereinander gestampft, an allen infizierten Gliedern einschmieren lassen. Sie werden schlecht und sparsam in Speise und Trank gehalten, den ganzen Tag nicht mehr als zwei, drei Eier oder wenig Kohl, aber kein gesalzenes Fleisch. Da fallen sie denn so ein und werden so mager, daß die Sonne durch sie scheinen möchte. Wenn nun der Unrat und die Seuche sich etwas verloren haben, gibt man ihnen von einer Wurzel zu trinken, die von der Insel Thuan oder Isle Formosa[40] kommt und die »Wurzel Sina« genannt wird. Davon werden sie so erfrischt und von Grund aus geheilt, daß sie stark und schön und baß von Leib werden, wie sie wohl vorher jemals gewesen sind.

Die Engländer haben ihre Handlung gar stark zu Bantam, und auch die Holländer haben daselbst ein Comptoir. Dort hat sich dann dieser traurige Fall begeben, daß einer unser Kaufleute ein Kebsweib gehabt, eine javanische Frau, derer er sich fleißig bediente. Sein Diener aber hat seine Person auch präsentiert und es so weit gebracht, daß die Dame ihn lieber gewonnen als seinen Herrn. Und weil sie gern den Herrn los geworden wären, haben sie beide konspiriert und einen Javaner dazu erkauft, der unsern Kaufmann totstechen sollte; denn, wie berichtet, die Javaner tragen an der Seite ein kurzes Gewehr wie einen Dolch, den sie »Kriez« nennen. Als nun einst der englische und der holländische Kaufmann auf den Abend um die Stadt spazierten, wollte der Javaner sein Blutgeld verdienen. Er ist aber an der Person irr geworden und hat für unseren Kaufmann den englischen niedergemacht. Darauf ist unser Kaufmann zu dem König gegangen und hat es angezeigt. Der hat dem Javaner nachgestrebt und ihn gefangen bekommen, welcher auch flugs bekannte, daß er es auf Anstiften der Frau und des Dieners getan hatte. Darauf sind sie beide auch eingezogen und der Diener auf Bataviam geschickt und mit dem Schwert gerichtet worden. Die Frau aber wurde in unsere Hände gegeben und hat in unserm Haus dergleichen Urteil empfangen.

Der Javaner aber ist nach Gebrauch des Landes vor die Elefanten geschmissen worden. Denn das ist bei diesen heidnischen Königen und Kaisern der Prozeß: Wer das Leben verwirkt hat, muß den Elefanten vorgeworfen werden. An einem gewissen Ort vor der Stadt bindet man ihn mit einem länglichen Strick an einen Pfahl. Darauf schickt man einen Elefanten, der schon dazu abgerichtet ist, mit einem Schwarzen hin. Der muß den Elefanten mit seinem langen Haken hinter die Ohren hauen (wo er sehr empfindlich ist und mit einer Musquetenkugel tot geschossen werden kann), daß der Elefant mit desto größerem Grimm auf den Condemnierten losgeht. Den fällt der Elefant dann auch mit seinen beiden hervorragenden Zähnen an, schleudert ihn in die Höhe und tritt ihn, sobald er niederfällt, mit den Füßen, daß er alsbald tot ist.

Den 8ten Juli sind wir nach sechs Monaten und vierzehn Tagen auf der Rede der Stadt Batavia angekommen. Auf unserem Schiff hatten wir vierzehn Tote und nur zwei Kranke; auf des Admirals Schiff gab es vierundfünfzig Tote und sechzig Kranke, die am folgenden Tag mit Gottes gnädiger Hilfe an Land gesetzt wurden. Nur die Soldaten wurden in das Hospital[41] gebacht, denn die Schiffsgesellen müssen auf den Schiffen bleiben; die meisten sind aber binnen Monatsfrist gestorben.

Kommt frisches Volk aus Holland und sind die Soldaten ans Land gesetzt, so ist es die Maniere, daß sie in guter Ordnung zweimal in das »Castell Bataviæ« und vor dem Logiment des Herrn, der darin wohnt, marschieren müssen. Das dritte mal aber steht man, worauf der General die Ankömmlinge willkommen heißt und dem Major den Befehl gibt, sie auf die vier Compagnien zu verteilen, die auf Batavia ihre Capitains (oder Hauptleute) haben.

Da ich denn unter dem Capitain *Heinrichmann* aus Gilcherland[42] auf der englischen Seite[43] auf das Werk »Seeburg« kommandiert wurde, habe ich darauf zwei Monat gelegen und wenn's heiter war nach selbigen Orts Gebrauch alle Tag exerziert, damit unser Volk behände und hurtig ihres Gewehrs sich zu bedienen lerne.

Es ist sonst Batavia eine schöne und feste Stadt, die von den Batavis (oder Holländern) also benamst wurde, als sie den Engländern die Stadt vor einunddreißig Jahren abgenommen hatten[44]. Wegen des fruchtbaren Landes und des herrlichen Flusses, welcher aus dem Land in die See mündet, vorab aber wegen des guten Ankerplatzes, haben dort zuerst die Engländer und danach die Holländer mit Bewilligung der Einwohner ihre Niederlassungen (oder Kaufhäuser) gebaut, die Engländer auf der West- und die Holländer auf der Ostseite des Flusses. Als aber die Engländer Werk und Fortune der Holländer im Handel sahen, stach sie der Neid, und damit sie es bei Zeiten abschnitten, fingen sie an, dem König von Bantam die Holländer verdächtig zu machen. Als die darauf ihre Gebäude befestigten, vermehrte sich des Königs Suspicion. Er rückte mit seiner Armee an und belagerte die Holländer, wozu ihm die Engländer Rat und Tat, Hilfe und Beistand geleistet haben. Die Belagerung währte lang, und die Mauer wurde gewaltig zerschossen, von den Belagerten aber obstinatè also gedefendiert, daß sie aus Mangel anderer Materialien die Bresche mit köstlichen Seiden- und Leinwandpacken ausfüllten. Als es aber aufs Höchste kam und sie schon im Accord standen, wurden sie von ihrem General *Joh. Peterson Kühn*[45] (welcher unterdessen aus den Insulen Moluccis und anderswo alle Hilfe, die er finden konnte, zusammengebracht) entsetzt. Als der König von Bantam das sah, zog er ab, worauf die Holländer solchen Mut schöpften, daß sie über den Fluß setzten, die Engländer aus ihrem Kaufhaus (welches auch ziemlich fest war) verjagten und die Stadt Jaccatra (wie sie zuvor hieß) meistenteils ruinierten. Darauf fingen sie an, auf beiden Seiten des Flusses neben der Festung eine neue Circumvallation und eine Stadt zu errichten, welche sie Batavia genannt haben. Weil der Holländer Handel gute Nahrung brachte, fanden sich darin auch viele Chinesen, Malayer, Bandanesen, Javaner und andere Nationen ein, die Stadt zu bewohnen.

Die Stadt liegt eben schön und ist nunmehr auch mit einer Wasserrevier durch und durch versehen, sodaß Schiffe von fünfzig bis sechzig Last einlaufen können. Links der Einfahrt ist nordwärts ein Kastell ganz mit einem Wassergraben umfangen, sehr groß und weit, weil sowohl der General, als auch die sechs ordinari Räte in Indien darinnen wohnen. Die dirigieren den ganzen Zustand Indiæ, sowohl was den Krieg angeht als auch Kaufhandel und Polizeiordnung. In dem Kastell stehen auch die wichtigsten Pack- oder Handelshäuser, die immerzu auf drei Jahre mit Spezereien versehen sein müssen. Dort leben auch die Handwerksleute der Compagnia, Schmiede, Schwertfeger, Zimmerleute und Schreiner sowie die Kettensklaven, die der Generalität Holz und Wasser bringen. Alle Abend tragen sie auch gewisse Kloaken auf die Pünten, wo die Soldaten wachen; die müssen sie morgens in der Frühe wieder abnehmen, um sie für Tabak und Pinen den Chinesen zu geben, welche damit ihre Gärten und Felder düngen[46].

Es sind aber der Bollwerke vier: Das erste wird die »Perle« genannt, das andere der »Diamant«, das dritte der »Rubin«, das vierte der »Saphir«. Alle sind von Steinen aufgeführt, die drei Meilen davon aus Inselklippen gebrochen wurden. Die Bollwerke haben abhangige Schießlöcher und sind mit schönen fruchtbaren Bäumen (sonderlich Mangos und Limonien) besetzt. Zwei Tore gehen in das Kastell, die Wasserport und das Landtor. Beide haben einen gewölbten Eingang und eine Aufziehbrücke mit einem starken eisernen Fallgatter von der Art, wie sie hier in unserm Patria unter den Toren zu sehen sind.

Die Stadt selbst ist mit trefflichen Außenwerken eingefangen, als diesseits Wassers, fürs erste die Pünte »Küllenberg«, fürs an-

Jan Pietersz. Coen (1587–1627), Generalgouverneur der V.O.C.

dere »Seeburg« (worauf ich lange Zeit gelegen), fürs dritte »Gröningen«, fürs vierte »Ober-Issel«, fürs fünfte »West-Friesland«, fürs sechste »Utrecht«, fürs siebente »Seeland«, fürs achte »Nassau« und fürs neunte »Dijes«. Über dem Wasser an der neuen Port bei der Hauptwache ist fürs erste die Pünte »Grünberg«, fürs andere »Hollandia«, fürs dritte »Amsterdam«, fürs vierte »Gelderland« (welches Werk sehr groß und stattlich ist) und fürs fünfte »Rotterdam«[47]. Weil den Einheimischen nicht zu trauen ist, mußte Batavia immer auf die zweitausend Mann Besatzung haben, weswegen die Holländer auch ihre Wachen sonderlich des Nachts scharf bestellen. Gleich um sieben Uhr werden sie ausgesetzt, und jedwede Wache muß für zwei Stunden stehen. Denn die erste wird um Glock neun abgelöst, die andere um Glock elf und so fort. Sobald um neun Uhr die Glocke in der Forteresse geläutet wird, darf die Schildwache bei Lebensstrafe keinen mehr passieren lassen, es sei denn, sie habe zuvor den Corporal von der Wache gerufen und Lizenz bekommen. Auf den Wall aber läßt man um solche Zeit niemand mehr als die Hauptrunde.

Einer Schildwache aber begegnete einstmals ein lustiger Streich. Denn da sie jemands gewahr wurde, der eine ziemliche Last auf dem Rücken trug, und ihn auf Indianisch anschrie: »Wer da?«, antwortete dieser auf Indianisch, er wäre ein Maleyer. Da rief die Schildwache ihren Corporal, und als der kam, wollte er wissen, was der Maleyer im Sack hätte. Als der Corporal von ihm hörte, er trüge »Holländisches Fleisch«, da stellte er sich, als ob er visitieren wollte. Mein guter Indianer aber warf den Sack geschwind herab und sprang wie ein Hirsch davon. Als man den Sack öffnete, stak darin eine holländische Dame, die gedachter Indianer zu einer guten Compagnia bringen sollte, die wegen der Not, der jene Dame abhelfen sollte, nicht schlafen konnte. Als man sie aber recht besah, bat die Dame mächtig, ihr williges Herz geheim zu halten, darum sie ein merkliches der Wache spendieren wollte. Da ich weg zog, lebte die ehrliche Madame noch zu Batavia, und auch der Name war ihr geblieben, denn von derselben Zeit an nannte man sie das »Holländische Fleisch«.

Die Compagnia führt daselbst keine eigene Münze, die sie selber prägt. Einstmals hat sie Sorten wie Reichstaler geschlagen, auf der einen Seite das Wappen von Batavia (ein Schwert mit einem Rosenkranz umwunden), darauf die umgeschriebenen Buchstaben BATAVIA, und auf der anderen Seite der Compagnia Wappen. Aber durch besonderen Befehl der Herren Staden und des Prinzen von Oranien hat die Compagnia wieder davon ablassen und wohl deren Münze führen müssen, als auch portugiesische, spanische, mohrische Dukaten; an Scheidmünzen aber Stuber und ander holländisch Geld[48].

Sonst ist allerlei Victuales dort zu haben mit gewissem Maß und Gewicht. Das visitiert alle halbe Jahr ein gewisser dazu verordneter Offizier und bemerkt es mit einem sonderlichen Zeichen, wie bei uns das so genannte »Eichen« ist. An Getränk ist das Zuckerbier trefflich gut; an Speisen ist dort gutes Brot, Käse, Reis, Eier, Kümmerling, Salat; ein sonderliches Fleisch- und Fischmark,

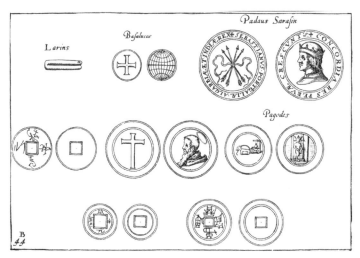

Im Kolonialgebiet der V.O.C. gebräuchliche Münzen

von welchem Anno 1657 mitten in der Stadt eine neue Pünte (oder Werk) aufgeführt worden ist. So pflegen auch die Sklaven in Körben Brot und Milch herumzutragen und auszuschreien auf die Art, wie es allhier zu geschehen pflegt durch die Bauernmägde. Es hat auch offene Garküchen, darin man gebratene und gesottene Hühner und Gänse haben kann, allerlei Fleisch, was das Land trägt. Bei den Chinesen, die da häufig wohnen, gibt es in ihren Buden oder Läden eine Schüssel mit Pfeffer, ein Krüglein mit Öl und Essig. Das alles kann einer selbst nehmen und sich nach eigenem Belieben zurichten wie er will um ein gewisses Geld. Es fehlt auch nicht an Wildpret, Schweinen, Hasen, Hirschen, wilden Hühnern und Hähnen, die man Buschhühner nennt, und die von den Schwarzen in den Wäldern mit Schlingen gefangen und verkauft werden. Es finden sich auch Tiger, derer Fleisch besonders gegen Engbrüstigkeit helfen soll und mir gutes Geschmacks fürkommen ist, sowie Steinböcke, die so gut als junge Rehlein zu essen sind, Büffel und Elend. Die haben ein trockenes Fleisch, das deswegen mit Speck wohl durchzogen werden muß, wenn mans genießen will.

Es halten sich im Wald auch Rhinocer auf. Das ist ein ungeheuer Tier mit zwei Schilden auf seinem Leib und einem starken Horn auf der Nase. An den Füßen gleicht es einem Elefanten, dessen Meister es auch wird, wenn sie miteinander streiten. Es ist so unglaublich stark, daß es auch ziemlich starke Bäume umreißen kann. Wir maßen Anno 1647 eines, nachdem es nach zwei nicht tödlichen Schüssen lebendig gefangen worden war. Weil es noch sehr jung war, tat man großen Fleiß, dasselbe zahm zu machen und aufzuziehen. Wiewohl es kaum drei Spannen hoch war, fand man an ihm eine solche Stärke, daß sich jeder darüber verwunderte. Und wiewohl kein Fleiß an ihm gespart wurde, konnte es doch nicht gebändigt werden, sondern starb in wenigen Tagen. Sonst werden sie oftmals gefällt, und dem General werden die Häupter oder Rüssel samt dem Horn (wel-

Exotische Tiere

ches in hohem Wert gehalten wird) gebracht. Sie sind aber wegen ihrer Stärke und Grausamkeit nicht wohl lebendig zu bekommen.

Ferner finden sich auch daselbst Zibethkatzen, und zu allerlei Waidwerk haben der General in dem Kastell und andere hohe Offiziere ihre eigenen Wildmeister, die immerzu etwas bringen.

Von allerlei Nationen ist Batavia sehr populiert[49]. Die stärksten aber sind die Chinesen, ein nahrhaft Volk und geübt in allerlei Negoce mit kaufen und verkaufen, auch in mancherlei Handwerk. Die können auch alles nachmachen, was die Holländer machen, außer daß sie keine Wagenwinden machen können.

Ihre Kleidung betreffend haben sie etliche Weise. Etliche haben oberwärts des Leibs blaue Kittel an mit großen und langen Ärmeln, daß man keine Hand sehen kann, wenn sie einhertreten. Dergleichen Farbe haben auch die Unterhosen, aber sehr weit. Vorwärts haben sie einen Beutel hängen, worin sie ihr Geld verwahren, und sie tragen breite Schuh (oder vielmehr Pantoffel),

69

darin sie nur schlieffen. Regnet es, so gehen sie auf Holzschuhen nach der Capucciner Art.

Sonderlich nett sind sie in ihren Haaren, die sie alle acht Tage durch ihre Barbierer reinigen und flechten lassen wie bei uns die Weiber, die ihre Zöpfe schlangen- und schneckenweise legen. Mitten durch haben sie eine silberne Haarnadel gezogen und zum End der Haare einen Kamm von Schildkröten, darüber ein Netz wie eine Haarhaube von schwarzem Pferdehaar, welches in Batavia sehr kostbar gehalten wird. Wer erstmals einen jungen Chinesen sieht, der meint nicht anders, als ob er eine Weibsperson sieht. Sie halten auch fest über ihre Haare; spielen sie (und sie spielen gewaltig gern), so setzen sie zuerst Haus und Hof, Weib und Kind, Hab und Gut und spielen erst zu allerletzt um ihr Haar. Und ist auch das hin, begeben sie sich willig in Dienste, Freiheit und alles ungeachtet.

Ich habe derer selbst gekennet, die durch das Spielen dreimal reich und wieder arm worden sind. Einer unter uns, *Hans Heinrich von Wehrt* mit Namen, vexierte sich einstmals und setzte einem Chinesen sein Kostgeld, welches auf anderthalb Reichstaler sich belief. Er gewann des Chinesen Haus und Hof, Weiber und Kinder und all sein liegend und fahrend Hab und Gut, das seine Landsleute auf die dreitausendsechshundert holländische Gulden geschätzt haben. Das Geld behielt er, des Chinesen liebstes Weib und die Kinder gab er ihm wieder; die übrigen aber wurden gleicherweis zu Geld gemacht.

Ihre Bärte sind lang, aber nicht dick, sondern einzelhärig, und sie können es durchaus nicht leiden, daß man sie betaste.

Ihre Weiber sind zu Batavia meistenteils erkaufte Sklavinnen von der Insel Bali oder Mocasser, nicht schwarz wie die Mohrinnen, sondern gelb. Weiber darf einer so viele haben, wie er kaufen und erhalten kann. Wenn er stirbt, werden die Weiber von seinen Freunden und nächsten Erben behalten oder wieder verkauft bis auf eine, die er am liebsten gehabt hat. Die bekommt einen Freibrief und darf heiraten, wohin sie will. Dergleichen haben sich öfter (sonderlich so sie wohl begütert waren und Christinnen wurden) an die Holländer vermählt[50], die nicht selten mit Chinesen in einem Haus wohnen oben oder untern Gaden. Zu meiner Zeit sagte man vor gewiß, daß nicht mehr als drei recht geborene Chinesenweiber (sehr klein von Person) in Batavia wären, wiewohl auch sonst weniger Mägdlein unter ihnen zu finden sind als Knaben. Und als ich einstmals nachfragte, wie das käme, vertraute mirs ein Chinese: Wenn eine unter ihnen schwanger wäre, so behielten sie sie drei, vier Monate, ehe sie gebäre, daheim, damit nicht erfahren würde, wann sie niederkäme. Brächte sie nun ein Mägdlein zur Welt, so würgte mans alsbald; wäre es ein Knabe, so ließe man ihn leben. Darum hielten sie es so verborgen, weil ihnen der Hals darauf stünde oder sie sich mit einer großen Summe Geldes lösen müßten. Wenn sie säugen, nehmen sie einen Reifen von einem Faß oder eine starke Weide von einem Baum und zwängen damit ihre Brüste in der Höhe fest zusammen, damit sich die Milch nicht verläuft.

Wenn sie allda Hochzeit machen, gehen Männer und Weiber in einer absonderlichen Prozession. Des Mannes nächste Freunde tragen seinen Reichtum wie Silbergeschmeide, Geld, Ringe, Ketten und dergleichen öffentlich vorher. Vor ihren Häusern wie auch inwendig sind die Säulen (welche gemeiniglich bei den Eingängen stehen) mit allerlei Gesträuß und Wedeln umwunden und gekleidet. Sie gebrauchen ein Instument wie eine Schallmeien und haben ihr Hochzeitsmahl zuweilen im Haus an einer großen Tafel, zuweilen auch in einem Schiff unter einem Scharlackenhimmel, der mit Fransen behängt ist. Wollen sie unter Segel gehen und sind ihre großen Schiffe schon beladen und proviantiert, so fahren sie noch einmal mit ihrem Boot in der Stadt herum. Sie trommeln wie auf einer Heerbauke, haben Feuer in den Schiffen, sind lustig und fröhlich und essen und trinken mit ihren Kindern. Und wenn sie hernach auf See einen

Sturm haben, tun sie anders keine Rettung, als daß sie die Segel einnehmen, ihre eingeflochtenen Haare los machen, sich in das Schiff legen und selbige Haare (weil sie sehr lang sind) in das Meer hängen. Dann rufen sie ihren Gott an und warten ferner ab, wie es gehen werde.

Ihr Gottes- (oder vielmehr Abgottes-) Dienst, den ich teils in Batavia gesehen, ist also: In ihrer Wohnstuben haben sie ein viereckiges Kästlein wie einen Altar. Darin ist ein Bild von Ton, anderthalb Spannen lang, schwarz im Angesicht, mit großen Augen und roten runden Strichen herum, mit einer Papageiennase und Hörnern darauf von unterschiedlichen Farben. Dies Bild heißen sie »Josin«[51]. Vor dem schlagen sie die Hände zusammen, streichen ihn gar mit Händen aufs Freundlichste, daß er ihnen nichts Böses tun wolle. Sie sagen, daß es einen Gott gibt, der Himmel und Erden gemacht habe, und den heißen sie oft einen guten Mann. Und doch meinen sie, der Josin sei ein böser Mann, den sie ehren müßten, damit er ihnen nur nicht schade. Sie brennen ihm bei nächtlicher Weile rote und gelbe Wachskerzen, opfern Speis und Trank und wissen nicht, wie sie ihm nur genug Reverenz antun sollen. Und doch nehmen sie den folgenden Tag das Opfer wieder und verkaufen es zu ihrem Nutzen.

Wunderliche Maniere haben sie im Essen. Denn Mann und Weib, ein jedes verrichtet absonderlich seine Mahlzeit, und anstatt der Messer und Gabeln führen sie mit der rechten Hand zwei Steckelein, eine Spanne lang und von braunrotem Holz. Die linke Hand aber ist ganz verächtlich, weil sie damit die Posteriora reinigen; deswegen tragen sie einen Ekel, so sie jemand links essen sehen. Die Steckelein halten sie (wie gesagt) kreuzweis in der rechten und sind doch sehr hurtig damit, die Speisen wie mit einer Schere zusammenzuzwicken und damit auf das Maul zu eilen. Denn alles ist schon zerlegt und in kleine Stücklein und Bissen geschnitten, ehe mans aufträgt. Und ist etwas von Fischen, ist es von allen Gräten schon abgesondert, so daß es keine Mühe im Scheiden und Aussuchen braucht. Sie halten die Stäbchen auch sehr reinlich mit Wasser wie bei uns die Löffel, sitzen aber nicht bei ihren Essen, sondern hocken nur eine lange Zeit auf der Erde auf einer Matte von Binsen. Vor sich haben sie ein drei Schuh breites und anderthalb Schuh breites, nebenum eingefaßtes Brett, worin ihre Schüsselein stehen. Und wenn sie sonst auf einem Stuhl sitzen, lassen sie die Füße nicht hängen, sondern halten sie kreuzweise übereinander um Ursachen, die ich nicht hab erfahren können. Aber ich habe wohl gesehen, daß sie sehr gelenk sind und die Füße nicht nur stehend zum Mund führen, sondern sogar in den Nacken legen können.

Ihre Spiele und Kommödien aber, die sie den »Wajang« nennen, sind mir nicht übel zu sehen vorgekommen. Die Reichsten und Vornehmsten unter ihnen machen vor ihren Häusern auf der freien Gasse eine rechte Bühne auf, spielen auf Instrumenten und Trommeln und haben gewisse Personen, die in allerlei Maschera agieren wie bei uns. Die reden eine langsame, gravitätische

Chinesisches Straßentheater (Wajang)

Sprache, gar manierlich und schön zu sehen, denn alles geschieht bei nächtlicher Weil gegen sieben Uhr mit unterschiedlichen Lampen, die sind schön viereckig gedreht mit Zacken an allen vier Ecken und mit hellen Lichtern von Clapperbaumöl. Sie werfen dabei viele Raketen und tanzen über die Maß zierlich nach einem Instrument von zwanzig, dreißig Glöckchen. Die schlagen sie mit hölzernen Schlägelein so behend und wohlklingend, daß es sehr anmutig lautet; treiben auch oft solche Tänze, bis der helle Tag anbricht[52].

Wenn sie krank werden und ihre Medici (die erfahrene Leute sind) zum Aderlaß raten, so nehmen sie den Patienten, binden und würgen ihn um den Hals, rütteln und schütteln ihn nieder, daß er erschwarzet und das Blut tapfer in den Kopf läuft. Dann kommen sie mit einer Lanzette und lassen ihn an der Stirn zur Ader, legen ein kleines viereckiges Tüchlein Cattun darüber und binden es um den Kopf. Nicht wenige werden auch des Jahres oftermals auf den Armen zur Ader gelassen. Wenn sie schröpfen, gebrauchen sie statt der bei uns gewöhnlichen Köpfe eine Art Pulverhorn. Da blasen sie hinein und schlagens behend an den Leib, daran es steif klebt. Und wanns die Haut ziemlich aufgezogen hat, picken sie mit einer Lanzette darauf herum. Oder wann sie meinen, daß ein Fluß an ihnen umgehe, legen sie sich längs auf eine Bank, lassen einen jungen Knaben kommen, der sie gemächlich von unten bis oben, hinten und vorne mit Fäusten stoßen und schlagen und darnach die Haut (sonderlich auf dem Bauch) gegen die Länge streichen und wieder zu sich zwengen muß. Das nennen sie »Karabazen«.

So einer denn gar verschieden ist, wird der tote Körper erstlich rein gewaschen, danach am ganzen Leib geschoren. Dann wird er in ein weißes Gewand gelegt und ein weißes Tuch um den Kopf gewickelt, darein sie Geld binden, zur Vorsorg, daß er nicht gar bloß und ohne alle Mittel in die andere Welt komme. Unter den Kopf stecken sie einen neuen Hafen, um Ursachen, die ich auch nicht habe erfahren können. Darauf legen sie ihn in einen Sarg, den sechs Personen in schwarz auf ihren Friedhof (etwas von der Stadt gelegen[53]) tragen, mit ihrer Freunde Comitat und Prozession. Zu gewissen Zeiten pflegen sie ihm zu opfern. Ich habe selber zweimal gesehen, daß auf gedachtem Kirchhof, den sie von der Compagnia erkaufet haben, ein Weib ihrem Mann mit ihren und seinen gewesenen Freunden geopfert und Speisen und Früchte mitgebracht hat. Der Mann war ein reicher Chinese und sein Körper wurde in einem viereckigen Gewölbe Tag und Nacht von vier Sklaven bewacht, weil er viel Gold und Geld bei seinem Grab hatte. Ihre Grabsteine liegen nicht flach wie bei uns, sondern sind aufgerichtet und stehen in die Höhe. Sie haben auch gewisse Überschriften, darunter der Tote mit dem Angesicht ost-

Karte des indonesischen Archipels

wärts liegt, und ehe er gar vergraben wird, überwerfen ihn die Umstehenden zu guter Letzt mit einer Handvoll Sand.

Als ich nun in die zwei Monate in Batavia gelegen, sind dreitausend Mann mit zwei Capital- und noch andern Jachtschiffen nach einer Insel mit Namen Engano kommandiert worden, von Batavia gegen Westen etliche sechzig oder siebzig Meilen Wegs gelegen. Die Holländer waren noch nie vor dieser Insel gewesen, hatten aber zu besorgen, daß die Einwohner auf die Schiffe, die da vorbei müssen, einmal einen Anschlag tun und sie wegnehmen könnten. Als wir nun ankamen, trachteten wir, etliche Wilde zu erlangen, um der Insel Condition zu recognoscieren. Als wir aber ein paar von ihnen bekommen und auf des Admirals[54] Schiff gebracht hatten, war niemand, der sie verstehen konnte. Um deswillen beschloß unser Admiral, sie in seidene Kleider zu kleiden und ganz betrunken wieder laufen zu lassen. Denn die anderen Wilden sollten sehen, wie liberal man ihr Volk tractieret und desto eher aus ihren Wäldern williglich zu uns kommen, damit wir ihrer umso eher habhaft werden könnten. Deswegen haben wir Schiffgesellen mitgenommen, die viele mit holländischer Seife geschmierte Stricke zu sich fassen mußten, um die Wilden geschwind zu umschlingen und mit ihnen auf die kleinen Boote zuzueilen. Wir haben damals viele tot geschossen, an die siebzig Manns- und Weibspersonen gefesselt und sind alsbald wieder auf Batavia zugegangen. Die Mannspersonen sind schwarz-gelb und ganz bloß, außer daß sie sich der Natur zu Ehren mit großen Feigenblättern bedecken. Sie wollten aus Kümmernis nicht essen und sind denn zumeist gestorben. Das Weibervolk aber (von eben derselben Couleur und Bekleidung) wurde unter die vornehmsten Holländischen Damen in Batavia ausgeteilt. Es haben aber diese heidnischen Weiber so schön nähen gelernt und in einem Jahr die holländische Sprache so begriffen, daß wir unter den anderen Heiden ihresgleichen nicht gefunden haben, die so bald in unserer Muttersprache mit uns parlieren (oder reden) konnten[55].

Da ich aufs Neue dritthalb Monate auf Batavia gelegen bin, ging im Monat November nach Amboina und anderen Inseln im Osten bei den Moluccis[56] eine neue Flotte mit dreihundertfünfzig Mann und den folgenden Schiffen:

Erstlich das Schiff »Middelburg«, auf dem diesmal auch der Admiral war, und mit dem auch ich selbst in India frisch und gesund angekommen bin.

2. Das Schiff genannt der »Wasserhund«, darauf der Viceadmiral war.

3. Das Schiff die »Wachende Bühl«, der schauet bei Nacht.

4. Das Schiff der »Guldene Hering«.

5. Das Schiff genannt der »Gabing«.

6. Das Schiff der »Delphin«.

7. Das Schiff genannt »Bourgor«[57].

Wir sind auch alle glücklich wohl den zwanzigsten November bei Amboina arriviert. Und als wir acht Tag in dem Hafen (oder auf der Reé) vor dem »Castello Victoria«[58] still gelegen hatten, ist mit Nägeln beladen das Schiff »Middelburg« wieder nach Batavia gesegelt. An dessen statt ist der »Windhund« zum Admiral substituiert worden.

Auf der genannten Insel Amboina ist eine enge Anfahrt, die auf beiden Seiten gefährliche Klippen hat. Zwischen denen schlägt der Strom oft so gewaltig entgegen, daß zu besorgen steht, das Schiff werde an einen Felsen jagen. Um deswillen muß man zuweilen auf acht Tage mit großem mächtigem Verdruß davor schweben und lavieren, und man kann nicht hineinkommen, bis Gott seinen starken Wind gibt, damit man sich des Stroms bemächtigen kann. Das »Castellum Victoria« liegt ein paar Stunden davon zur Rechten der Einfahrt. Wegen wichtiger Negocien unserer Flotte habe ich nicht hinkommen können und kann deswegen keinen selbst besehenen Bericht tun.

Kriegsschiffe vor der Insel Amboina

Zwischen der Zeit aber, da ich zuweilen mit ans Land setzte, sahen wir unterschiedliche Amboineser, der Farbe nach gelb, aber doch nicht so gelb wie die Javanen, sondern braunschwärzlich. Sie trugen enge Ärmel an langen Kitteln von der Art, die bei uns die Fuhrleute tragen, bei etlichen grün, bei etlichen rot, auf der Brust übereinander geschlagen und gegen die linke Seite zusammen gebunden; darunter aber sind sie bloß. Die Vornehmen und Herren haben um den Kopf eine gemeiniglich blaue, hinten mit einer Schlinge gewundene Binde, von der große goldene Spitzen herabhängen. Auf der Seite führten sie einen »Kriez« (oder Dolch), deren Gefäß mit Gold und Edelgestein so trefflich besetzt war, daß ein solches Gewehr auf vier- bis fünfhundert Reichstaler geschätzt worden ist. An Gewehr und Bärten gleichen sie den Bandanesern, von denen hernach bald geredet werden soll.

Weil von Amboina die Nägel kommen, gelüstete es mich auch zu sehen, wie sie wüchsen. Es war noch nicht an der Zeit, daß

78

man sie abnahm, doch sah ich, daß ein ganzer Wald voll kleiner Bäumlein stand. An denen hingen die Nägel in Klumpen groß wie ein Kopf und von rötlicher Farbe.

Sie wiesen uns auch einen Baum, den sie den Sagebaum hießen. Den findet man auch häufig in Banda mit stachligen Blättern. Der Kern hat in sich ein Mehl, das wird mit Wasser vermengt, eine Spanne lang und eine halbe Spanne breit geformt, gebacken und in der Sonne getrocknet. Man braucht es statt des Brotes, denn es gibt dort keinen Reis als den, den die Compagnia von Batavia bringt. Neu gebacken ist solcher »Sagem« eine Speise so elend wie Holz, aber in der Not ist es doch besser zu genießen. Wird er älter, so kann der »Sagem« nicht anders genossen werden als aufgeweicht im Wasser oder in einer Suppe, in der es mächtig quillt. Sieht man ihn auf der Gassen liegen, so sollte es der Hundertste für einen Span Holz halten. Der weiße »Sagem« kommt sonderlich aus Ceram[59] und ist noch erträglicher als der rote »Sagem«. Der ist die Speise von Vögeln, die »Cossebares« heißen, und wird daher auch so genannt.

Sonderlich sind die amboinischen Pocken im Geschrei als eine Landkrankheit, die am Kopf, hinten am Hals und auf der Stirn, zuweilen auch an den Händen und besonders an den Füßen ausschlägt, daß man das rohe Fleisch sieht. Die Krankheit kann nicht besser geheilt werden als mit Dotorblättern, die man darüber schlägt. Will man sie bald los werden, wäscht man sich mit dem gesalzenen Seewasser und muß mit Limonien darüber reiben, daß häufig das Blut mit grausamen Schmerzen und Schreien läuft. Manche bekommen die Krankheit alle Jahre, manche alle zwei, drei Jahre einmal, und müssen sich in solcher Zeit aller hitzigen Speis und Trank enthalten, weil solche mächtig entzünden. Es findet sich noch eine andere Krankheit, die auch auf Banda und Ceylon regiert und »Barbiri« genannt wird. Sie plagt die Einwohner nicht so sehr wie die Fremden, die an einem Stab gehen müssen und die Füße von sich startzen, als wären sie gebrochen.

Weil Adern und Sehnen ganz steif geworden sind, müssen sie sonderlich an den Waden mit Nägelein- und Muskatöl stark geschmiert und über einer Kohlen mächtig warm gehalten werden, bis sich das Geäder wieder gelinder und tätiger erzeigt, welches auf die vierzehn Tage und länger währt.

Das Dritte Capitul –
Was sich Anno Christi 1646 begeben

Als wir nun bis in den Januar des folgenden 1646sten Jahrs auf erstgenannter Reé und Insel Amboina verharrt hatten, ging es den 7ten dieses Monats auf Banda zu, eine Insel vierzig Meilen von Amboina gelegen. Dort sind wir den zehnten glücklich arriviert.

Es ist aber die Insel Banda der Compagnia zu eigen und ihr vom König von Ternate[60] geschenkt worden; andernfalls hätten sie die Insel mit dem Schwert bezwungen. Die Einwohner sind sonst bekleidet wie die Amboinesen, außer daß sie einen Wulst auf dem Kopf liegen haben. Sie sind gelb von Farbe, haben kurze und krause Haare, große Knebelbärte und starke Arme und Beine. Ihr Gewehr ist in der einen Hand ein kurzer breiter Säbel, in der anderen ein länglicher Schild. Der ist von solchem

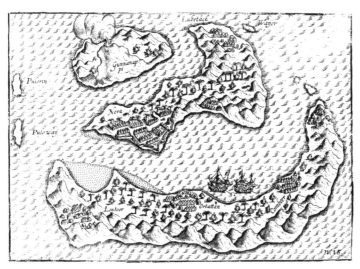

Die Bandainseln mit dem Vulkan auf Gunung Api

Holz gemacht, daß es ein Gewehr, mit dem einer darauf stößt, in sich hält und gleichsam einsaugt, daß mans nimmer herausziehen kann. Säbel und Schild können sie künstlich und mächtig behände führen. Sie springen so gewaltig hoch, daß sie einem im Sprung schnell den Kopf abschlagen können; sie fallen auch geschwind wieder auf die Knie, und will man ihnen beikommen, so sind sie hinter sich und vor sich, links und rechts von einem Knie auf dem anderen trefflich gewandt. Teils führen sie auch Wurfpfeile, die sie an einem Strick haben. Damit schießen sie gar gewiß, und was sie getroffen haben, das reißen sie mit dem Strick an sich. Zum Teil haben sie ein rotes rundes Holz, das sie so gewaltig nach den Beinen werfen, daß einer fallen muß, wenn er davon getroffen wird.

Es gibt auch auf der Insel Banda etliches Volk, das in den Monaten Juni, Juli, August nur allein am Tag ihres Gesichts gebrauchen kann. Zu nächtlicher Weil aber, obschon noch so helle Fackeln und Lampen brennen, mögen sie doch nichts sehen, bis sie nach einer Zeit wieder zurecht kommen. Dazu soll ihnen die Leber von einem Fisch, Hai genannt, dienlich sein, den sie gern essen.

Ein treffliches Kastell haben die Holländer auf Banda gebaut und »Nassau« getituliert[61]. Das Kastell ist mit vier starken Pünten (oder Bollwerken) versehen, fürs erste des Admirals Pünte beim Haus des Gouverneurs; fürs andere, den Wall nach, die Pünte »Seelandia«, worin das Zeughaus steht; fürs dritte die Pünte »Delft«, viertens »Rotterdam«, und auf jeder Pünte standen zu meiner Zeit acht metalline Stücke[62]. Zwischen »Seeland« und »Delft« liegt ein hoher Berg. Auf dem ist von hohen Mauern ein Werk (genannt »Belle Gücke«[63]) viereckig aufgeführt und immer mit vierzig Mann Besatzung. Noch höher davon ist ein Reduit, das heißen sie »Gück in Hafen«. Ehe man in das Kastell kommt, sieht man auf der linken Hand den Karnabcsberg[64]. Der ist mächtig hoch, und auf der Rechten ist das »Fort Lundern«, bei dem einige Negrey (oder Dörfer) stehen. Zu dem Kastell kann man an drei Orten einlaufen, fürs erste bei »Lundern«[65], zum andern bei »Selam« (wobei auch eine Reduit ist), fürs dritte bei dem so genannten »Sonnenloch«[66], wo aber nur kleine Schiffe ankommen können. Nicht weit davon ist wieder eine schöne Reduit aufgerichtet, dergleichen auch vom Kastell gegen das Siechenhaus. Drei Meilen vor Banda ist ein Fort von fünf Pünten aufgerichtet, genannt »Boule Bay«[67]. Das ist immerzu mit einer Besatzung von an die sechzig Soldaten und mit vierhundert bis fünfhundert Wasserfässern versehen, darinnen sie den Regen sammeln, weil es anders kein Wasser geben kann. Das Fort ist wie eine Vorwache auf Banda, denn wenn es Schiffe in der See sieht, muß es allezeit mit Stücken ein Loos geben zur Nachricht.

Tiefer in der See ist auf einer anderen kleineren Insel »Boule Rund«[68] von den Holländern ein Reduit aufgeworfen. Auf beiden Inseln finden sich die besten und schönsten Muscadennüsse. Die wachsen wie unsere Marillen, sind aber größer von Postur. Und wenn sie reif sind, haben sie unter der ersten Schelfen die Blüte, welche so rot ist als Blut. Unter der stecken die Nüsse, welche allesamt von den Sklaven gekalkt werden müssen, ehe man sie verschickt. Von dem Platz an, wo sie liegen, stehen die Sklaven und reichen einander in Körben die Nüsse zu bis an den Kessel, worin der Kalk ist[69]. Die Körbe werden durch das Wasser gezogen, abgeseiht und auf einen Haufen ausgeschüttet, von welchem sie nur in die Schiffe getan werden. Denn recht geimballiert und in unsere Länder verschickt werden die Nüsse erst zu Batavia. Die Nüsse müssen der Compagnia in gewisser Zahl die Freileute[70] liefern, die wiederum Sklaven halten, die an ihrer statt die Arbeit tun müssen, wiewohl auch die Compagnia zu dem Ende ihre eigenen Sklaven hält[71]. Deren Kinder gehören nicht ihren leiblichen Eltern, sondern der Compagnia. Die richtet sie ab, und ist ein Kind ein wenig erwachsen, so kann es der Compagnia alle Monat vier Taler verdienen.

Muskaternte

Eine Frucht wächst sonderlich auf Banda wie bei uns der Flachs, die nennen sie »Chini« und ist ganz grün. Wann man die Frucht zerreibt und in Blätter von Pisan wickelt (die sind sehr groß und breit, so daß man sie oft statt der Schüsseln braucht, sonderlich wenn man im freien Feld liegen muß) und durch solche Blätter gedachtes »Chini« trinkt und aus Unachtsamkeit den Rauch mit einläßt, macht sie einen Menschen mächtig lachen. Er macht sich dann allerlei Phantasien als wäre er ohne Vernunft, und wenn er ein Wasser vor sich sieht, das nur ausgegossen worden ist, will er sich niederwerfen und schwimmen auf der nur ein wenig nassen Erde. Aber (und das ist wohl wunderlich) mit einem kleinen Bißlein Salz im Mund wird es vertrieben, daß einem wieder recht wird. Treffliche wilde Pferde sind auf der Insel, die werden zahm gemacht und lassen sich hernach so stattlich brauchen wie die persischen Pferde. Auf die dreihundert davon gebraucht die Compagnia auf Batavia zum Beritt ihres Volkes.

Als wir auf der gedachten Insel Banda vor dem »Castello Nassoviæ« (oder »Wilhelmsburg«) das Schiff »Die wachende Buhe« mit Muskadennüssen und Blumen stark beladen hatten, haben wir die Segel wieder fliegen lassen, um unserer Ordre nach auf der Insel Damma[72] anzulanden. Weil wir aber weder Wind und Strom haben konnten, mußten wir bis gegen den vierten Monat unter Segeln liegen. Inzwischen haben wir so gut wir konnten unterschiedliche Inseln angelaufen, den ins gemein genannten Emmer (sonst »Ombo« genannt[73]), Klein und Groß Key und die Insel Ara[74].

Als wir an den Emmer gekommen sind, waren die Wilden so froh, daß sie uns entgegenfuhren mit an die sechzig kleinen Schiffen, die sie »Caracora«[75] nennen und je vierzig oder fünfzig Mann fassen. Etliche hatten ein Spiel wie eine Heerbaucke von

Im Gebiet der Gewürzinseln gebräuchliches Schiff (Coracora)

85

Kupfer bei sich, das die Indianer »Gungumma« nennen[76]. Weil sie teils auch Bogen und Pfeile hatten, ließen wir sie anfangs nicht an unsere Schiffe kommen, sondern sie mußten ein Rohrschuß entfernt bleiben. Darauf zerbrachen sie vor unseren Augen ihre Pfeile und Bogen in Stücke, und als unser Kommandeur fragen ließ, was es bedeute, daß sie ihr Gewehr zerbrächen, gaben sie zur Antwort, daß sie mit den Holländern Freund wären. Deswegen ist ihnen auch erlaubt worden, frei an unsere Schiffe zu kommen und zu verkaufen, was sie an Erfrischungen von Fisch und Früchten mitbrachten. Geld wollten sie aber nicht nehmen, sondern rotes Tuch, weiße Leinwad, Kupfer, Messing, rote Hauben, Messer, rote Korallen und dergleichen Kinderwerk.

Es ist sonst ein schlimmes und betrogenes Volk. Darum durften wir nicht zu viele auf die Schiffe kommen lassen, sondern mußten etliche heißen, daneben liegen zu bleiben. Die wir auf das Schiff ließen, haben mit uns durch die Schießpforten verhandeln müssen, aus denen die Stücke heraufstehen, wodurch wir einander zugelangt haben, was beide Seiten wollten. Ich für meinen Teil bin von einem solchen Schelmen recht betrogen worden. Denn mich und meinen Kameraden verlangte nach Fischen, und wir accordierten auch mit einem Indianer, daß wir ihm zwei Klafter weiße Leinwath geben wollten und er uns dagegen Fisch geben sollte! Mein Kamerad hatte bereits Wasser zum Feuer gesetzt, damit wir die Fische umso eher haben würden, denn es wässerte uns mächtig das Maul. Als aber der Vogel die Leinwath in die Hände bekam, ging er mit der Leinwath und den Fischen durch, daß uns das Herz und der Magen groltzte und mächtig verdroß.

Ich habe mich aber an ihm wieder gerächt, so gut ich konnte. Als wir den dritten Tag hernach ans Land gesetzt wurden, ist er mir zu Gesicht gekommen. Ich habe ihn alsbald erkannt und gedacht, ich müsse ihm nun meine Leinwath mit einer rechten Elle anmessen. Es waren aber auf der Insel viele Nußbäume, die man die »Cockernuß« heißt. Sie sind wohl lieblich zu essen, und die Einwohner und die Fremden pflegen sie um der Lust willen herabzuschießen. Mit ihren landsgewöhnlichen Pfeilen können sie nicht mehr als eine Nuß abwerfen; wir dagegen mit unseren Rohren und Drahtkugeln (die sich ziemlich ausbreiteten) konnten ganze damit beladene Äste brechen. Unseres Vorteils unwissend verwunderten die Einwohner sich mächtig darüber, gewannen auch Lust, mit unseren Gewehren zu schießen und hielten es auch für eine singulare Ehre, als wir es zuließen. Weil nun auch mein Fisch- und Leinwathdieb dastand und Maul und Ohren auf hatte in großer mächtiger Verwunderung, dachte ich von selbigem ein Laggio zu holen. Ich präsentierte ihm (der nicht meinte, daß ich ihn noch kenne) mein Rohr, lud es aber mit der zweifachen Ladung an Pulver und Kugeln und animierte ihn, tapfer Feuer zu geben. Da gab ihm das Rohr einen solchen Stoß, daß er auf den Hindern fiel und den rechten Arm nimmer aufheben konnte. Darüber lachten wir gewaltig und dachten auch an unsere Arme, wie wir sie zum Holzlesen und Feuerschüren brauchten, da wir den Fisch aufsetzen wollten. Als er sich nun wieder erholte und aufstand, fragte er unseren Dolmetscher, warum ihm das Rohr das antäte, uns aber nicht, die wir doch auch daraus geschossen hätten. Er erhielt die höfliche Antwort, er hätte noch keine Kundschaft oder (wenn wirs recht hochdeutsch ausreden wollen) keine Brüderschaft mit dem Rohr gemacht, und darum wäre es ihm noch so feindselig. Darüber lachten wir nochmals alle und ich sonderlich, weil mein Rohr seines Herrn Revenche gesucht hatte.

Von Statur und Gliedmaßen sind sie starke, ganz schwarze Leute. Die Haare haben sie hinten auf dem Kopf gebunden wie bei uns oft die Pferdeschwänze in der Mitte gefaßt werden. Statt des Brotes brauchen sie eine Wurzel, die sie »Uffasen« nennen, groß wie ein Kopf und sonst den Erdäpfeln gleich. Diese Wurzel sieden und schaben und schälen sie und genießen sie in Stücke geschnitten. Sie hat keinen üblen Geschmack, wenn sie wieder erkaltet und härter wird, und ist wenigstens um ein merkliches besser als der Sagem. Sonst wissen sie die Häuser so künstlich mit Stroh zu decken, daß ein solches Dach sieben oder acht Jahre halten kann in allen Wettern, wiewohl sich auch Mäuse und Schlangen darin mächtig aufhalten. Ihre Kleidung gleicht der der Javanen, Bogen und Pfeile sind ihr Gewehr. Von Frucht ist die Insel Banda gleich.

Als wir nun eine Zeit lang da waren, kam von Batavia Ordre, es sollte ein Lieutenant mit vierundzwanzig Mann und unserem Herrn Prædicanten nach der Insel Ara gehen, um zu sehen, ob die Einwohner den Christlichen Glauben annehmen möchten, sintemalen ein Jahr vorher etliche von den vornehmsten Herren der Insel Orankay sich hätten verlauten lassen, sie wollten als Christen getauft werden[77]. Darauf wurde unserem Kommandeur Capitain *Thomas Budel* befohlen, mit einem Galiot und einem kleinen Schiff seinen Lieutenant besagtermaßen zu schicken. Als unser Herr Prædicant solches erfuhr, bat er, man sollte von unserm Volk doch solche nehmen, die am wenigsten Ärgernis geben möchten und sonderlich dem Weibsvolk nicht zugetan wären; denn dadurch würde sonst mehr gehindert als Frucht geschaffen. Weil ich damals noch jung und kurze Zeit im Land war, wurde ich mit abkommandiert. Als wir nun glücklich in die Revier gelaufen sind, wo es auf beiden Seiten Negreyen (oder Dörfer) gibt, haben uns die Einwohner freundlich empfangen.

Es ist dort eine Menge Paradiesvögel, Papageien und ostindianische Raben (die sind ganz grün, lernen aber nicht reden) und Luri. Das ist ein Art von Vögeln, groß wie eine Amschel, am Köpf schön blau mit roten Federlein durchzogen, an den Flügeln grün, am Bauch rot, am Schwanz grün und rot, von rötlichen Füßen, mit einem krummen Schnabel; die lernen allerlei nachreden und können sonderlich mächtig gut lachen. Das alles haben die Einwohner uns gebracht und gute Hoffnung auf einen seligen Success gemacht. Als aber unser Herr Prædicant es bei den großen Herren versuchen und ihnen die heilige Taufe mitteilen wollte, wurden sie anderen Sinnes und sagten: Wenn sie es tun würden und die Einwohner brächten es in Erfahrung, müßten sie unfehlbar sterben. Also war unsere Hoffnung aus, und weil unsere Flotte von dem Emmer nach Groß und Klein Kay gelaufen war, um Holz von den Indianern zu kaufen für eine Festung auf der Insel Damma[78], und uns in vier oder fünf Wochen von Ara wieder abzuholen, warteten wir daselbst auf sie.

Es hielten sich aber viele Bandanesen dort auf, die waren abgesagte Feinde der Holländer, weshalb sie aus ihrem Vaterland vertrieben und nicht einer von ihnen dort geduldet wurde. Die Bandanesen verhinderten nicht nur unser christliches Vorhaben, denn sie machten uns auch diesem Volk sehr verdächtig, wir wollten eine Festung machen, weil wir etwas Holz fällten im Wald. Das ließ unser Herr Prædicant tun, damit wir besser in die offenbare See sehen und unsere verhoffte Flotte eher wahrnehmen könnten. Einst aber, als etliche von ihnen Paradiesvögel und andere Waren zu verkaufen zutrugen und wir untereinander handelten, ließen die Unsrigen ihre Waffen und Hacken liegen und hatten auch von den Soldaten keinen Seccurs. Da fielen die Bandanesen, diese Schelmen, von ungefähr aus dem Wald und schlugen zwei Schiffsgesellen geschwind die Köpfe weg.

Ein Zimmermann aber und ein Schiffsgeselle waren von vergifteten Pfeilen getroffen und retirierten sich doch noch zu Schiff. Wiewohl jener Zimmermann dennoch davon gestorben ist, hat der Schiffsgeselle sich selbst dem gegenwärtigen Tod also entrissen: Es wächst auf Mocasser (einer Küste der Insel Celebes[79]) ein Baum, der ist trefflich vergiftet. Wird damit einer nur an einem Glied verletzt und schlägt man das Glied nicht alsbald weg, so eilt das Gift geschwind zum Herzen und macht dem Verletzten den Garaus, es sei denn, er braucht als einziges Mittel den eigenen Stuhlgang so warm er von ihm geht. Mit

Scharmützel zwischen Eingeborenen und Soldaten der V.O.C.

dem Gift schmieren die Bandanesen ihre langen Pfeile ein, die sie mit großen und mannshohen Bögen hurtig verschießen. In Banda taten auch ihre Weiber großen Schaden damit, denn sie setzten sich auf die Bäume und schmierten mit dem Gift kleine Fischgräten ein, die sie durch ein hohles Röhrlein auf unser Volk verschossen. Während nun der Schiffsgeselle seine abscheuliche Medizin brauchte, um sein Leben zu retten, konnte genannter Zimmermann keinen Stuhlgang haben, und es ging mit ihm bald zu Ende. Der Geselle kam durch Gottes Gnade davon, und wir liefen in das Revier hinaus, weil wir uns nicht länger sicher fühlen durften.

Wir setzten uns vor die Mündung und erwarteten unsere Flotte, die auch nach wenigen Tagen ankam. Und da wir alle beisammen waren, ging es in Gottes Namen wieder zurück auf die Insel Damma, wo wir den zehnten Mai gesund arriviert sind. Die Indianer, die am Meer wohnten, haben sich alsbald zu unseren Freunden erklärt; jene, die im Gebirge wohnten, hatten sich hingegen als recht feindselig erwiesen und viel Volk von uns erschlagen. Deswegen mußten wir, so stark wir waren, an Land setzen und mit unseren Zimmerleuten den Wald umhauen, so lang wie eine halbe Cartaune schießen kann. Wir begannen auch, dort eine Fortesse zu bauen, die nach dem Herzog *Wilhelm von Nassau*[80] die »Wilhelmsburg« genannt wurde gleich wie die zu Banda.

Es ist sonst ein ungesundes Land, und wir hatten in den sieben Wochen, die wir dort gelegen, einhundertsiebenundzwanzig Tote. Daran, daß das meiste Volk krank war, war unser Kommandeur schuld, ein Seeländer mit Namen *Torstman*[81]. Der hatte wie ein Schelm gehaust und das Volk Hunger leiden lassen, daß sie schwarz geworden sind. Ohnehin war das Wasser im Revier ganz versalzen. Das Wasser ist umso frischer, je weiter man in das Land kommt. Wir durften uns aber nicht weit hineinwagen, denn die Heiden griffen uns bald mit drei- oder vierhundert Mann von einem Berg oder aus einem Busch an; und wer sich zu weit begab, der wurde geschwind niedergemacht. So ist es auch mir einmal beinahe geschehen:

Unser Capitain *Thomas Budel* (von Nation ein Engländer[82]) hatte einen Leibschützen, der war trefflich gut im Schießen. Mit dem bin ich einst auf Banda auf die Jagd nach Vögeln gegangen, die man »Nußesser« hieß. Von denen gibt es dort viele; sie fressen die Muskatnüsse mitsamt den Blüten, und wenn sie es von sich durchgehen lassen und solches Excrementum auf die trockene Erde fällt, so wächst daraus ein Muskatbaum. Davon gibt es dort die Menge hin und wieder auf allen Straßen, sintemalen sie nicht in gewissen Gärten oder Wäldern gezogen werden. Diesen Vögeln stellte ich nun mit dem Leibschützen nach, und wir hatten bereits an die neun Stück (denn sie sind gut zu essen und so groß wie eine hiesige Taube) und meinten, bei unserem Capitain eine große Ehre einzulegen. Ich war gerade dabei, mit einem kleinen Beil einen jungen Palmbaum abzuschlagen, den wollte ich meinem Kameraden, der zu Hause todkrank lag, mitbringen, weil der Kern darin gut zu essen ist. Die Blätter können zu einem Salat gebraucht und gekocht werden, sonderlich wenn man fein feistes Fleisch daran tut; ohne das war bei uns Schmalhans Küchenmeister.

Ich fiel beinahe von der Palme und fing an, den Berg hinabzurutschen, auf dem sie stand, da fuhren die Wilden, die ich eben noch von der Höhe des Berges erblickt hatte, schnell hervor. Da ließ ich Palme Palme sein, nahm mein Beil fest in die rechte Hand und gebot meinen Füßen zu springen, was sie konnten. Ich habe selbst nicht gemeint, daß ich so einen trefflichen Läufer geben könne, allein, die letzte Not lehrt gar das Fliegen! Meinen lieben Schießkameraden aber, der sich ein wenig niedergesetzt, den Kopf in die Arme gelegt hatte und kaum eingeschlummert war, ergriffen sie und schlugen ihm mit ihren kleinen Schwertlein geschwind das Haupt weg. Sein Rohr und seine Kleider schickten sie uns am vierten Tag wieder, da wir miteinander Accord waren. Und als unser Gouverneur fragte, warum sie das Rohr nicht behalten hätten, antworteten sie: Mit Musqueten könnten sie noch ein wenig umgehen, aber mit diesem Gewehr wisseten sie nicht, wie man es machen müßte.

Wiewohl nun unser Kommandeur Ordre hatte, mit den Einwohnern auf der Insel Damma Frieden zu machen, wollten sich die, die in den Bergen und Wäldern wohnten, zum Frieden nicht bereit finden. Jene, die nahe beim Meer und auf dem platten Land waren, kamen zwar alle Tage zu uns, nachdem erwähnter Accord geschlossen war. Dennoch haben wir nicht recht erfahren können, wo die meisten und schönsten Muskatbäume waren. Als sie merkten, daß wir selbst in den Wald gehen wollten, schickten sie heimlich zwei oder drei Wilde voraus, die es den anderen Wilden verraten sollten. Sie brachten auch geschwind vier- bis fünfhundert zusammen, die auf Portugiesisch schrien: »Steht und bleibt zurück! Ihr habt in dem Wald nichts zu tun.«[83]

Weil denn mit unseren damaligen Mitteln weiter nichts auszurichten und erwähnte Forteresse inzwischen verfestigt war, und weil wir auch täglich viele Tote und Kranke bekamen, ließen wir acht eiserne Stücke und siebzig Mann mit einem Lieutenant und einem Kaufmann zurück mit Munition und Vivres für ein Jahr. Den 1. Juli gingen wird mit unserer Flotte wieder auf Banda zu. Weil wir aber sehr schwach waren (denn wir hatten viele Tote und Kranke), versuchten die, die wir gesund geblieben waren, in Nacht und Stille an eine Insel zu kommen, um im Schlaf etliche Nigriten (oder Schwarze) zu überrumpeln. Das ist uns auch geglückt, denn wir trafen an die zweihundert an, banden sie geschwind an Händen und Füßen und brachten sie eilends auf die großen Schiffe. Dort schlugen wir sie in Ketten und Springer, und sie mußten helfen, die Schiff zu regieren, denn wir waren so schwach an Volk, daß wir ohne sie die Schiffe nicht über das Meer hätten bringen können.

Sind also mit Gottes Hilfe den dreizehnten Juli wieder in Banda angekommen, und haben dort das Schiff »Optwasser« gefunden, das von Batavia gekommen war. Darauf waren zwei Commissarii, die sollten im Namen des Generals (damals *Cornelii von der Lini* von Altmour[84]) alle Plätze und Inseln, wo die Holländer ihre Handlungen haben, visitieren und alle Bücher der Kaufleute durchgehen. Wenn ein Gouverneur nicht wohl regiert und von den Einwohnern oder vom Volk einige Klagen über ihn kommen, so nehmen ihn diese Commissarii mit nach Batavia, wo er bei dem General über alles und jedes Rechenschaft geben muß. Findet man, daß er Schuld habe, so wird er von dem Rat von Indien[85] verstoßen und muß mit der ersten Flotte fort nach Holland und bei den Herren Prinzipalen (oder Bewindhabern[86]) seine volle fernere Verantwortung tun.

Als wir nun auf der Reede vor dem »Castellum Nassoviæ« ankamen, sind diese Commissarii alsbald auf unsere Schiffe gekommen. Und als sie beisammen in dem Cojet (oder Schifferlogis) waren, ließen sie die Glocken läuten, worauf alle Mannschaft erscheinen mußte. Da wir sehr wenige waren, fragten sie, wo das Volk wäre, und unsere Offiziere sagten, daß die meisten krank seien. Darauf erging alsbald Ordre, daß man uns geschwind an Land setzen und jedem (krank oder gesund, klein und groß) für zwei Monate Sold reichen sollte zu unserer Befrischung. Unser Kommandeur *Torstmann* aber wurde scheel angesehen. Und als er zu Land kam und versuchte, dem Gouverneur *Cornelis de Witte*[87] seine Aufwartung zu machen, und ihm an den Stiegen seines Saals die Hand reichen wollte, da gab ihm der Gouverneur mit dem Fuß einen Stoß, daß er hinter sich wieder zurückfiel, und sprach zu ihm: »Du Schelm bist nicht wert, daß Du mein Logiment betreten sollst.« Er mußte auch von Stund an wieder zu Schiff und mit den Commissarien nach Batavia gehen. Unterwegs aber (und das war wohl sein Glück) starb er aus Unmut und Furcht vor seiner erwarteten und angedrohten Deshonneur[88]. Unser Capitain *Thomas Budel* aber mußte seiner Krankheit wegen auch zu Banda liegen bleiben.

Ich war zwar Gott Lob! nicht krank. Aber um meines Kameraden *Conrad Bömer* willen, der auch malade war und nur ein Auge hatte (das andere hatte ihm ein Portugiese auf einer Zuckermühle ausgeschossen), blieb ich mit daselbst. Als er wieder ein wenig gesund war, wollte er sich mit einem aus Gent in Flandern namens *Cort Vogel* lustig machen beim »Sagawer«[89]. Das ist (wie berichtet) ein starkes Getränk, das von Bäumen kommt, die Clapperbaum genannt werden, von der Größe eines Palmbaums. Man pflegt das Getränk aufzufangen wie bei uns das Birkenwasser, und es ist sehr süß, wenn es frisch ist. Im Trunk kamen sie mit Worten aneinander, und weil keiner dem andern etwas nachgeben wollte, gingen beide allein von der Compa-

Kastell Nassau auf Banda

gnia weg in den Wald, um es mit der Klinge auszutragen. Nachdem sie schon ausgefochten hatten, gab mein Kamerad *Conrad Börner* dem Gegner einen unversehenen Stoß, davon der sterben mußte. Darauf wurde er eingezogen und vierzehn Tage hernach durch das Kriegsrecht zum Schwert verurteilt. Er war nicht nur ein versuchter Mensch (denn er war ehedessen schon fünf Jahre in Westindien gewesen), sondern auch mein vertrauter werter Freund; denn was der eine hatte, das hatte auch der andere, und wir teilten gar die Kleider. Daher bin ich noch die letzte Stunde bei ihm gewesen und habe ihm zugesprochen. Er ist dann auch freiwillig zum Tod gegangen, hat fleißig gebetet, allen Leuten eine gute Nacht gesagt und unseren Herren und Offizieren die Hand geboten, daß sie weinen mußten. Er ist auch in seiner eigenen Totenbahre ehrlich zur Erde bestattet worden. Gott verleihe ihm eine fröhliche Auferstehung!

Hinrichtungsszene

Als ich nun auf die neun Monate lang in Banda geblieben war, kam, weil der vorherige Gouverneur verschieden war, ein neuer Gouverneur von Batavia mit zwei Schiffen, einem Fleutschiff, genannt der »Utgeist«, und einem anderen, der »Concordia«. Ich hörte, daß unser Capitain *Thomas Budel* wieder mit fünfzig Mann nach Batavia gesandt und an seiner Stelle sein Bruder zum Capitain bestellt werden sollte. Auch stand mir der Ort nicht an wegen des hitzigen Getränks und der ungesunden Früchte. Auf Banda gab es auch keinen Feind, weshalb es »Des Alten Mannes Haus« getituliert wurde. Denn es gab dort Soldaten, die wohl zwanzig Jahre ihren Herren mit einer einzigen Kugel gedient hatten. Da dachte ich als junger frischer Mensch, mich weiter etwas zu versuchen und wieder auf Batavia zu gehen, wo man mehr erfahren kann. Ich sprach deswegen dem Capitain zu, daß er mich

mitnehmen möge. Er ließ sich auch erbitten, zeichnete meinen
Namen auf, gab mir Ordonnanz, daß der Kaufmann meine
Rechnung schreiben und mich auf das Fleutschiff »Utgeist« auf-
nehmen sollte. Das erfreute mich mächtig, denn ich hatte keinen
Sinn länger zu bleiben.

DAS VIERTE CAPITUL –
WAS SICH ANNO CHRISTI 1647 BEGEBEN

Den anderen Mai 1647sten bin ich im Namen Gottes auf genanntem Schiff »Utgeist« von Banda auf Batavia zugesegelt und den anderen Juni daselbst glücklich angelangt. Ich habe also nur einen Monat zugebracht, den man gewöhnlich auf etliche hundert Meilen rechnet. Als wir den folgenden 3ten Juni an Land gekommen waren, kam von dem Herrn Major Ordre, daß jeder wieder auf die Position gehen sollte, wo er zwei Jahre zuvor gelegen hatte. So kam ich auf der englischen Seite unter meine alte Compagnia auf das Bollwerk »Seeburg«. Das hatte sechzehn Stücke, acht gegen die See und acht gegen die Stadt gerichtet, weil man der Stadt nicht trauen durfte. Denn es kommen auf einen Holländer wohl hundert Schwarze, die bald einen Tumult erregen, wie es Anno Christi 1643 geschehen war und also zuging:

Es war dort eine holländische Frau, die war als öffentliche Hure der Unzucht ganz ergeben[90] und wurde von den Indianern trefflich geliebt. Bei ihrem Tod bekannte sie selbst, sie hätte ihr Lebtag allerlei Nationen, Christen und Unchristen, Juden und Heiden, Asiaten, Europärer, Afrikaner und Amerikaner versucht und doch das größte Plaisir bei den Mohren gefunden, die sich vor allen andern solcher Delicatesse zu gebrauchen wüßten. Diese Frau hatte sich überreden lassen, dem General mit Gift zu vergeben und sollte nun (dem Urteil nach) in einem mit Wasser gefüllten Faß ersäuft werden. Als sie erstlich mit dem Kopf hineingestoßen wurde und der Henker und seine Gehilfen nicht flugs den Deckel darüber schlugen, drehte sie sich und schmiß den Deckel wieder weg. Als sie endlich elend ersaufen mußtc, kam es unter den Javanern (oder Heiden) der Stadt zu einem großen Auflauf. Hätten die Soldaten auf den Ringmauern nicht ihr Bestes getan, hätte es Jammer und Not gegeben.

Dergleichen hat sich auch im Jahr Christi 1644 begeben, als ein heidnischer Capitain (genannt »Capitain Calein«), geradbrecht und sein Leib auf das Rad gelegt worden war[91]. Anfangs hatte er den Holländern eine lange Zeit redlich gedient, war dann aber durch Verrat und Anschlag gegen sie aufgebracht worden. Wäre sein Lieutenant nicht gewesen, er hätte gewiß Batavia in die Hände des Königs von Bantam geliefert.

Nicht lang hernach unterstand sich dergleichen der Mataran von Japara. Der ängstigte die Holländer in einer Reduit außerhalb der Stadt derart, daß sie mangels Munition um sich warfen mit ihren Exkrementen salv. vener., die sie viele Tage gesammelt hatten, als sie nicht herunter konnten[92]. Das hat die Javaner, die sehr superstitios auf die äußerliche Reinlichkeit des Leibes sehen und sich lieber verwunden als beflecken lassen, so erschreckt, daß sie abzogen und sagten: Wer wolle mehr hinan, wenn die Holländer mit &c. fechten wollen? Daraus ist hernach ein Sprichwort entstanden, wie bereits oben gemeldet.

Es gibt also, sage ich, wunderliche Anschläge und Verrätereien in Indien, zu Wasser und zu Lande, und wäre Anno Christi 1656 die Conspiration der Portugiesen[93] wider uns angangen, ich hätte gewiß mein Vaterland nimmer gesehen. Als ich nun aufs Neue an die drei Monate auf Batavia zugebracht hatte, wurde ich im Monat September kommandiert, mit dreihundert Mann nach der Insel Ceylon zu segeln, welche auf die vierhundert Meilen davon liegt. Wir ließen auch den 4ten September mit Gott die Segel fliegen, und waren unser Schiffe drei, genannt »Banda« (das Admiralitätsschiff) und die zwei Jachten »Lello« und »Aggerslot«. Selbigen Tags wurde ein Schiffer mit Namen *Jungbier* an einem Pfahl erwürgt und darauf verbrannt, weil er Unzucht mit einem Jungen getrieben hatte. Der Junge aber wurde vor dem Kastell auf der Brücke in das Wasser geworfen und ersäuft[94].

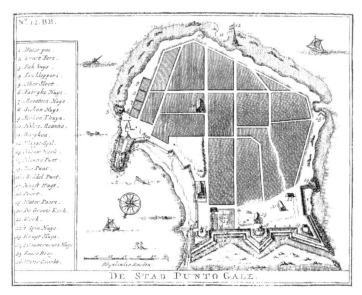

Plan der Stadt Galle auf Ceylon

Den 4. Oktober arrivierten wir mit gutem Glück an dem Hafen Pünte de Galle, welcher zur selbigen Zeit die Hauptstadt auf Ceylon war; aber nunmehr ists Colombo.

Es ist in Wahrheit ein schöner Hafen. Die Schiffe können ein ganzes Jahr da liegen und mit dem Seewind ein- und mit dem Landwind auslaufen, ohne daß es gefährliche verborgene Klippen hat. Laufen fremde Schiffe den Hafen das allererste Mal an, so müssen sie drei Schüsse tun. Ist ein Schiff schon dort gewesen, so gibt es ebenfalls einige Schüsse ab. Dann müssen sie ausharren, bis ein Pilot (oder Steuermann), der mit seinen Matilotes auf einer hohen Klippe anderthalb Stunden von der Stadt in der See Wache hält, auf einem Mast eine große Flagge wehen läßt zur Nachricht, daß sie sich mit dem großen Schiff nicht nähern sollen, bis er ihnen entgegenkommt und die rechte Passage weist. Bei der Nacht einzulaufen, läßt sich gar nicht wagen, weil die Gefahr allzu groß ist.

An dem Hafen ist ein Fort, welches das »Schwarze Fort« genannt wird. Es wurde zuerst von den Portugiesen erbaut unter einem betrüglichen Prætext, den sie dem König von Candi machten; davon wollen wir später reden. Nunmehr aber haben es die Holländer den Portugiesen Anno 1640 mit Sturm abgenommen[95] und mit weiteren Pünten vortrefflich befestigt.

Kommt man nun näher, so ist auf der linken Seite heutzutage das Siechenhaus, wo vor der Zeit die Portugiesen ihre Münze gehabt haben. Noch näher an der Stadt ist die Pünte »Aggerslot«. Die hat acht Stücke, die den ganzen Hafen beschießen können. Besser hinauf auf den Strand ist das genannte »Schwarze Fort« hoch aufgeführt. Dort steht das Zeughaus und wohnen alle Handwerksleute und Sklaven. Unter dem Fort liegt, merklich niederer und auf die anlaufenden Schiffe gerichtet, der Wasserpaß[96], den Anno Christi 1653 der damalige Gouverneur *Jacob von Küttenstein* aus Delft hat bauen lassen. Darauf stehen sechs metalline Stücke, deren jedes zwölf Pfund Eisen verschießt. Innerhalb des Zugangs steht eine kleine Pforte (die »Wasserport«), wodurch man bei nächtlicher Weil jemand ein- und auslassen kann. Dort stehen auch das Haus des Gouverneurs und die Hauptwache, die allezeit mit sechzig bis siebzig Mann besetzt ist. Davor ist auf Pfählen eine Galerie gebaut. Die ist vierzig Schritt in den Hafen mit Brettern verschlagen, oben mit einem Dächlein verwahrt und wird das »Hölzerne Wams« genannt.

Von dort an zur rechten Hand und zur Landseite, wo die Stadt mit einer starken und hohen Mauer umfangen wird, ist ein tiefer, achtzehn Schuh breiter Wassergraben, über dem eine Aufziehbrücke liegt. Hoch über dem Graben ist die »Mittel-Pünte«, versehen mit neun oder zehn Stücken, die zum Teil die Hauptwache und zum Teil gegen das Land die Mauern bestreichen können, unter denen noch ein halber Mond liegt. Die »See-Pünte« ist die letzte an der Landseite. Dort liegen die meisten Stücke, und alle

Nacht muß ein Corporal mit sechs Personen Wache halten. Diesen Ort nennt man nur das »Krebsloch«.

Zwischen der »See-Pünte« und noch einem neuen Werk bei dem Packhaus entspringt aus einer Klippen auf der einen Seite eine Fontaine guten frischen Wassers. Einen Schritt davon spielt die See an die Klippen, so daß man mit dem einen Fuß im frischen Wasser und mit dem anderen in Seewasser stehen kann.

Die Insel selbst ist sehr groß und hat einen eigenen Herrn, der geschrieben wird der »Kaiser von Ceylon und König von Candi«. Das ist eine Stadt, wo er auch residiert, mächtig reich von Edelgesteinen und schönsten Juvelen. Es gibt auch eine offene Perlenbank auf Ceylon, und dieser Platz wird »Manara« genannt[97]. Das Land ist sehr volkreich. In den acht Jahren, die ich darauf verbracht, wurde ich an andere Orte und Plätze und doch wieder dahin kommandiert und werde folgend berichten, was ich da gehört, gesehen und erfahren habe.

Die Portugiesen sollen auf die zweihundert Jahre schon auf der Insel gewesen sein. Und als sie selbige erstmals gefunden hatten, sollen sie den Kaiser gebeten haben, ihnen so viel Land zu vergönnen, als eine Kuh- oder Ochsenhaut begreifen könnte. Denn sie hätten viele Kranke auf den Schiffen, die sie gern an Land lassen wollten sich recollegieren. Als aber der Kaiser das bewilligte, hätten sie eine Ochsenhaut in kleine Riemlein geschnitten und aneinander gehangen. Und damit hätten sie einen so großen Platz eingefangen, daß sie eine Forteresse, genannt das »Schwarze Werk«, bauen konnten und darauf die Stadt St. Galle. Als sie sich einmal niedergelassen hatten, hätten sie mehr Städte und Fort errichtet: die große Stadt Colombo, Jaffanapatan mit der starken Schanze, die Festung Manara, wo die Perlenbank ist, und die Forteresse Negumbo (Die Geis). Die liegt vier Meilen von Jaffanapatam mitten im Wasser in der Revier gleichsam wie ein Schlüssel, wenn man auf Patan passieren will.

Von den Einwohnern sind etliche bloß bis auf die Scham, um die sie ein weißes baumwollenes Tuch schlagen. Die vornehmsten und als Herren geachteten Standespersonen haben oberhalb des Leibes weiße, zarte Hemden von Baumwolle. Daran haben sie enge Ärmel, hinten und vorne mit Strichen eines Fingers breit eingefaßt. An den Füßen aber, an denen sie häufig ihre Fontanell haben, mit einem Blech und Riemen aufs Beste versehen (wiewohl es etliche auch im Genick tragen, etliche am Hals und mit einem silbernen Kügelein offen halten), sind sie ganz bloß. Auf dem Haupt tragen sonderlich die Soldaten eine rote Roanische Mütze. Sie haben meist lange schwarze Haare, breite Bärte, die sie nicht viel barbieren lassen, und mächtig lange Ohrlappen mit Ringen daran von Silber oder Blei. Durch die haben wir zuweilen, sonderlich wenn sie unsere Offiziersweiber in einer Palanquin (oder Sänfte) über die Felder tragen mußten[98], Stricklein gezogen. Denn sie sollten nicht (wie sie es oft taten), durchgehen und das Frauenvolk auf freiem Feld hinwerfen und sich in ein Gesträuch verkriechen, Gott gebe, die Frauen sollten hinkommen, wo sie wollten.

Die ceylonischen Weiber sind wohl gebildet als ein Frauenvolk, das ich in Indien gesehen habe. Sie können trefflich tanzen, wenn einer auf Glöcklein vorspielt, die sie wohllautend zu brauchen wissen. Sie fahren auch auf einem Seil oder tanzen darauf mit an die Füße gebundenen Degen. Oder sie drehen sich sonst im Kreis, daß einem das Gesicht vergeht und man (der Geschwindigkeit wegen) keinen Kopf an ihnen erkennen kann. Also hurtig sind sie auch durch den Reif, daß mans nicht genug beschreiben kann.

Ihre Knaben und Mägdlein tragen (sonderlich wenns etwas Fürnehmes ist) unter den Waden silberne Ringe wie ihre Eltern. Die Mägdlein haben mitten an dem bloßen Leib einen silbernen, durchbrochenen Gürtel. Daran hängt vorne eine silberne Platte formiert wie ein Herz, mit der verhängen sie ihre Jungfernschaft.

Ceylonesisches Paar

Was die Söhne anbelangt, ist es also versehen, daß keiner anderes treiben oder lernen darf als der Vater getrieben oder gekonnt hat. Ist zum Exempel der Vater ein Schneider gewesen oder Wagner oder Drechsler oder dergleichen, so müssen alle seine Söhne eben das und nichts anderes treiben, solange sie leben. Es sind sonst künstliche Leute und fähig. Sie können schöne Rohre machen und auch Pulver, allerlei künstliche Gold- und Silberarbeit, vorab schöne Gefäße an die Degen mit allerlei Figuren, künstlich durchbrochene Knöpfe für Kleider und Mäntel, wo sie doch so wenig und so schlechtes Werkzeug haben. Dennoch, und das ist wunderlich aber doch die Wahrheit, ist ein Bauer in seinem Geschlecht und Stand höher geachtet als ein Gold- oder Silberarbeiter. Ein Scharfrichter aber ist so hoch angesehen, daß er mit den Vornehmsten auf der Insel sich auch dem König nähern und mit ihm reden und umgehen darf.

Dagegen findet sich auf eben der Insel auch ungeachtetes und verworfenes Volk, daß jedermann sich scheut, mit ihnen umzugehen und zu reden. Sie haben auch absonderliche Wäscher, die ihre Unreinigkeit säubern und zu den anderen Wäschern nicht kommen dürfen, derer sich sonderlich der Adel bedient, der auf seine Noblesse trefflich hält. So hält man es auch nächst der Leibesstrafe für die größte Pein, wenn der König einen unter die Wäscher verweist. Wir selbst haben von dem König eine Reproche bekommen, weil wir, obschon bei größtem Durst und gewaltigster Hitze, bei ihnen einen Trunk Wasser genommen hatten. Darum dürfen sie auf ihren Häusern nur ein halbes Dach haben und müssen stets auf der Erde schlafen mit ihrem Kopf in einer Wanne, mit der man den Reis ausschwenkt.

Es hat auch (die Wahrheit zu sagen) einen so abscheulichen Gestank, daß man bei ihnen nicht bleiben kann. Es ist ihr Gewerbe, daß sie von Elend- und Hirschfellen Stricke machen, die Elefanten zu binden. So gering sie aber geachtet sind – begehrt man von ihnen einen Trunk Wasser, so leiden sie es dennoch nicht, daß man den Krug oder das Geschirr an den Mund setzt; sondern man muß das Geschirr hoch halten, daß das Wasser von der Höhe unberührt in den Mund läuft. Dergleichen Maniere haben auch Mohren, Perser und Javanesen.

Wunderlich würgen sonst die Einwohner ihre Hühner ab. Die nehmen sie beim Kopf und zwischen zwei Finger, drehen sie schnell herum und behalten nur den Kopf in Händen, weil der Leib sich bald abschleudert und noch eine Zeit lang ohne Kopf hinläuft, bis er sich verblutet hat und umfällt. Wenn sie Ochsen, Kühe oder andere vierfüßige Tiere schlachten, so schlagen sie ihnen zuvor die hinteren Sehnen an den Füßen ab. Und wenn das Tier fällt, wie es fallen muß, so binden sie es erst und schneiden ihm die Kehle ab. Sie essen auch nicht von dem Fleisch, das eine andere Nation getötet hat.

Trefflich niedlich und sauber kochen die Weiber Gesottenes und Gebratenes; Hühner, deren man auf die dreißig für einen Reichstaler kaufen kann; Eier und gute Suppen und solche auf vielerlei Art; Hirsche, Schweine, Enten. Für ein spezial gutes Essen halten die den Lechaban. Das ist ein Tier wie ein kleines Krokodil, laufen die Bäume geschwind auf und ab, und so sie geschossen werden, hängen sie so lang, bis sie sich verblutet haben. Sie sind dem Federvieh sehr gefährlich wie die Iltisse, am Bauch grünlich, mit vier Füßen und Klauen, und das Fett ist mächtig gut. Es gibt auch Pfauen, die man gebraten mit Nägelein besteckt. Einstmals haben wir sie aus Mangel anderen Essens einen ganzen Monat essen müssen, daß uns endlich davor geekelt hat. Häufig halten die Pfauen sich in Reisfeldern auf und finden sich sonst selten auf dem flachen Feld. Aber auf den Bäumen gibt es sie im Überfluß, und ihre Spiegelfedern wickeln die Ceyloneser sich um Hände und Füße, wenn sie ein Geschwür daran haben oder sonst verletzt worden sind. Auch sonst halten sie die Federn für gewaltig dienlich, so wenn menstruata ihnen begegnen, wovon sie fürchten, infiziert zu werden.

Brot ist da unten gewöhnlich sehr rar, und habe ich wohl manches Jahr über dreimal keines über die Zunge gebracht. Anstatt dessen brauchen sie den Reis, den man im Wasser wohl abseiht und kocht, dann auf Kohlen trocknet und in einer Crystallinen (oder porzellanenen Schale) aufsetzt. Zu einem Bissen anderer Speise nimmt man ein kleines Händlein voll, wohl und lieblich zu genießen.

Auf der Erde sitzen sie bei ihren Mahlzeiten mit kreuzweis gefalteten Füßen auf einer Strohmatte und essen mit der Hand ohne Löffel, fein säuisch. Ihr Trank ist insgemein bloßes Wasser. Uns lassen sie allesamt (wie gemeldet) nicht gerne aus ihren Geschirren trinken. Oder wir dürfen damit nicht an unseren Mund kommen und das Wasser nur von der Höhe in den Hals laufen lassen in Sorge, wir hätten Schweine- oder zahmes Büffelfleisch gegessen, wovor sie auch einen Ekel tragen. Denn sie halten den Büffel hoch und sagen, er tue ihnen mehr Gutes als ihre Eltern. Er pflüge ihnen, er dresche ihnen und sie hätten Milch und Butter von ihm. Deswegen nennen sie ihn »Abba« und wollen es nicht wohl leiden, daß ihm ein Leid widerfahre oder er in unsere Hände komme. Denn als einstmals einer unserer Lieutenants auf einem Paß namens »Malevanna« (vier Meilen von Colombo landwärts) auf unseres Prædicanten Ersuchen zwei zahme Büffel kaufen sollte, gab es keinen, der sie ihm zu verkaufen geben wollte. Acht Tage hernach begab sichs aber, daß der Tiger einen Büffel erbissen und liegen ließ, weil er nur das Blut aussaugt. Dessen bediente sich, weil sie unser Volk verehrten, auch der Lieutenant bei dieser Gelegenheit und überredete sie: Denn das wäre eine sonderliche Strafe, weil sie unserm Pater Grande (unserem Prædicanten) solche Büffel verweigert hätten. Und wenn sie länger so neidisch wären, würde der Tiger öfter kommen und solchen Schaden tun. Als sie das hörten, kamen sie bald wieder und brachten zwei Büffel mit, um ferneren Unheils sich zu entledigen.

Sonst aber gibt es nicht nur das von den Clapperbäumen gemachte Getränk »Siere«, von dem ich bald reden will. Sie haben noch mehr Getränke, als erstlich den »Massack«, der also gemacht wird: Je nachdem, ob sie viel oder wenig davon wollen, nehmen sie vier, fünf, sechs Maß Siere. Und wenn sie den warm gemacht haben, tun sie zwei, drei Maß Arack (wie Brandwein) darein, schlagen in eine Schüssel zwanzig, dreißig, vierzig Eier, klopfen sie gar klein und tun allmählich ein wenig von dem warmen »Siere« in die Schüssel. Dabei rühren sie aber noch alleweil, daß es nicht zusammenlaufe, geben endlich zwei, drei Stück Zimt und Muskatnüsse klein gerieben darunter und schütten alles untereinander. Warm getrunken hat es nicht nur einen trefflichen Geschmack, sondern sättigt und mästet auch prächtig.

Zum anderen haben sie »Vin perle«. Das ist ein halb Wasser und ein halb Arack, die werden miteinander gesotten, zwei, drei Eier eingeschlagen, Zitronen darein gedrückt und mit Zucker, Zimt und Muskatblumen zu einem angenehmen Trank gemacht. Fürs Dritte haben sie ein Getränk »Palebunze«[99], halb Wasser, halb Brantwein mit dreißig, vierzig Limonien, deren Körner ausgespien werden und mit wenig Zucker eingeworfen. Von Geschmack ist es so angenehm nicht und also auch der Gesundheit nicht.

Ihre Religion ist guten Teils (wie bei den meisten Heiden) muhammedisch und ihr Abgott heißt »Jacka«. Der ist von Erde geformt von der Größe eines Mannes, schwarz unter dem Angesicht und abscheulich wie wann er einen Schönbart für hätte, bisweilen auch mit Hörnern. Den leinen sie hin in eine Ecke oder unter das Dach, und wenn sie ihm opfern, so tragen sie ihn unter einen Pescharbaum, der ist wie eine Linde und hat dicke Blätter. Und wenn sie krank sind, so bitten sie den »Jacka«, sie wieder gesund zu machen. Wenn ihr Vieh, Kühe, Schafe und andere Tiere, lämmern und kalben oder werfen wollen, so soll er ihnen Kraft und Hilfe geben. Sie werden auch nicht aus einem Brunnen Wasser wegtragen, wenn sie nicht zuerst eine Hand voll aus dem Geschirr auf die Erde spritzen und dazu sagen: »Das sei dem Jacka verehrt!« Denn was die Chinesen von ihrem »Josin« sagen, das sagen die Ceylonesen auch von ihrem »Jacka«: Gott sei ein guter Mann, der alles erschaffen habe und niemandem tue er Böses; aber der »Jacka« sei böse, dem müßten sie opfern, damit er ihnen kein Leid tue. Sie haben ihre absonderlichen Priester, »Bramanes«. Wurde einem etwas gestohlen, so können die Priester bald sagen, wer es getan habe. Und sie machen, daß der Dieb an dem oder dem Ort vorbeigeht und nicht weiter kommen kann und das gestohlene Gut wiederbringen oder krepieren muß.

So glauben sie auch fest, daß auf einem Berg, den sie »Adamsberg« heißen, Adams Fußstapfen zu sehen sein sollen[100]. Die sind

ADAMS BERG

Vertoning van Adams Voet, boven op den Berg.

Der »Adamsberg« auf Ceylon

auch in einem kleinen Tempelein eingefaßt, darinnen Tag und Nacht von Kupfer gemachte Lampen mit Clapperöl brennen. Dahin kommt jährlich ein jeder auf die sieben oder acht Meilen und bringt etwas Clapperöl zum Opfer mit.

Wenn sie sonst insgeheim etwas beteuern wollen, so soll die Confirmation diese sein, daß sie Butter heiß machen und die Hände darein legen. Wenn sie Unrecht geschworen, werde es brennen; so es aber recht sei, werde ihr Gott nicht zulassen, daß sie einen Finger mit dem brennheißen Schmalz versehren. Darauf haben wir, wenn wir sie in Argwohn eines Diebstahls gehabt, gedrungen, und haben manches mal das Verlorene wiedererlangt, weil sie besorgten, sich zu verbrennen, wenn sie es wider besseres Wissen hinterzögen.

Leichtfertig gehen sie mit dem Ehestand um, wie es denn jedem freisteht, so viele Weiber zu nehmen, als er unterhalten kann. Wenn sie heiraten, so geben sie einander ein Kleid oder pflanzen einen Baum. Ist das Kleid zerrissen oder bringt der Baum keine Frucht mehr, so laufen sie auch wieder voneinander. Da ist auch nichts Neues, daß einer bei des Bruders Frau schläft und eine Blutschande begeht; Heiraten geschehen deswegen auch umso lieber, je mehr Brüder der hat, der heiraten will. Ihr Hochzeitsmahl und Bekräftigung des Hochzeitskontrakts ist, daß Braut und Bräutigam miteinander einen Reis essen, in Clappermilch gekocht, der heißt »Kiribath«. Das ist das ganze Tractament und damit ist alles geschehen.

Nachdem es aber großes Gebirge und mächtiges Gehölz gibt, finden sich auch viele Tiere und Ungeziefer darinnen. Die Einwohner haben eine wunderliche Art, ihre Weite und Meilen zu rechnen und zu jagen. Ihre Meilen zählen sie also: Ein Blatt nehmen sie von einem Baum an dem Ort, da sie abreisen wollen. Ist das Blatt bis da oder dorthin verdorrt, so ists ihrer Meinung nach eine Meile; solange es nicht verdorrt, solange halten sie es für keine Meile. Ihre Jagden aber verrichten sie auf die folgende

Weise: Mit drei oder vier gehen sie bei nächtlicher Weil in den Wald. Der Erste trägt auf seinem Kopf eine Reiswanne. Darin hat er eine irdene Schüssel, in der trägt er Feuer von solchem Holz, das stark glimmt, aber doch nicht bald verbrennt. Damit jagen sie auch die Elefanten aus dem Weg. Der andere hat in seiner Hand einen Bund von Schellen, mit welchen er den ganzen Weg schellt und das Wild nur rege macht, aber nicht gar verscheucht. Wenn sie aber etwas angetroffen wie Hirsche, Elend oder wilde Büffel (denn wie gemeldet: den zahmen Büffeln tun sie nichts), nimmt der dritte sein Rohr (oder Schießgewehr) und schießt es fast vor der Nase nieder. Wenn sie zur Jagd gehen, wollen sie keinen Christen mitlassen und tun es so heimlich, als ihnen möglich ist.

Wilde Elefanten werden alle Jahre auf die zwanzig Stück gefangen und zahm gemacht und den Mohren und Persern verkauft, sonderlich aus der Stadt Mecha. Ich selbst mußte drei Jahre nacheinander mit in den Wald auf den Elefantenfang und habe auf einmal wohl an die zweihundert beisammen gesehen. Ich ging desto williger mit, weil mich selbst zu sehen verlangte, wie man solch ungeheure Bestie wohl fängt, zumal es einer so, der andere anders erzählte. Wie ich nun gesehen, wie auf Ceylon Elefanten von den Holländern gefangen wurden, will ich beifügen:

Es sind zwei Orte, da man sie zu fangen pflegt, einer mit Namen »Kattumma«, der andere »Flasmeulla«. Es ist auch ein besonderer Jägermeister bestellt, der alle Jahre eine Zahl Elefanten liefern muß. Zu meiner Zeit mußte er drei Elefanten mit Zähnen liefern und fünfzehn ohne Zähne, die viel geringer geschätzt werden. Er hat auch zu solchem End auf die sechsunddreißig Negreien (oder Dörfer) unter sich, daraus er auf die fünfhundert Schwarze zur Beihilfe nehmen kann. Eine solche Jagd wird in den drei Monaten Juni, Juli und August am besten verrichtet, weil die Elefanten sich dann des Wassers wegen von den hohen

Bergen in die Tiefe gegen das Meer zu begeben, wo es eher und öfter zu regnen pflegt.

Wenn der Jägermeister nun eine Jagd vorhat, so läßt er Holz kaufen oder seine Untergebenen müssen es wohl selbst aus dem Wald holen. Solches Holz, das nicht gleich weglodert, sondern nur glimmt für eine lange Zeit, legen sie (weil sie schon wissen, wo der Elefant herkommt) auf die vier, fünf, sechs Meilen aus, wo sie ihn herjagen wollen, und zünden es an. Weil der Elefant vor dem Feuer mächtig scheut und gewiß nicht darüber schreiten wird (damit wir selbst vor ihnen sicher sein konnten, machten wir ein großes Feuer um uns), setzen sie am Ende einen Kral[101]. Sie pflocken starke große Bäume auf beiden Seiten gegeneinander eng zusammen wie Staketen. Darinnen müssen die Elefanten wie umzäunt stehen, und jene müssen sich auswählen lassen, die man in den Notstall jagen will. Der ist eine viertel Stunde davon gemacht und so eng gefaßt, daß ein Elefant, der einmal drin-

Elefantenjagd auf Ceylon

112

nen ist, nicht umkehren und auch nicht hinaus kann, weil er am Ende mit vier starken Riegeln verschlossen ist.

So nun ein Elefant, den man haben wollte, darinnen ist, will er immerzu fortgehen in der Hoffnung durchzukommen. Sobald er aber das äußerste Ende erreicht, laufen die Schwarzen, die daneben liegen, geschwind mit kleinen Spießen herbei und schieben auch von hinten vier Riegel quer über, so daß der Elefant sich nicht mehr hinter noch vor sich begeben kann. Sind nun derer acht Stück (so viel faßt der Stall auf einmal) eingeschlossen, so läßt der Elefantenfänger es unseren Herrn Kommandeur wissen, um die zahmen Elefanten, die schon darauf abgerichtet sind, herbeizubringen. Von denen wird dann auf jeder Seite des Notstalls einer von einem Schwarzen mit einem krummen Haken getrieben, mit einem großen viermal um den Hals gewundenen Seil, wie es auch den wilden Elefanten umgeworfen wird. Es braucht große Mühe und dauert oft den ganzen Tag, bis man zuerst ein kleines Stricklein anbringt, an dem das große Seil geknüpft ist.

Wenn der Elefant dann gefesselt ist, wird ihm auch an einem hinteren Fuß ein Strick angelegt. Daran hängen auf die zweihundert Schwarze und halten so lange, bis bei dem Ausgang die vordersten Riegel wieder abgezogen sind. Dann will der Elefant geschwind ausbrechen, weil er meint, daß er Luft hat, wiewohl er fest an die zahmen Elefanten gebunden ist. Und wenn er genug verwahrt steht, befreien sie den hinteren Fuß wieder, daß er zwischen den zwei zahmen Elefanten fort muß wie bei uns hierzulande ein wilder Stier fortgebracht wird mit anderen Ochsen. Wenn wir nun dem Quartier zueilen, wo der Elefant zahm gemacht werden muß, so haben wir (wenn er Zähne hat, denn bei den anderen ist es verboten) das Privileg, daß uns die Bauern in allen Dörfern, in die wir kommen, genug zu essen und zu trinken geben müssen. Wo sie sich sperren, nehmen die Schwarzen, die auf den Elefanten sitzen, die wilden Elefanten mit in die Reisfelder und verderben sie in Grund und Boden. Wenn sie wissen, daß wir auf der Jagd sind, halten sie deshalb in den Dörfern eine gewisse Person bereit. Die muß aufpassen und sich täglich zweimal nach uns umsehen bei einem großen Baum, der vor ihren Dörfern steht und mit Steinen umgeben ist, daß man darauf sitzen kann. Unter diesem Baum, den sie Pescharbaum heißen, pflegen sie auch dem Teufel zu opfern. Wenn ein Bauer seinen Reis aus dem Feld nimmt, kocht er, ehe er ihn in sein Haus bringt und selbst einen Bissen davon genießt, einen Hafen voll und opfert ihn dem bösen Geist, daß er den Reis über ein Jahr wieder wohl wolle geraten lassen.

So aber der Elefant in das Quartier gelangt, wo er zahm gemacht werden soll, steht dergleichen Pescharbaum davor. Bei dem halten die Schwarzen mit allen still, bis die »Billaher«[102] kommen. Das sind zwei Tanzmeister in Maschera, die haben Schönbart vor dem Angesicht und sind auch mit Schellen ganz behänget. Alsdann tanzen und springen sie vor dem wilden Ele-

Zähmung gefangener Elefanten

fanten, und zuletzt stehen sie still vor ihm und reden ihn in ihrer Sprache also an: Er solle sich nicht wild stellen! Anstatt wie bisher im Wald in Regen und Wind sich aufhalten zu müssen, soll er in einem Haus und unter einem Dach stehen! Anstatt etliche Meilen nach Wasser suchen zu müssen, soll er alle Tage zweimal in die Reviere gebracht und getränkt werden. Anstatt wie bisher nicht allezeit seine Kost oder nicht genug zu finden, soll er alle Tage sattsam versehen sein! Da steht denn der Elefant wie verdüstert ob des ungewöhnlichen Klangs und des Springens oder wie verzaubert, daß er sich willig darein gibt. Darauf bringen sie einen großen Hafen Wassers, gießen ihn über den Leib, taufen ihn damit und nennen ihn nach dem Herrn des Landes oder anderen vornehmsten Ministres. Damit wird er in seinen Stand gebracht, und dennoch braucht es ein halbes, ja ein ganzes Jahr, bis er recht zahm wird und man ihm trauen und ihn frei laufen lassen darf.

Die Herren Holländer verkaufen jährlich auf die fünfzehn bis zwanzig Stück Elefanten an die Mohren, die aus Persien kommen oder nach Mekka. Sie werden aber zuvor gemessen mit einem langen Holz wie eine Visierrute. Von eines Menschen Ellbogen bis vorn an die Hand (das ist nach unserem Maß etwa so viel als eine dreiviertel Elle) nennen sie ein »Gobdel«, von denen sie eines für drei- und vierhundert Taler verkaufen. Und ich habe oft Elefanten mit einer Höhe von sieben, acht, neun, zehn Gobdel gesehen, und der höchste, den ich wahrgenommen, war elf Gobdel hoch.

Weil ich aber berichtet habe, daß wir uns auf der Elefantenjagd mit Feuern schützen, die die Elefanten trefflich scheuen, will ich noch erzählen, was mir einstmals auf einer solchen Jagd mit einer großen Schlange geschehen ist:

Deren gibts auf der Insel Ceylon viele. Etliche sind ganz vergiftet, und wenn sie einen stechen und er nicht bald Remedia sucht, muß er des Todes sein. Man heißt sie »Cupre Capelle«[103];

etliche haben einen Stein im Kopf, und wer den bei sich hat, wenn er von ihnen gestochen wird, mit dem hat es keine Not. Denn wenn man den Stein an den Biß hält, so bleibt er selbst an der Wunde hängen und zieht das Gift wieder heraus; und so man ihn wieder abnimmt und in ein Wasser legt, wird es ganz schwefelblau davon und gibt auch wieder alles Gift von sich, daß man ihn sicher bei sich tragen kann. Mir ist das mit einer Schlange geschehen:

Einstmals wurde ich auf einer Elefantenjagd mit zwei Kameraden, *Valentin Pollac* (der war ein geborener Pole) und *Henrich von Kampen* abkommandiert, über der Revier mehr Holz zu holen und (der Elefanten wegen) weiteres Feuer zu machen. Einer unter uns dreien mußte allezeit seine Musquete mitnehmen, um auf der Wache zu stehen, und, so ein Elefant sich sehen ließe, einen Schreckschuß zu tun. Da die anderen inzwischen Holz sammelten und ins Fahrzeug brachten, begab sich mein Kamerad *Heinrich von Kampen* etwas zu weit in den Wald. Er fing aber gewaltig an zu schreien, ich und sonderlich *Valentin Pollac* sollten geschwind mit einer Musquete kommen und mit einer Drahtkugel laden, weil eine große Schlange da wäre, die nimmer fortkommen könnte.

Da er Feuer gab und sie erwürgte, sahen wir, daß die Schlange einen jungen Hirschen oder ein Reh in sich geschluckt hatte bis auf den hintersten Lauf, der noch heraushing. Wir maßen die Schlange und fanden, daß sie sechzehn Schuh lang war und so dick wie ein Baum von zwölf Daumen. Wir versuchten, ob wir sie mit auf unser Schiff zerren könnten, welches auch anging. Und als wir sie aufschnitten, fanden wir das junge Reh noch ganz und legten es auf eine Zimtwaage, wo es vierzig Pfund schwer wog. Unsere Schwarzen begehrten es zu essen; wir aber dachten, wenn es ihnen nicht schade, werde es auch uns nicht schaden (denn es war keine vergiftete Schlange). Wir nahmen sie und brachten sie an die Revier, wuschen sie sauber, zogen sie ab, teilten sie untereinander, kochten sie und luden unsere Kameraden zu Gast. Die hatten teils einen Ekel davor; ich für meine Person fühlte aber keinen Grauen, machte mir vier gute Mahlzeiten davon und lud meinen guten Freund *Michael Danckwert* aus Schweden dazu. Wir dankten unserem Herrn Gott, der es beschert hatte, und waren lustig und guter Dinge. Das Fett von der Schlange wurde ausgebrannt, den Kadaver legten wir auf einen Ameisenhaufen wie es auch die Heiden machen, die mit den übergebliebenen Gräten, (oder Beinen) schön weiß und hell gemacht, mächtig prangen und sie vielfältig als Hutschnüre oder anderes Halsgeschmeide brauchen.

Es gibt auch andere Schlangen daselbst, die man »Rattenfänger« nennt. Wenn wir schliefen, krochen sie uns über den Leib; sie tun aber keinem Menschen ein Leid, weswegen man sie auch nicht totschlägt. Sie kriechen unter die Dächer, suchen Ratten- und Mäusnester und verzehren sie wie bei uns die Katzen. Die Eidechsen haben uns vor diesen Schlangen gleichsam gewarnt, und wir haben oft untereinander gesagt, die Eidechsen müßen sich einbilden, diese Schlangen wollten uns verletzen, oder: Es müsse zwischen den Schlangen und den Eidechsen eine sonderliche Antipathia sein. Denn wenn wir zu Mittag in der großen Hitze lagen und schliefen, und ein Rattenfänger war in der Nähe und kroch auf einen zu, so geschah es häufig, daß einem ein Eidechs ins Gesicht oder an den Hals kroch und kratzte und kitzelte, bis der Schläfer aufwachte und sich vor der Schlange hüten konnte, gleichsam ihre Liebe anzeigend, die das Tier (obschon ein Eidechs) zu den Menschen trüge. Ist eine solche Schlange dick wie eines Kindes Finger, so kann sie eine große Ratte verschlucken und verzehren. In Banda soll eine Schlange getötet worden sein, achtundzwanzig Schuh lang und mit einer Magd oder Sklavin in sich, als man sie geöffnet hatte.

Weil ich der Schlangen gedacht, will ich von anderem Ungeziefer auf der Insel zugleich Meldung tun. Gefährlich ist es, an den frischen Revieren oder auch am Morast zu spazieren, der Krokodile wegen, welche die Heiden »Kümmele« oder »Kaymane« nennen[104]. Die halten sich gern an solchen Orten auf, worinnen sie auch Eier legen. Von dort hat einstmals unser Steuermann *Heinrich* (insgemein »Lucifer« genannt) ein solches kleines und lebendiges Krokodillein (eine Spanne lang) genommen und in einem Krug mit frischem Wasser verwahren wollen. Aus dem habe ich (unwissend daß das Ungeziefer darinnen war) einen starken Trunk getan, als ich ihn von ungefähr in unserem Schiff fand und mich gewaltig dürstete. Dieser Trunk hat mir Gott Lob! nicht geschadet, wiewohl sie alle erschraken, als sie erfuhren, daß ich getrunken hatte. Etliche Tage aber hernach starb das junge Krokodil, und es wurde zum Wahrzeichen mit Stroh ausgefüllt und aufbewahrt. Ich habe es denn selbst mehr als einmal in meinen Händen gehabt.

Den Menschen sind die Krokodile sehr gefährlich, wie mir denn auch mein guter Freund (von seiner Kunst ein Maler) durch ein solches Ungeziefer weggekommen ist. Denn als wir 1649 auf Negumbo bei nächtlicher Weil zu einem solchen Revier kommandiert wurden, saß mein gedachter guter Freund bei klarem Mondschein und malte aus Langeweile in den Sand, während wir anderen schliefen. Da schlich das Krokodil von hinten herzu und erhaschte ihn so schnell, daß die Schildwache auf dem Pünt »Horn« ihn nicht mehr als noch zweimal rufen hörte: »Ach Gott! Ach Gott!« Erst nach zwei Monaten haben wir eine halbe Meile von Negumbo auf der kleinen Insel Walchere seine Kleider und seinen Degen gefunden. Die habe ich selbst einen Schwarzen in der Hand tragen sehen, als ich hinging Fische von der Revier zu kaufen.

Dergleichen ist auch unserem Kameraden namens *Wilhelm von Helmont* wiederfahren. Denn als er sich in diesem Revier baden wollte und mit halbem Leibe in dem Wasser saß und sein Haupt zuerst mit Eiern, dann mit Zitronen waschen und mit

Baumwollblättern abtrocknen wollte (was da die Maniere ist), kam ein dergleichen großes Ungeziefer und nahm ihn weg, daß wir nichts mehr jemals von ihm fanden.

Fast wäre es der Frau eines unserer Capitains, *Marci Cassels* aus Flandern, ebenso ergangen bei einem Ort Madre, zehn Meilen von Pünte de Galle[105]. Als sie nicht weit von ihrem Logiment an das Wasser spazieren wollte, wurde die Frau zu ihrem Glück eines Krokodils ansichtig, das daselbst lauerte und schon auf sie zulief. Dem ist sie mit großem Schrecken noch entsprungen; der Capitain ließ aber alsbald einen Schmied kommen, der geschwind eine große Angel machen sollte. Und als diese verfertigt war, ließ er einen Hund totschießen, an die Angel hängen und an einer großen Kette an das Revier legen. Zwei Stunden darauf ließ die Bestie sich sehen, kam an das Luder, verschlang aber die Angel mit. Das sahen wir und liefen geschwind herbei, zogen das Krokodil teils an das Land, nahmen teils eiserne Stangen, wo-

Soldaten der V.O.C. erschlagen ein Krokodil

119

mit man die Stücke ein- und aussetzt, und schlugen es halb tot. Wir füllten ferner ein großes Pulverhorn und stießen es in seinen Rachen, machten von Ferne ein laufendes Feuer und ließen es schlagen[106]; fanden dennoch den folgenden Tag darauf, als wir es aufschnitten, daß es noch ganze acht Glockenstunden sich geregt hatte.

Wir hatten in der Compagnie einen Schiffsknecht, der vom Glück zu sagen wußte in dergleichen Gefahr. Der kam in ein Gebüsch, wo er seine Notdurft verrichten wollte, und meinte, er ruhe auf einem alten Storn. Knall auf Fall war es aber ein Krokodill, das erschrak über dem Gepluder und schoß davon, als der Schiffsknecht sein Gerät geschwind wieder zusammenraspelte und mit offenen Hosen lief, was er laufen konnte, und Gott lob! auch davonkam.

Wo das Krokodil sich aufhält, kann man sonst wohl bemerken, wenn man genau Achtung gibt. Denn es gibt einen ziemlich lauten Hall von sich fast wie ein bissiger Hund, der die Zähne aufeinander haut, daß man es von Ferne knirschen hören kann mit vernehmlichem Klang.

Nächst den Krokodilen und Schlangen ist sonst noch viel Ungeziefer auf Ceylon. Eine Art Würmer gibts, die die Portugiesen »Un cento pé« und die Holländer »Tausendbein« nennen, eine große Spanne lang. Die haben bräunliche und auch viele weiße Füße und sind so vergiftet, daß einer, wenn sie ihn zwicken, alsbald anläuft und meint, er müsse wegen der großen Schmerzen ganz toll werden. Bei der Nacht schimmern sie wie Schwefel, und es gibt nichts Besseres den Schmerz zu lindern, als wenn man es mit Ohrenschmalz schmiert.

So finden sich auch viele Skorpione. Die kleineren sind weiß, die größeren, die ich gesehen, so groß wie ein Krebs und schwärzlich. Solches Ungeziefer hält sich in alten Wällen und Mauern auf, und wann es regnet, so kriecht es hervor. Die Hühner trachten ihm mächtig nach und werden groß und fett davon. Wenn man auf alten Schiffen fährt oder an Land Holz (vorab alte Bäume) hauen muß, hat man sich wohl vorzusehen, daß man nicht vergiftet wird. Ich bin selbst einmal von einem großen Skorpion gestochen worden, aber eilend zu dem Oberbarbier gelaufen, und mit solchem Öl verbunden und wieder geheilt worden.

Man sieht auch ganz rote, dünne Würmer, die sie die »Saiger« nennen. Die brauchen sie, um Wassersüchtigen, denen man die Würmer aufsetzt, die Unreinigkeit auszusaugen. Sie ziehen sich auch so voll, daß sie eines Daumens dick werden. Und wenn sie ganz rund geworden sind, fallen sie von selbst ab wie bei uns die Blutegel. Diese Würmer hängen sich auch beim Marschieren häufig an die Beine, sonderlich wenn es regnet. Um sie zu vertreiben, muß man die Füße mit Pulver und Salz wacker beschmieren. Bei der Nacht gibt es ein Geschmeiß, das einen mächtig plagt, das heißen sie »Muscieten« (eine Art Schnaken). Sie stechen sehr empfindlich, und man kann sich ihrer nur mit Rauch von minderwertigem Zimt erwehren; vor dem fliehen sie gewaltig weg.

Schöne große Schildkröten finden sich auch auf Ceylon, deren Eier zu drei- oder vierhundert wir oft am Stand fanden. So groß habe ich Schildkröten mit Augen gesehen, daß ein Paar Männer an einer genug zu tragen hatten. Die Fischer daselbst pflegen sie zu einem halben oder dreiviertel Taler zu verkaufen als eine Landesspeise und delikates Essen für die großen und reichen Leute. Als wir einstmals auf der Elefantenjagd waren und ich eben Schildwache stand, sah ich bei Mondschein eine Schildkröte von der Größe eines Hutes. Und weil ich zu selbiger Zeit noch nicht wußte, was das wäre, und sie nur sich regen und bewegen sah, rief ich meinem Kameraden zu, er wollte doch nachsehen, was das wäre. Da er kam und es mit der Musquete umdrehte und fand, daß es eine Schildkröte wäre, war er herzlich froh. Er schnitt sie auf und tat die Schalen ab; das Übrige nahmen wir und kochten es, und unser Fähnrich *Otto Hermersen* von Emden lud sich selbst zu Gast. Wir fanden auch allesamt, daß es in Wahrheit ein so wohlschmeckendes Fleisch hatte als nimmermehr das Hühnerfleisch ist.

In den Wäldern finden sich viele Tigertier. Weil sie aber viele andere Tiere (als junge Büffel, Kühe, Hirsche und dergleichen) zur Speise haben, ist der Mensch vor ihnen wohl sicher. Wir für unseren Teil sahen es gar gern, wenn der Tiger das Vieh der Heiden (eine Kuh oder dergleichen) tot gebissen hatte. Denn seine Natur ist es, daß er nur das Blut aussaugt. Das Fleisch aber, das er liegen ließ, ist den Indianern, die nichts essen, was sie nicht selber geschlachtet haben, ein Gräuel. Das kam uns trefflich zustatten, und wir wünschten, der Tiger möge oft ein solches Fest anrichten.

Auf Batavia ist das Tier viel reißender und grimmiger gegen Menschen und Vieh. Verwunderlich ist, daß der Tiger, wenn Indianer und Holländer beisammen sind, und er sich beider bemächtigen könnte, auf den Indianer geht und den Holländer läßt. Die Ursache ist, daß das Fleisch der Indianer viel süßer und das der Holländer aber viel gesalzener ist. Das Fleisch der Indianer hat wenig Salz, während die Holländer (besonders auf See) mit Kost vorlieb nehmen müssen, die fünf oder sechs Jahre schon im Salz gelegen ist. Woher die Tiger nun solches wissen (obs vom Geruch kommt oder wie), kann ich nicht sagen. Allein, das ist in Wahrheit geschehen: In dem Wald bei Batavia lagen einstmals kommandierte und zusammengestoßene Völker von Holländern und Indianern in der Stille. Sie durften sich nicht rühren, weil der Feind (die Javaner oder der König von Bantam, der uns zu dieser Zeit Feind war und Batavia belagert hatte) mit etlichen tausend Mann nicht weit davon lag. Da ist ein Tigertier gekommen und hat zwischen zwei Holländern einen Indianer weggenommen. Unser Volk aber durfte nicht schießen, weil es bei der Nacht in der Nähe des Feindes war.

122

Wann er einen Menschen bekommen will, so tut der Tiger einen Sprung, und wenn er ihn diesmal verfehlt, geht er wieder zurück und wartet, bis ihm wieder ein anderer Sprung gelingen mag. Er fährt grimmig an, und doch haben wir einen Schiffsknecht aus Schottland unter uns gehabt, *Joan Ruppert* mit Namen, der sich einstmals gegen einen Tiger so lange gewehrt und (da er ihn von vorne anfiel) so gewaltig an seiner Brust mit zwei Armen gehalten und gedrückt hat, bis man ihm zur Hilfe kam. Der Tiger konnte ihm keinen Schaden mehr tun als daß er ihn mit seinen Klauen an den Achseln ziemlich einriß. Das wurde aber bald wieder geheilt, so daß wir oft die Narben sahen und anderen vorwiesen.

Lustig ist es sonst in den Wäldern wegen der Meerkatzen, die sich gern auf den Clapperbäumen aufhalten. Und wenn jemand vorübergeht, so werfen sie ihm die Hülsen an den Kopf. Ich hab deren etliche geschossen; sie können aber mächtig springen von einem Baum auf den anderen, und wenn sie Junge haben, so fassen sie solche in ihre vorderen Klauen und springen von einem Ast auf den anderen. Sonst sind sie trefflich zum Abrichten, und ich habe selbst eine gesehen, die Wein holen konnte und das Geld nicht eher hergeben wollte, bis sie den Wein hatte. Wenn die Jungen die Meerkatze vexierten, so setzte sie die Kandel (oder den Krug) nieder, hob Steine auf und warf sie, daß die Jungen sich salvieren mußten.

Artlich ists, wenn man sie fängt. Denn man nimmt eine alte Klappernuß, bohrt ein Loch darein und macht den Kern inwendig los. Wenn dann die Meerkatze kommt und mit ihren Pfoten ein Stück von dem Kern erkratzt, laufen die Indianer herbei, und ehe die Meerkatzen den Kern fahren lassen, lassen sie sich darüber ergreifen. Etliche sind ganz schwarz und haben zum Teil lange, zum Teil kurze Schwänze; etliche sind grau und auch teils lang-, teils kurzschwänzig. Die noch wilden Meerkatzen kann man für einen halben Reichstaler haben; die aber, die schon abgerichtet sind und Kunststücke können, werden in Indien selbst unter zwei Reichstalern nicht gekauft.

Es sind auch auf dieser Insel Ceylon viele und schöne Bäume wie die Clapperbäume, von denen man (wie oben erwähnt) einen Trank macht, den man »Siere« nennt. In Amboina nennt man ihn »Sagawehr«, in Surrate »Terri«, und er taugt wohl zu siebzig Nutzen. So man den Trank stehen läßt, macht man Essig davon. Die Nüsse, die diese Bäume tragen, sind (wenn sie jung sind) grün und haben ein Wasser in sich, das ist sehr süß und so klar wie ein Kristall. Schneidet man die Nüsse auf, so springt das Wasser in alle Höhe auf. Wenn der Baum alt worden, setzt sich solches Wasser in der Nuß an, und es wächst ein fingerdikker Kern, von dem man Milch machen kann; man kann auch Öl davon brennen. Von seinen Wedeln oder Zweigen decken die Indianer ihre Häuser und machen ihr Hausgerät davon. Wenn die Bäume ganz alt werden, so pflanzt man die Nuß in die Erde, wo denn wieder ein Baum wächst und fünf, oder sechs Jahr stehen muß, bis er Nutzen bringt. Wenn die Indianer den Baum nicht hätten, wären sie arme Leut. Aber die Meerkatzen (oder Affen), von denen da (wie gesagt) eine Menge ist, sind ihm mächtig gefährlich.

Es gibt auch schöne Cannelles (oder Zimtbäume), und der Zimt kommt im Überfluß allein von der Insel. Als ich 1648 zu Negumbo lag, sechsundzwanzig Meilen von Pünte de Galle, wurde ich selbst auf die drei Monat lang oft in den Wald kommandiert, gewöhnlich mit fünfundzwanzig Mann. Von den Negriten aber (oder Heiden) mußten auf die vierhundert mit. Des Morgens aber, wenn wir auszogen, ging ein Tambour (oder Trommelschläger) mit uns, der mußte in dem Wald sein Spiel mächtig rühren. Wir aber gaben zuweilen eine Salve, der Elefanten wegen. Inzwischen mußten die Schwarzen wacker Zimt schälen. Denn der Zimt ist nichts anderes als der Bast (oder die Rinde) von den Bäumen, die man abschälen kann, wie zum

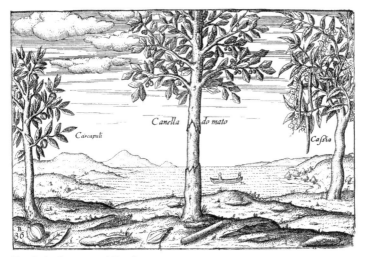

Exotische Bäume und Früchte

Exempel in unserem Land eine Rinde von den Bäumen abgezogen wird. Der Baum selbst wächst nicht hoch, ist über eines
Mannes Fuß nicht dick und trägt auch keine andere Frucht.
Nimmt man seine Blätter, so geben sie einen Geschmack wie
die Nägelein. Und wann er ganz abgeschält ist, wachsen doch
seine Ringe in anderthalb Jahren wieder nach, daß man sehen
kann, wie die Kraft durch die kleinen Löchlein wieder heraus-
dringt und sich umspinnet und auseinander läuft und aufs Neue
abgenommen werden kann. Wenn der Baum aber alt wird und
neben sich einen neuen Sproß erlangt, so wird jener um des
jungen willen abgeworfen, denn der alte Zimt wird dem neuen
nicht gleich geachtet.

Es weiß auch ein jeder Heide schon, wie viel Zimt er über-
haupt bringen muß. Wenn sie heim kommen, so ist ein Capitain
dort, der sie visitiert. Findet der Capitain alten oder dicken Zimt,
so wird er ausgeworfen und nicht gewogen; davon aber wird in
Pünte de Galle ein Zimtöl gebrannt. Wer unter den Wilden tau-

send Pfund schönen jungen Zimt aufgebracht hat, der ist hernach ein ganzes Jahr frei. Bringt ers nicht, muß er das folgende Jahr umso mehr bringen; bringt er mehr, so wird es ihm bezahlt. Es kostet die Holländer in loco ein weniges an Geld, ja keinen Batzen, aber viel Christenblut. Ich weiß gewiß, daß es über die acht Jahre, die ich auf der Insel zugebracht habe, von uns an die tausend Mann gekostet hat, und die Portugiesen wohl an die zwanzigtausend Mann. Denn die Portugiesen haben immerzu Krieg mit dem Kaiser von Ceylon geführt, wie auch wir es eine gute Zeit getan haben.

Eine andere Art Bäume nennen die Indianer »Hakra«. Von denen kommt der schwarze Zucker, weswegen sie von den Holländern Zuckerbäume genannt werden. Die haben große, mächtige Blätter, die man braucht, wenns regnet, weil sie trefflich Wasser

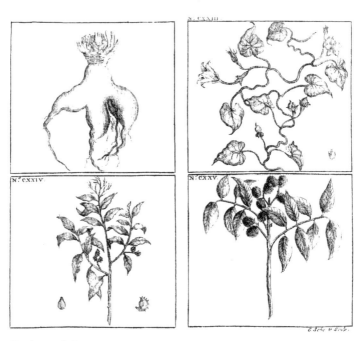

Früchte und Gewürze

126

halten. Sie tragen Äpfel groß wie ein Kindskopf, die sind auswendig braun wie eine Kastanien und inwendig gelb. Wenn man sie öffnet und essen will, muß man mit den Zähnen zuvor die Schelfen abziehen. Das Innere, so mans in den Mund nimmt, ist wie ein Büschel Haare und hat einen harten, großen und weißen Kern. Der ist von trefflicher Süßigkeit und deswegen gut zu essen, unerachtet man eher meinen sollte, daß der Kern wegzuwerfen und die Schelfe zu genießen sei, wie wir oft Fremde, die erst ankommen, damit vexieren.

Es ist eine andere Art Bäume, die heißen sie »Sursack«, sonderlich der Elefanten Speise. Er hat Blätter wie ein Lerchenbaum und trägt seine Früchte nicht wie andere Bäume an Stielen, die von dem Stamm der Äste abgesondert sind, sondern an dem Stamm selbst. Die Frucht ist länglich, grün, stachlig, inwendig sehr schleimig und mit gelben Körnern, unter denen erst ein Kern ist. Der ist, wie eine Kastanie gebraten, guten und angenehmen Geschmacks.

Treffliche Zitronen-, Pomeranzen- und Granatenbäume hat man auch da. Einwohner sowohl als Fremde, Holländer und Portugiesen, Mann und Weib, essen in der Frühe und nüchtern eine oder zwei Pomeranzen und sagen frei: In der Frühe sei die Pomeranze im Leib wie Gold, zu Mittag und auf den Abend aber wie Blei. Daher wird man keinen Portugiesen sonderlich um die erstgenannte Zeit dergleichen essen sehen.

Es gibt auch eine Art von Pheben, die Melonen heißen, die wächst wie Pheben. Sie wächst aber nicht rund wie auf unserm Christenboden, sondern in die Länge und ist gut und lieblich zu essen.

Fast gleich so wächst eine Frucht, die man Wasserlimonien nennt. Die sind zum Teil groß wie ein Mannskopf, zum Teil kleiner und haben auswendig eine grüne Schale. So man sie öffnet, sind sie inwendig rot, tragen etliche schwarze, etliche rote Körnlein und sind sonst sehr saftig. Um deswillen werden sie auch in

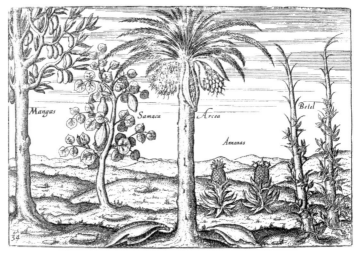

Exotische Bäume und Früchte

Blätzlein geschnitten und in den Mund genommen, um in so großer Hitze den Durst zu stillen.

Große und gewaltig viele Kürbisse, die leicht zu tragen sind, finden sich nicht weniger. So wir manchmal marschierten und Wassermangel besorgen mußten, haben wir sie ausgehöhlt und voll angefüllt mitgenommen. In die kleineren haben wir aber Öl getan und sie an unsere Bandelier gehangen, um unsere Rohre, so sie vom Regen betroffen wurden, damit wieder auszuputzen und immer wohl beschossen zu bleiben.

Sie haben eine Art von Birnen groß wie eine Faust, die heißen sie »Kujafen«. Die wachsen auch an kleinen Bäumen von eines Mannes Länge, sind gelb und haben inwendig schwarze Kerne. Man ißt sie ungeschält, weil sie trefflich lind sind.

Andere anderthalb Manns hohe Bäume tragen Pappeyen, ein Geschlecht wie unsere Maschen und länglich-rund. Sind sie zeitig, so sind sie außen grün, inwendig rot, sehr saftig und süß und schmelzen einem im Mund. Inwendig haben sie aschengraue

Körnlein, die im Durchbruch und bei Ruhr eine stattliche Medizin abgeben. Man kocht sie auch, und dann schmecken sie wie die Rüben. Es ist aber eine hitzige Frucht.

Dergleichen sind auch die Annassen so hitzig, daß einem das Maul davon aufspringt, wenn man sie, geschnitten wie Zitronen, lang in einem Wasser hat liegen lassen. Sie sehen fast unseren Artischocken gleich, sind groß und in der Farbe rötlich.

So hitzig sind auch die »Kaschauen«, eine Frucht, die unten wie ein Herz geformt ist. Ober sich aber hat sie eine Kastanie, die, so man sie öffnet, sehr ölig ist. Wenn sie aber recht abgetrocknet worden, trägt sie in sich einen Kern so gut als ein Mandelkern, auf der einen Seite rot, auf der anderen gelb. So man ihn ißt, ist der Kern dienlich wider die Franzosen, die er der Hitze wegen aus der Haut treibt, daß mans sehen kann.

Sie haben noch andere Früchte. Die Mumpelpouse ist groß wie ein Kopf und innen rot. Ihre Schelfen helfen trefflich für den Durst, wenn sie wie die Zitronen mit Zucker eingemacht sind. Die »Puppunen« sind den Pfeben gleich, auswendig grün, inwendig rötlich. Man füllt sie ausgehöhlt mit fettem Fleisch oder Schmalz, Pfeffer und Muscadenblumen, und geht eine Flotte ab, pflegt man sie mit ein-, zweitausend Stück zu versehen. Sind sie recht zusammengekocht, so werden sie guten Geschmacks. Wie bei uns die eines Fingers langen runden Käsküchlein sind die »Potazen«. Die schabt und schneidet man, und werden sie gekocht, sind sie nicht unannehmlich zu essen. Die »Kecerey« sind wie ein Zugemüs, rötlich und weiß, als ob es Linsen wären. Der »Gajan«, das sind runde Körnlein, die gekocht ganz grün werden wie Saatgrün.

Es gibt unter anderen auch eine Frucht, groß wie eine Pflaume, auswendig grün und innen, wenn sie zeitig sind, gelbrot mit einem großen Kern. Diese Frucht, welche die Einwohner Mangas heißen, ist sehr süß und beliebte mir trefflich wegen ihres Wohlgeschmacks. Ich habe sie erstmals gekostet, als ich von Bantam auf Bataviam kam, denn in den vier Basteien des Kastells daselbst sind viele Manga-Bäume (wie auch Limonienbäume), in der Größe eines Maulbeerbaums. Bei der Nacht halten sich viel Fledermäus darinnen auf, die in solche zeitige Früchte pikken und sie herabwerfen. Wenn ich bei der Nacht die Wacht hatte und eine Frucht fallen hörte, weil der Baum nicht weit von dem Schillerhaus stand, blies ich meinem Zündstrick zu, der mir leuchten sollte, bis ich die Frucht fand. Als ich mich einstmals dick damit angefüllt hatte und einen starken Trunk Wassers darauf tat, habe ich gänzlich gedacht, daß ich sterben müßte. Sonderlich bedienen sich der Mangas eine Art der Vögel, die sie »Cossebares« nennen, in der Größe eines welschen Hahns. Wenn diese Vögel selbigen Manga eine gute Zeit bei sich gehabt, geben sie von hinten dergleichen Unlust wieder von sich, in aller Couleur und Figure wie des Mangas. Dadurch hat denn mancher ein Gelächter angerichtet, der dieses für jenes angebissen hat, als noch eine recente Frucht, die erst vom Baum gefallen wäre.

Erstgedachte Cossebares können auch Eisen und Blei verschlingen, welches wir einmal in der Tat erfahren haben. Denn als unser Connestabel auf des Admirals Bollwerk einstmals Musquetenkugeln gegossen hatte und darüber zum Essen ging, kam ein solcher Cossebares auf die Bastei und verschluckte fünfzig solcher Kugeln. Und da es kein Mensch getan haben sollte, fand ich des andern Tags, daß der Vogel sie eine Weile im Magen gehalten und ordentlich alle fünfzig wieder abgegeben hatte.

Ganze Felder von Cardamumen sieht man da, die wachsen hoch wie der Reis in Hülsen, in denen man sie auch noch heraus in unsere Landen bringt. Es wächst zwar auch ein Pfeffer da, der aber nicht verführet wird, weil er in dem Land selbst verbraucht wird. Von der Insel Jamby[107] kommt der beste und meiste Pfeffer in unsere Landen. So findet sich daselbst auch kein Safran; stattdessen gebrauchen sie sich einer Wurzel, die sie »Borriborri« heißen, gestalt wie ein Ingwer, von der Farbe rötlich, wenn es auf einem Stein gerieben wird. Von dem essen sie umso lieber, weil er klare, helle Augen machen soll.

Alte Leute gibts darinnen, an die neunzig bis hundert Jahr, die tragen zur Præservation immerzu vorn eine Wurzel eingewickelt, daran sie stetig kieffen, wenn ihnen ein wenig übel ist. Einstmals hab ich einen gefragt, wie er so alt geworden und doch noch so ruhig dabei geblieben wäre. Er gab mir aber zur Antwort: Wann er Lust bekommen zu essen, hätte er gegessen; zu trinken, hätte er getrunken; zu schlafen, hätte er geschlafen. Hätte er Gelegenheit gehabt zu sitzen, wäre er gesessen; oder den Kopf zu bedecken, so hätte er ihn bedeckt; in summa: Wider seine Natur habe er nie etwas getan, wann ers nur habe tun können.

Wann denn einer sterben will und allem Anschein nach in den letzten Zügen liegt, so kommt einer seiner besten Freunde, legt sich auf den Sterbenden und drückt seinen Mund auf jenes Mund eng und genau, damit nur seine Seele in kein Tier fahre, wenn sie ausfährt. Wann er denn verschieden ist, fangen sie an zu heulen und zu schreien und fragen mit großen Tränen, warum er gestorben sei? Ob er kein Geld, ob er nicht genug zu essen gehabt habe? Sie laufen wohl in einen Wald und bannen den Teufel, der ihnen sagen soll, was dem Toten gefehlt habe. Nach großem Geheul waschen sie ihn und nähen ihn in ein Leylack und kaufen etliche alte Weiber. Die sitzen drei Tage und eine Nacht vor dem Haus des Toten und schreien gewaltig, bespritzen sich mit Kot und laufen wohl auch in ein Wasser bis an den Hals, als wollten sie sich vor Wehmut ersäufen. Endlich legen sie den toten Körper auf Piquen und tragen ihn (so er sonderlich arm und gering ist) in einen Wald oder an einen Strand des Meeres, wo er begraben wird mit dem Angesicht gegen Osten. Auf das Grab stecken sie gemeiniglich ein grünes Zweiglein, und um das Grab stecken sie spitzige Dornen, damit der Körper sicher ist vor dem »Jackhals«. Das ist eine Art Fuchs, der sehr nach Menschenfleisch giert. Zur

Bezeugung ihres Leids tragen sie eine lange blaue Mütze von Scheder, die keinen Boden hat und lang hinten über dem Kopf herabhängt. In diesem Habit lassen sie sich wohl ein ganzes Jahr sehen.

Auf der Insel haben nun (wie gemeldet) die Portugiesen unterschiedliche Plätze gehabt. Der Kaiser von Ceylon und König von Candi aber hatte die Portugiesen ungern zu Nachbarn[108], denn sie hatten seinen Bruder ersäuft, weil der den Holländern gewogener war als ihnen. Da fing er endlich einen großen Krieg mit ihnen an, schickte auch einen absonderlichen Botschafter nach Batavia um Hilfe wider Portugal, dazu er alle Hilfe und Vorschub tun wollte. Auf diese Weise sind die Holländer erstmals Anno Christi 1640 auf die Insel Ceylon gekommen und haben erstlich die Stadt de Galle und bald darauf auch die große Festung Negumbo erobert. Die haben sie aber zwei Jahre hernach Anno 1643 wieder verloren und im folgenden 44sten Jahr doch noch einmal eingenommen, so daß also die Festung in vier Jahren zweimal verloren ging und zweimal wieder gewonnen wurde, allezeit im Monat Februario.

Es war ein befestigter Ort mit vier äußeren Pünten, zwei gegen die See (»Horn« und »Enckhuysen« genannt), zwei gegen das Land (»Delft« und »Rotterdam«) mit einem großen, von Wasen gemachten Wall, zweiundzwanzig Fuß breit und mit acht Geschützen auf jeder Pünte. Zwei Porten hatte es, die Wasser- und die Landporte. Innen gab es noch ein Kastell mit zwei Pünten namens »Middelburg« und »Amsterdam«, mit Quaderstücken am Fuß hoch aufgeführt, die Brustwehr mit Erde gepflanzt. Umgeben war die Festung ringsum mit einem Wassergraben, in dessen Mitte noch lange spitzige Palisaden eng eingepflockt standen. Nachdem aber Columbo eingenommen war, ist die Festung bis auf das steinerne innere Fort geschleift worden, damit es einer solch starken Besatzung und der vielen Unkosten nicht bedürfe, den Bau zu unterhalten.

Als die Holländer das andere Mal vor Negumbo kamen, hätten es die Portugiesen wohl verhindern können, daß jene nicht hätten landen mögen und durch Stücken und Musqueten mit übergroßem Verlust zurückgetrieben werden mußten. Allein, die Portugiesen ließen unser Volk willig aussteigen, weil sie sich schon die gewisse Victori eingebildet und das Heilige Sakrament darauf genommen hatten, keinem Holländer Quartier zu geben. Deswegen wollten sie auch nicht essen und trinken, bis sie ihre Hände in holländischem Blut gewaschen hätten, um dann zuzusehen, ob sie auch unserer Schiffe sich bemächtigen könnten. Aber Gott der Allmächtige ließ ihren Grimm nicht zu. Denn als alles Volk an Land gesetzt war, stellte es sich in guter Postur; und als man zuerst ein Gebet im Feld getan und das Wort »Gott mit uns!« genommen hatte, ging es mit großer Courage auf die Portugiesen zu, deren Wort war »Madore Des!«, Mutter Gottes.

Darauf avancierte ein Teil auf den anderen, und da unser Volk stand, gaben die Portugiesen (an die neunhundert Mann stark) die erste Salve. Davon sind auf unserer Seite an die dreißig geblieben, und an die fünfzig wurden beschädigt. Darauf gaben die unsrigen (die nur dreihundert Mann waren) die Nachsalve und brauchten auf Zurufen unserer Offiziere bald den Degen. Denn das ist der Holländer Gebrauch (oder Manier), daß sie, wenn sie vor den Feind gehen, kurze Säbel führen, vorne krumm und dabei breit. Und sie fielen mit solcher Furi auf die Portugiesen, daß in kurzer Zeit auf die siebenhundert Mann niedergemacht wurden und die anderen Hals über Kopf sich retirierten.

Nun war von den Holländern Anno Christi 1643 ein Capitain mit Namen *Sendemann*[109] samt seinem Diener *Joan de Roes* zu den Portugiesen übergegangen. Als der Capitain sah, daß uns das Feld geblieben war und die Festung in unsere Hand kommen würde, gab er den Portugiesen den Rat, sie sollten an das Pulver, das unter dem Forteresse Negumbo war, eine Lunte legen, damit wir, wenn wir hereinkämen, mitsamt der Festung in die Luft spränGen. Das verkundschafteten etliche Gefangene, darunter ein Pater Cappuciner, den unser Volk aus der Festung mitgebracht hatte. Der schonte seine eigene Kutte und sein Fell in der Sorge, er müßte vor der Zeit probieren, ob er in den Himmel springen könnte. Darauf hat unser Gouverneur, Herr *Franciscus Charon*[110], alsbald dem vierzig Reichstaler versprochen, der den Versuch wagen wollte, den Zündstrick wegzutun. Wie der aber in den Keller kam, hing das Feuer nur zwei Daumen lang von dem Feuer, daß also Gottes Gnädige Hand auch das verwehret hatte. Ein Hochdeutscher aber, der eben den Pater gefangen bekommen hatte, war über ihn gewaltig entrüstet, weil er still geschwiegen und es nicht entdeckt hatte, bevor er selbst in Gefahr kommen war. Er nahm sein Rohr und schoß den Pater an der Seite unserer Commandeurs nieder, daß dieser darauf sagte: »Ihr Pursch! Nur nicht näher! Wollt Ihr kein Quartier geben, so bringts nicht zu mir!«

Anno Christi 1643 ist eine große Flotte vor die Stadt Goa kommen mit der Ordre, Frieden mit den Portugiesen zu schlie-

Eingeborene und Soldaten der V.O.C. im Kampf

134

ßen. Hätten die Portugiesen selbigen dato noch das Forteresse Negumbo, so sollten sie es behalten; sei es aber im Besitz der Holländer und wollten die Portugiesen einen Sturm darauf tun, so sollte das Forteresse verteidigt werden. Weil die Portugiesen aber keine Lust hatten, den Sturm zu tun, ist im folgenden 1644sten Jahr der Friede publiciert worden, auf zehn Jahre ein Armistitium zu machen.

Da wir dort Frieden hatten, sollte es Anno 1645 auf Anstiften der Portugiesen mit dem König von Candi angehen, der Elefanten wegen. Weil die Holländer keine zahmen Elefanten hatten, erboten sich die Portugiesen, um den halben Teil des Fangs ihre zahmen Elefanten zu leihen, die sie einstmals dem König von Candi genommen hatten. Denn um eine Ursache zu haben, nahmen sie einstmals des Königs vier beste Elefanten. Der König aber (als ein verständiger Herr[111]) schickte zu den Holländern und ließ ihnen bedeuten, daß er wider uns nichts zu tendieren begehrte. Die Holländer, die er selbst als Freunde gerufen hätte, sollten sich mit ihm gegen die Portugiesen conjugieren und sich hüten, Volk in sein Gebiet zu setzen.

Allein, die Holländer und Portugiesen suchten von Anfangs den Krieg mit Gewalt. Weil denn der König sah, daß es anders nicht sein konnte, führte er durch seinen Feldherrn, einen »Saude« (oder wie bei uns: einen Grafen), auf die 60 000 Mann zusammen, meistenteils Nigriten außer wenig Volk Portugiesen, die er ehedessen gefangen und die sich in seine Dienste begeben hatten. Der König fand sich von den Holländern hintergangen, denn sie hatten ihm versprochen, ihre Völker aus seinem Territorio zu führen. Dann aber hatten sie unter dem Schein, ihre Völker abzuziehen und Victuaille auf die Rückreise zu bringen, unter ihren großen Fässern ein kleines Faß eingesteckt mit Pulver und Munition und solches mit Reis und Fleisch allenthalben umlegt. Das war dem König durch einen Überläufer von unserm Volk verkundschaftet worden.

Anno Christi 1645, im Monat Mai, wurde der Herr *von der Stält*[112] aufs Neue kommandiert mit hundertundfünfzig Mann auserlesenem Volk, viel Munition, Pulver, Blei und anderem Material, was der Krieg braucht samt zwei Feldstücken. Den Herrn *von der Stält* aber traf der heidnische »Saude« auf einem kleinen Feld an, und weil er zu schlagen keinen Befehl hatte (denn der Kaiser declinierte den Krieg immerzu), zog er sich in einen Wald zurück. Die Holländer gaben mit ihren Stücken und Handgewehren tapfer Feuer auf sie, daß bei vierhundert davon geblieben und viele beschädigt wurden. Weil denn die Holländer offensive gingen, wollte es ihr »Saude« defensive an sich auch nicht ermangeln lassen. Er begab sich aus der Boscage, umringte unser Volk und setzte mit solcher Force an, daß sie dem Herrn *von der Stält*, der in einer Palanquin (oder Sänfte) mit rotem Scharlack getragen wurde, den Kopf abschlugen. Auch von dem Volk, das hundertundfünfzig Mann war, kriegten sie einhundertundrei Köpfe. Die übrigen flohen in den Wald und versteckten sich so gut sie konnten.

Da das Geschrei dem König, der sich unfern davon aufhielt, zu Ohren gekommen war, kam er geschwind herbei, und unerdacht er hörte, daß sie zum Schlagen wären gezwungen worden, ward er doch etwas leinischer. Er ließ alsbald die Trommel schlagen und ausrufen, keinen Holländer, der sich in den Wald retiriert, mehr niederzumachen, sondern lebendig zu ihm zu bringen. Denen hat der König auch gutes Quartier gegeben und mit seinem Gott beteuert, daß er an ihrem Blut und Tod unschuldig wäre. Er hat auch alsbald befohlen, das Haupt des Herrn *von der Stält* in eine silberne Schüssel zu legen, es mit einem weißen Tuch zugedeckt durch einen Gefangenen dem Capitain in das große Lager bringen und ihm sagen zu lassen, das wäre das Haupt des Herrn *von der Stält*; seinen Leib aber und auch die anderen einhundertunddrei Körper wolle er selbst ehrlich begraben lassen. Wenn er den Capitain in drei Tagen noch im Feld oder in seinem

136

Niederländische Gesandte treffen einen Fürsten

Land fände, so wollte er mit hunderttausend Mann kommen und ihn und alle, die er bei sich hatte, abholen. Das Haupt nahm der Capitain an und ließ es im Lager begraben und drei Salven darüber abgeben. Weil er aber von dem Gouverneur zu St. Galle keine Ordre hatte zu quittieren, wollte er ohne Kommando nicht weichen. Darauf ist der König von Candi mit einer Macht von hundertausend Mann gekommen, hat ihn belagert und in einer Nacht solch ein Bollwerk aufgerichtet, daß er in das Lager schießen konnte und sich kein Soldat von den unsrigen sehen lassen durfte.

Nachdem nun der Kaiser von Ceylon acht Tage lang vor dem Lager gelegen hatte, mangelte es unserem Volk von fünfhundert Mann an Vivres, und es fand keinen Paß durchzugehen. Weil das Lager ganz umschlossen war, mußte unser Volk sich endlich den Heiden ergeben mit allem, was sie hatten. Der Kaiser aber war courtois, und obschon er ein Heide ist, ist er doch ein überaus verständiger Herr, der nicht nur in seinem ganzen Lager, sondern im ganzen Reich ausrufen ließ: Bei Leibes- und Lebensstrafe dürfe keinem Holländer ein Leid getan werden, und er selbst halte sie nicht als Gefangene, sondern als ob sie sein Eigen wären. Die Holländer ließ er in Person vor sich kommen, welches ein Zeichen seiner sonderbaren kaiserlichen Gnade war.

Danach ging er auch auf das kleine Lager und ließ es nach Kriegsmanier aufbieten. Der Lieutenant aber, der darin lag mit siebzig Mann, ließ ihm entbieten, daß er nichts anderes für ihn hätte als Pulver und Kugel und die Spitze von seinem Degen, und daß er ihm bis an den vierzehnten Tag viele Tote und Beschädigte versprechen könne. Da sagte der Kaiser, es müßten keine Holländer, sondern lauter junge Teufel darin liegen, und er fragte seine Gefangenen, von welcher Nation der Lieutenant wäre? Und da sie sagten, er wäre ein Allemand, und die meisten, die er bei sich hätte, wären auch Allemands (das ist: Hochdeutsche), sprach der Kaiser: Wenn er den Lieutenant bekommen könnte, wollte er ihn lieber haben und in größeren Ehren halten als den holländischen Capitain! Als einer seiner Herren die Ursache wissen wollte, antwortete der Kaiser: Dieser Capitain hätte fünfhundert Mann gehabt in seinem Lager und wollte doch nicht fechten für seinen Herrn und für sein Vaterland. Der Allemand aber, der nur den Holländern diene, wäre ihnen mit so wenig Volk so treu geblieben und hätte lieber sterben als seine Ehre verlieren wollen.

Der König sandte darauf in der Nacht einen gefangenen Holländer zu dem Lieutenant, zu persuadiern, daß er accordierte. Darauf hat der Abgesandte ihn mit Namen gerufen und ihm bedeutet, die Partei des Herrn *von der Stält* wäre geschlagen und dieser selbst tot, und der Capitain im großen Lager hätte sich mit allem Volk ergeben. Er sollte dergleichen tun, denn es wäre keine Möglichkeit durchzukommen. Als aber der Lieutenant darüber mit seinem Volk consultierte, gab er zur Antwort: Wenn der Kai-

138

ser nicht besten Accord gebe, so sei er resolviert, sich zu wehren bis auf den letzten Mann; wollte er aber Accort geben und halten, so wolle er zuvor noch einmal mit seiner Besatzung Rat halten und das Lager mit ihrer aller Consens übergeben.

Den folgenden Tag schickte der Kaiser einen seiner großen Herren mit einem weißen Fähnlein. Der sollte mit dem Lieutenant den Accord schließen und dabei sagen, es verlange den Kaiser, den Allemand und sein Volk zu sehen, weil sie so gute Soldaten wären und ihrem Herrn so treu dienten. Er solle auch im Namen des Kaisers einen Eid tun, daß der den geschlossenen Accord halten wolle! So hoch ist die deutsche Tapfer- und Redlichkeit auch mitten im Heidentum respectiert, wie es denn gedachter Lieutenant erfahren hat, nachdem der Abgeordnete des Kaisers seinen Eid abgelegt hatte. Wann diese Heiden einen öffentlichen Eid ablegen, so heben sie eine Hand von Sand auf, halten ihn in die Höhe und reden einige Worte dazu. Darauf lassen sie den Sand wieder fallen und solches alles halten sie alsdenn fest und unwideruflich auf das allerletzte Pünktlein.

Da nun die Besatzung auszog und der Lieutenant mit allem Volk, mit brennender Lunte, Kugel im Mund[113], Degen an der Seite, vor den Kaiser gebracht wurde, tat der Lieutenant erstlich samt seinen Soldaten drei Fußfälle. Das ist auch sonst die Maniere: Will ein vornehmer Herr in Ambassade von den Holländern zum Kaiser von Ceylon, so muß er zum drittenmal auf seine Knie. Sein eigenes Volk aber (die Heiden) muß dreimal auf die Erde mit dem Angesicht gerade vor sich hin fallen. Wenn seine größten Herren mit dem Kaiser reden wollen, dürfen sie sich nicht umkehren und müssen rückwärts gehen, solange sie ihn ansehen. Das gemeine Volk aber darf gar nicht zu nahe zu ihm treten, sondern muß alles durch andere Herren anbringen lassen. Die Holländer aber dürfen vor ihn treten und in Person mit ihm sprechen.

Da demnach gedachter Lieutenant mit seinem Volk drei Fußfälle getan hatte, präsentierte er dem Kaiser seinen Degen. Dieser bedankte sich und befahl, den Degen wieder an die Seite zu hängen; seinem Volk aber sollte man das Gewehr abnehmen. Dabei gab der Kaiser Ordre, man sollte alle auf die sechshundert Gefangenen alle Tage dreimal wohl tractieren und, was jedwedem abgenommen wäre, ihm wieder zurückgeben. So ein Gefangener kommen und klagen würde, sollte er alsbald vor die Elefanten geschmissen werden. Dem Lieutenant aber als einem tapferen deutschen Soldaten verehrte er ein Pferd, einen Elefanten und eine große goldene Kette, und er mußte ihm allezeit an der Seite reiten mit männiglichs Verwunderung.

Nach diesem allen sendete der Kaiser noch einen Ambassadeur zu dem holländischen Gouverneur in S. Galle und ließ sagen, er hätte Elefanten und Zimt genug. Sofern sie ihm seine vier Hauptelefanten wiedergeben und kein Feldlager mehr in seinem Land aufschlagen würden, wolle er, solange Sonne und Mond scheinen, mit ihnen Frieden und Freundschaft halten und auch die sechshundert Mann alsbald wieder freigeben. Unser Gouverneur aber wollte den guten Willen nicht annehmen. Dem Abgesandten und allen, die er bei sich hatte, ließ er die Augen verbinden und blind so weit führen, bis sie die Stadt nimmer sehen konnten; und dort hat man erst das Tuch wieder abgenommen. Das hat den Kaiser mächtig verdrossen, und er ist mit seinem Volk und den Gefangenen nach der Stadt Candi gegangen, wo er seine Residenz und Schatzkammer hat.

Alle Jahr pflegt er einmal dahin zu kommen und auch alle Jahr einmal in seine Schatzkammer zu gehen. Einer von seiner Leibgarde muß mit einem Licht mitgehen; und wenn er die Kammer besehen hat, so geht der Kaiser vor. Dem Diener aber wird, sobald er an die äußerste Pforte gekommen ist, der Kopf abgeschlagen, so daß niemand wissen kann, wo der kaiserliche Schatz liegt. Dergleichen Gewohnheit haben auch andere Heiden und nicht minder die Portugiesen. Wenn sie von ihrem Feind belagert werden und eine Übergabe besorgen, nehmen sie einen Sklaven, der eine große tiefe Grube graben muß, darin sie ihre besten Mittel verwahren. Und wenn solches geschehen ist, bringen sie den Sklaven geschwind um, damit nicht verraten werde, wo es liegt. Ich hab selbst gesehen, wie man solch einen Schatz ergraben hat, und es hat Menschengebein dabei gelegen, welches in India gar gemein ist.

Als nun der Kaiser auf sein Schloß in Candi gekommen war, gab er alsbald Befehl, die sechshundert gefangenen Holländer in sein Land unter die Bauern und in die Stadt zu verteilen, sie aber bei höchster Ungnade nirgends Hunger leiden zu lassen und zudem die Weiber, Kühe und Ochsen und dergleichen wohl zu verwahren. Denn die Holländer liebten das Frauen- und allerlei süßes Fleisch wohl sehr. Wenn dann nachmals eine Klage gekommen ist über dergleichen Schaden, erhielten sie vom Hof die Antwort: Man hätte sie vorher gewarnt! Warum sie es nicht besser verwahrt hätten? Es wären des Königs Holländer! Und wenn ein Bauer seinen Gast nicht genug mit Alimentation versehen, der Gast aber zu ihm gesagt hatte: »Gib mir Essen in Kaisers Namen!«, der Bauer sich aber geweigert hatte, so wurde er, wenn solches vor den Kaiser kam, alsbald vor die Elefanten geschmissen und mußte, nachdem er erwürgt war, nach Landessitte unbegraben liegen bleiben.

Dergleichen trug sich auch unter unserem Volk in der Stadt Candi zu. Ein mitgefangener Fendrich, *Cornel Salvegat* von Utrecht, hatte seinen Capitain geschlagen, wiewohl der den ersten Streich getan und der Fendrich sich nur gewehrt hatte. Der Kaiser wollte keine Unruhe zwischen unserem Volk dulden, und da es vor ihn gekommen war, ließ er den Capitain fragen, was bei den Holländern für ein Recht wäre, wenn ein Unteroffizier seinen Oberoffizier schlage. Da der Capitain zur Antwort gab, ein Unteroffizier hätte das Leben verwirkt, gab der Kaiser Befehl, den Fendrich in Arrest zu nehmen. Acht Tage hernach wurde ihm das Urteil verkündet, daß er vor den Elefanten sollte, und obwohl unser Volk und auch der Capitain selbst seinetwegen füßfällig um Gnade baten, blieb es doch bei des Kaisers Mandat, und es wurde ihnen geantwortet: Also wäre das Herkommen, daß das Gebot ihres Herrn unwiderruflich gehalten werden müßte.

Darauf wurde der arme Mensch fortgeführt und an einen Pfahl gebunden in der Hoffnung, noch Pardon zu erhalten. Weil er aber sah, daß alles aus war, betete er über die Maßen fleißig und befahl sich andächtig Gottes Barmherzigkeit. Als nun der Mohr mit dem krummen Haken dem Elefanten bedeutete, er solle den Verdammten niederrichten, da wollte die sonst wilde Bestie durchaus nicht, fing gewaltig an zu schreien, warf den Kopf hin und her und mochte nicht an den Fendrich gehen. Weil aber einmal die Exekution folgen mußte, machte der Mohr den Elefanten ganz böse und stieß ihn mit dem Haken so lange hinter die Ohren, bis er ergrimmte und aus lauter Zwang auf den Armen lief, zwei Zähne durch ihn schoß und ihn in die Höhe schleuderte. Da er wieder zur Erden fiel, trat der Elefant ihm geschwind mit den Füßen auf den Leib, daß er nur bald seiner Marter entkäme.

Darüber haben sich unser Volk sowohl als die Heiden und der Kaiser selbst verwundert, und bei vielen entstand der Gedanke, dem armen Menschen wäre Unrecht geschehen. Denn wenn der Elefant sonst einen Mohren (oder Heiden) umbringen soll, so ist er bald dazu bereit und braucht von sich selbst also ergrimmt gar keines Antreibens. Obschon viele Elefanten auf der Insel Ceylon sind, administrieren nicht alle die Justiz, sondern nur zwei, die vom König allezeit dazu gehalten werden. Es sollicitierte unser Volk noch einmal um die Gnade, den Fendrich zu begraben. Allein es kam die vorige Antwort: Des Kaisers einmal gegebenes Wort wäre ewig unwiderruflich und es müßte also mit Geduld überwunden werden!

Einstmals waren die Portugiesen fünfzehnhundert Mann stark und schlugen den Kaiser, daß er sich auf die hohen Lande retirieren mußte. Sie verfolgten ihn aber bis auf Candi und nahmen ihm auch die Stadt weg. Die Portugiesen bekamen erstlich trefflich reiche Beute und machten sich lustig mit Schießen, Fressen und Saufen. Der Kaiser ließ die Personnage stattlich agieren, dachte aber inzwischen auf seinen Vorteil und ließ in der Stille den Wald verhauen. Als er merkte, daß Munition und Vivres der Portugiesen schier auf waren, ging er wieder auf sie los; und weil die Passage abgeschnitten war und sie weder hinter noch vor sich konnten, mußten sie Hunger und Durst leiden. Kamen Portugiesen übergelaufen, so sollte man sie auf des Kaisers Befehl erst fragen, warum sie überliefen. Klagten sie über Hunger und Durst, sollte man ihnen, fürs ander, Essen und Trinken geben. Und wenn sie, fürs dritte, sagten: Ja, sie wären satt, so sollte man ihnen darauf alsbald den Kopf abschlagen.

Als nun die meisten an Hunger und Durst gestorben waren, nahm der Kaiser endlich einen Überläufer, ließ ihn genug tractieren, gab ihm für acht Tage Victuaille und einen Convoy von vierzig Mann mit, daß er wegen der Elefanten und der anderen Heiden fortkäme auf Columbo. Dort sollte er dem Viceroy sagen, wie es ihm und seinen Kameraden ergangen und daß sie alle tot wären. Darüber wurde aber der Viceroy also ergrimmt, daß er den Überläufer alsbald aufhängen ließ und sagte: Wo die fünfzehnhundert geblieben wären, sollte er auch geblieben sein!

Das ist gewißlich wahr: Im Wald sind die Heiden wie die Katzen. Leicht mag es sein, daß sie mit einem kleinen Stricklein die Füße eng beisammen halten und schnell auf den höchsten Baum kommen. Im Wald wird man dem Kaiser von Ceylon nicht viel abgewinnen, aber auf dem freien Feld trauen sie sich nicht. Wenn da dreihundert Christen sind, werden sie doch dreitausend Heiden jagen, so geringes Volk es auch sein mag.

Im Jahr Christi 1647, den 2ten Februar, sandte der Kaiser einen Ambassadeur nach Negumbo und ließ unseren Herrn wissen, er wolle demnächst auch einen Ambassadeur nach Pünte de

Galle senden, um Frieden zwischen ihnen zu tractieren. Auch die Portugiesen suchten Frieden bei ihm; mit denen könne er aber wegen seines ermordeten Bruders nicht tractieren. Als unser Herr das erfahren hatte, ließ er unter den Kaufleuten fragen, ob jemand Lust und Liebe hätte und freiwillig als Legat zu dem Kaiser von Candi wollte; dergleichen geschah auch unter den Soldaten, von denen zwölf aus freien Stücken mit einem Kaufmann fort sollten. Das tun die Holländer, weil sie die Soldaten nimmer auslösen müssen, wenn es übel ausschlägt. Denn wenn zwischen beiden Parteien keine Allianz getroffen werden kann, behält der Kaiser die Abgesandten wohl auf zehn Jahre, ja ihr Leben lang bei sich. Wenn aber einer wieder von ihm zurückkommt, so gibt er dem Ambassadeur eine goldene Kette und jedem Soldaten einen goldenen Ring mit schönen Steinen. Sie werden auch hernach von den Holländern an ihrer Charge erhoben. Aber es ist große Gefahr dabei.

Das hat Anno 1643 ein Ambassadeur des Königs in Bengala erfahren. Dieser König sendete dem Kaiser von Candi einen lebendigen Rhinoceros, und neben diesem Tier, das er dem Kaiser verehren wollte, gab er auch viel Gold mit, um Elefanten von ihm abzukaufen. Elefanten gibt es auch in Bengala viele, aber der König wollte wissen, ob seine Elefanten vor denen in Ceylon auf die vorderen Füße niederfallen, um gleichsam ihre Subjection anzudeuten.

So plump und ungeschickt der Elefant auch scheint, in Wahrheit ist fast eines Menschen Verstand dabei. Und was vorgemeldetes betrifft, so hab ich selbst Anno 1659 mit Augen auf Batavia gesehen, daß, als Elefanten beider Länder beisammen kamen, die von Bengala vor denen aus Ceylon alsbald die Füße geneigt haben, aus Ursachen, die nur Gott kennt.

Damit ich aber aufs Vorige komme: Als der Kaiser von Ceylon von dem Ambassadeur vernommen hatte, daß er viel Geld von seinem König hätte und Elefanten abhandeln wollte, verdroß es den Kaiser mächtig, und er sprach: Er wäre kein Kaufmann! So verkaufe er auch keinen Elefanten, sondern die Holländer handelten damit, bei denen wären sie zu suchen. Er nahm aber den Ambassadeur darauf in Arrest auf die fünfzehn ganze Jahre, bis alles Geld verzehrt war, das sein König ihm mitgegeben hatte. Danach ließ der Kaiser ihn wieder frei, verehrte ihm noch zwei Elefanten dazu und befahl, seinem König zu sagen: Er sollte hinfort um dergleichen bei den Holländern nachfragen lassen, die würden sein Geld gern annehmen und noch mehr dazu.

Weil wir nun die Gefahr und das Exempel kannten, wollte es sich von Anfang etwas sperren, in Ambassada nach Candi zu gehen. Doch resolvierten sich endlich ein Kaufmann und zwölf Soldaten und gingen den 1sten April von Land über Pünte de Galle ab. Und da sie ankamen, mußten sie sechs Tage warten, ehe sie Audienz bekamen. Denn diese Heiden sind mächtige Tagwähler, und zu ihren Actionen wählen sie sonderlich den Sonntag und Donnerstag. An einem Freitag aber lassen sie nicht das

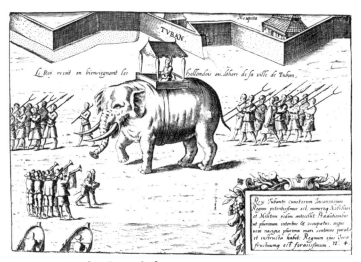

An einem asiatischen Fürstenhof

geringste handeln, so daß auch ein anderes Kleid anzulegen (es möge ein Fall sein wie er wolle) capital wäre. Den 6ten April ließ der Kaiser unseren Ambassadeur und auch den portugiesischen Abgesandten zitieren. Den fragte er zum Ersten, ob die Portugiesen so viel Volk hätten, die Holländer wieder von der Insel zu treiben? Da der Abgesandte »Nein« sagte, weil zu dieser Zeit kein Volk aus Portugal zu erhoffen sei, zumal sein König einen großen Krieg gegen Spanien führte, fragte er den holländischen Gesandten: Ob die Holländer sich getrauten, die Portugiesen von der Insel zu jagen? Und als dieser es allerdings bejahte, nahm der Kaiser das Präsent, das der Portugiese ihm gegeben hatte (einen Hut mit einem Haken von Gold und etlichen Steinen und geziert mit einem Paradiesvogel als einer Plumache), und gabs im Beisein des Portugiesen unserem Ambassadeur. Von diesem aber begehrte der Kaiser zum Gegengratial ein kleines Hündlein, das er bei sich führte. Dieser Tausch war wohl zu tun und unserem Legaten hoch angenehm, worauf der portugiesische Legat ohne Verrichtung abziehen mußte.

Nachdem nun unsere Abgesandten acht Monate lang von dem Kaiser zu Candi gehalten wurden und allezeit ihre Ordinariposten nach Pünte de Galle an unsern Herrn Gouverneur offen hatten, der Kaufmann aber zum Teil die Intelligenz nicht hatte, mit dem Kaiser zu accordieren, schickte der im Monat Dezember eine absonderliche Post zu unserem Gouverneur und begehrte, einen Soldaten (und keinen Kaufmann) mit ihm tractieren zu lassen. Darauf ist auch der Kaufmann abgefordert und von dorten mit gutem Willen abgelassen worden.

Das fünfte Capitul –
Was sich Anno 1648 begeben

In diesem Jahr, den 5ten Februar, wurde ein Capitain mit Namen *Burckard Koch* von Wesel (der mir auch endlich meinen ehrlichen Abschied gegeben hat) im Namen der Compagnia mit zwanzig Volontaires wieder zu dem Kaiser nach Candi geschickt. Sie sind auch den 15. dito glücklich daselbst arriviert, und da es der Hof erfahren hatte, mußte der Capitain bald erscheinen und wurde vom Kaiser Willkommen geheißen. Als er seine Creditiv und Commission entdeckt hatte, sprach der Kaiser, er wolle sich darüber deliberieren! Der Gesandte sollte sich inzwischen in seine Herberge verfügen! Der Kaiser ließ aber seine Schwester zu sich kommen, welche der Zauberei mächtig erfahren war, um von ihr zu erfahren, mit welcher Partei er Frieden schließen sollte, mit den Holländern oder den Portugiesen. Die Schwester aber

Hahnenkampf

gab ihm den Rat, er sollte drei Hähne in seinem Land aufbieten lassen, die am giftigsten miteinander kämpfen könnten: einen schwarzen für sich, einen weißen für die Holländer und einen roten für die Portugiesen. Erstlich solle er den weißen und den roten zusammen gehen lassen, und welcher unter denen gewinne, mit dem solle er Frieden machen.

Da die Hähne nun aufeinander gingen und der weiße des roten Meister wurde und ihn niederrichtete, sprach seine Schwester, nun solle er sich mit den Holländern einlassen! Darauf fragte der Kaiser weiter: Wenn je die Portugiesen vom Land getrieben würden, ob nicht alsdann die Holländer seine Herren würden? Sie sprach aber, er sollte den weißen und den schwarzen Hahn auch zusammen lassen. Als das geschah, gingen die Hähne zwar tapfer aufeinander, aber keiner wollte dem andern viel nachgeben, und es ging auf gleich aus. Darauf erklärte des Kaisers Schwester, das bedeute, daß er Kaiser auf Ceylon und König von Candi bleiben würde auf den hohen Ländern; die Holländer aber würden Meister in den Legenländern bleiben und an den Meereskanten[114].

Der Kaiser resolvierte sich deswegen, mit dem abgesandten Capitain Frieden zu schließen. Er ließ aber doch noch alle seine Herren und Conseilliers zusammen kommen, und wer ihm riet, er sollte sich mit den Portugiesen vereinigen, den ließ er heimlich umbringen; wer dagegen auf die Holländer riet, den ließ er in Ehren halten. Von Stund an ließ er auch den Capitain herbeikommen, um die Tractaten anzufangen und zu schließen, befahl dabei, alle Gefangenen, die er zuvor hin und wieder hatte verteilen lassen, zu sich nach Candi zu bringen. Jeglichem verehrte er einen goldenen Ring und schickte sie mit vielen Gewehr wieder nach Pünte de Galle. Die aber unpäßlich waren, behielt er noch so lange, bis sie wieder erstarkt waren und den anderen folgen konnten. Unter denen war auch ein Nürnberger mit Namen *Andreas Heberlein*, der nunmehr ein reicher Mann ist und ein Müller auf Batavia, als ich besser unten melden will[115].

Das Sechste Capitul –
Was sich Anno 1649 begeben

Anno Christi 1649, den 2ten Februar, bin ich mit einem Mohrenschiff, das wieder heimsegeln sollte, zu Convoy nach Persien gegangen. Weil das Schiff aber zuvor in das Land des großen Moguls sollte (der viele Christen und sonderlich Connestabels bei sich hat und ihnen stattliche Besoldung gibt), nach einer Stadt auch Suratte genannt, mußte ich meinen Cours zugleich mit dahin nehmen.

Ein Volk trafen wir da an, genannt die »Benjanen«[116]. Die essen nichts, was einmal das Leben empfangen hat, behelfen sich mit Käse, Schmalz, Köl, Eiern, Früchten, Milch und schlagen auch nichts tot, was lebt, auch sogar rev. keine Laus. Wenn sie sahen, daß wir einen Vogel oder eine Maus umbringen wollten, gaben sie uns Geld oder Tabak dafür und ließens wieder laufen oder fliegen. Und wenn wir einen Ochsen oder eine Kuh schlachten wollten, mußten wir alles bei nächtlicher Weil tun und die

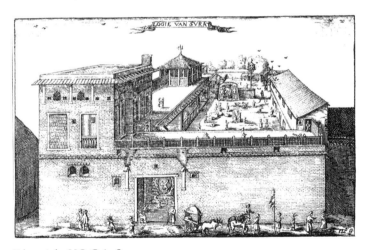

Faktorei der V.O.C. in Surat

Haut und die Eingeweide in einer Grube vergraben, damit sie es nicht inne würden.

Unsere Herren hatten große Handlungen auf Suratte[117] und auch ein sonderliches Haus (oder Niederlage), in das sie jährlich von der Insel Japonna sechs- bis siebenhundert Kisten mit Silber bringen[118]. Und wenn sie zu der starken Festung Ormus[119] kommen, in Sinu Persico gelegen (die soll so viele Geschütze haben als Tage im Jahr sind), müssen sie von zehn Kisten eine geben.

Es ist auch eine Festung in Suratte mit Namen »Kirsmes«. Die wurde Anno 1643 von den Holländern belagert[120], konnte aber nicht gewonnen werden. Sie ist sonst den Mohren zugehörig, die aber in der Farbe den anderen Mohren nicht gleich sind. Denn etliche sind weiß, etliche gelb, die Alten haben lange graue Bärte und wenig Haar auf dem Kopf. Sie essen besser als die Benjanen und haben gute und sonderlich gut geschmalzene Speisen, daß das Fett oder die Butter dick oben schwimmt.

Heiliger Baum in Persien

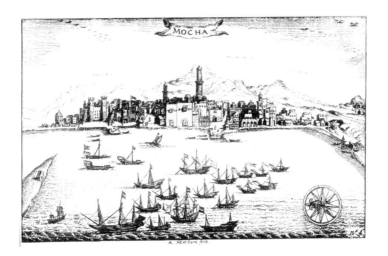

Die Stadt Mokka am Roten Meer

Im Monat April ging es gar auf Persien zu. Die Hauptstadt,
wo der König Hof zu halten pflegt, heißt Spahan oder Ispahan.
Wir konnten aber nicht sonderlich tief ins Land kommen. Allein
einen Baum trafen wir an, unter dessen Schatten auf die dreitausend Menschen und mehr sich verbergen konnten, denn seine
Wurzeln sind etliche Male aus der Erde gewachsen und haben
Nebenbäume getrieben, die sich weit ausbreiten. Wir fanden an
dem Baum unzählig viele Leuchten und Lichter hin und wieder
hängen und auch viel Volk von allerlei Nation wegen der berühmten Heiligkeit des Orts. Daher ist dabei auch ein Haus für
Priester gebaut, die zu gewissen Zeiten darinnen ihre Abgötterei
treiben. Es sollte einer nicht viel Geld mitnehmen und auch kein
einziges Ästlein von dem Baum brechen, weil zu besorgen ist,
daß es unfehlbar sein Leben kostet.

Die Holländer und Engländer haben ihre Handlungen und
ihre Häuser bei dem Meer nah beieinander. Der Ort heißt Cam-
ron[121] und beide Nationen müssen in persischem Habit und Kleidung gehen. Ihr Glaube daselbst kommt mit dem türkischen viel

überein. Denn sie glauben an den Mond, und wenn der neu ist, so essen sie den ganzen Tag nichts, bis er wieder untergegangen ist. Zu Land führen sie große Kriege, treiben aber keine große Seefahrt, und die Holländer sind darin ihre Meister. Aber auf das Land dürfen die Holländer sich nicht viel wagen und müssen von ihnen viele Worte einfressen mit großer Geduld.

Unser Kaufmann *Jacob Nicolaus Oberschy*[122] hatte einmal etliche Persianer zu Gast. Und da sie doch aufs Freundlichste tractiert wurden, gaben sie uns doch einen Stich und sprachen, die Persianer würden von den Holländern für nichts anderst als für ihre besten Kühe gehalten, die sie am meisten melkten. Der Kaufmann meinte aber, daß kein Volk die Holländer reicher mache als Persien, und so ist es auch in Wahrheit, denn die Waren, die wir hinführen, sind schlechte Spezereien wie Muscadenblumen und ihre Nüsse, Zimt, Nägel und dergleichen, davon aber nur der Auswurf, denn das Beste wird nach Holland gebracht. Und doch werden diese Waren in Persien viel teurer verkauft als in Holland das Beste, obwohl doch Persien nur etwa neunhundert Meilen von Batavia liegt und die Reise nach Holland dagegen auf die sechsunddreißighundert Meilen gerechnet wird. Weil die Persianer das wußten, wollten sie die Waren zu einem viel geringeren Preis haben.

Als unser Kaufmann das merkte, steckte er das Packhaus mit allen Spezereien in Brand, und als die Zeitung auf Bataviam kam, wurde er cito dahin befohlen. Als er ankam, wurde er mit der ersten Flotte nach Holland geschickt als unwert und untüchtig, der Compagnia ferner zu dienen, und auch all sein Geld und Gut wurde eingezogen. In Holland angekommen sollte er sich bei der Compagnia verantworten, warum er solch einen Schaden in Persien getan und ihr Handelshaus vorsätzlich in Feuer hätte aufgehen lassen. Da sprach er, er habe es der Ost-Indianischen Compagnia zu Ehren getan, und so sie es wollten, werde er den Schaden mit vier Tonnen Gold bezahlen; die Compagnia aber sollte drei oder vier Jahre lang keine Spezereien nach Persien schicken. So würde ganz Persien großen Mangel leiden und selbst wieder zur Compagnia schicken und Commerce suchen. (Denn die Engländer bringen an Spezereien nichts als Pfeffer dahin.) Der Kaufmann hatte auch redlich geraten, denn als in drei Jahren keine Spezereien nach Persien geführt wurden, schickten sie einen eigenen Ambassadeur nach Batavia zu unserem Gouverneur, um die gewöhnliche Commerce nicht zu sperren. Darauf nahmen unsere Schiffe wieder Kurs dahin und brachten ihre Waren so teuer an, daß sie die Unkosten wiederhatten, von denen sie meinten, daß sie in den drei oder vier Jahren geschehen seien.

Als die Zeitung wieder in Holland kam, begehrte die Compagnia den Herrn *Nicolaus Oberschy*, restituierte ihm auch wieder, was sie ihm weggenommen hatte und schickte ihn in größerer Qualität noch einmal nach Indien. Als er daselbst glücklich arriviert und solches in Persien kundgetan war, begehrten auch die Persianer, daß er seinen Sitz wieder bei ihnen nehmen sollte. Der Herr General aber zu Batavia wollte sich darein nicht verstehen, aus welcher Ursach habe ich nicht penetriern können.

Wäre Indien wie Persien und könnte man dort auch seinen Gottesdienst tun, so wollte ich mir nicht wünschen, dafür in Deutschland zu sein. Denn Indien ist überaus fruchtbar und hat allerei Frucht, die wir auf Christenboden haben: Korn, Äpfel, Birnen, Nüsse, Wein. Es gibt Zwifel groß wie eines Mannes Faust und Schafe, deren Schwanz an die dreißig, vierzig Pfund wiegt, schön klar und fett. So gibts auch absonderliche Früchte, die man Datteln nennt. Die sind gut zu essen, sonderlich, wenn sie in Zucker gelegt sind; sehen aber aus wie eine Eichel. Bloß und ohne Zucker heißen sie Backdatteln, die geben sie den Eseln. Unsere Schiffe brachten viel Seidenwaren, viel Indigo, Meng, Lack und andere Farben, auch viel spanisches Wachs, Rosenwasser, persianischen Wein, welche beiden nur in Indien verführet wird, weil sichs in Holland nicht führen lassen will.

Also haben die Heiden freilich die besten und schönsten Länder und Inseln inne; aber Gott der Allmächtige hat ihnen den Verstand nicht gegeben, daß sie es recht zu Nutzen bringen können. Sie müssen daher solche Länder gleichwohl den Christen zukommen lassen und manchmal bitten, daß die es annehmen möchten. Es sind viele, die nicht mehr Kost haben als für einen Tag; haben sie mehr Vorrat, so werden sie so hochmütig und stolz, daß sie keiner einzigen Nation ein gutes Wort geben und meinen, ihre Nation sei die allerreichste von der Welt, die keines Menschen braucht.

Das Siebende Capitul –
Was sich Anno 1650 begeben

Im Jahr Christi 1650 ist den 12ten Februar ein Brief über Land von Holland nach Persien an unseren Kaufmann gekommen. Der meldete, daß *Carolo Stuart*, dem König von England, mit einem Beil der Kopf abgeschlagen worden wäre, und daß *Feurfax* das Schwert (oder die Regierung) dem *Oliver Cromwell* übergeben hätte[123]. Darauf bin ich alsbald mit noch zehn Mann vom Schiff der Mohren auf ein seeländisches Schiff (genannt die Jacht »Lello«) kommandiert worden und nach der Insel Ceylon gelaufen, wo es ohnedies hinwollte. Wir sind auch den 9ten April in Pünte de Galle wohl angelangt und haben die Zeitung gebracht, was sich mit dem König von England begeben hätte. Das Schiff wurde alsbald auf Bataviam beordert, um auch dort zu referieren. Weil es damals zu Ceylon gut bleiben war, verharrte ich daselbst; sintemalen es immer von einer starken Flotte spargiert wurde, die von Batavia kommen würde, um Columbo (die große und reiche Stadt auf Ceylon) zu belagern. Mit mir hofften viele auf gute Beute, doch verzog sich solche Hoffnung bis Anno Christi 1655.

Den 9ten Oktober bin ich mit zweihundert Mann auf dem Schiff »Banda« nach Negumbo kommandiert worden, weil dort ein großer Teil der Besatzung ihre Zeit ausgedient hatte. Auf dem Schiff bin ich in höchste Leibs- und Lebensgefahr geraten. Denn als unser Boutellier mit einem Licht nach den Brandweinfässern sehen wollte und unvorsichtig einen Butzen fallen ließ, fing der Brandwein schnell Feuer und überlief das ganze Schiff. Hätten wir nicht in höchster Eile das Pulver in das Meer geschmissen, wären wir alle in die Luft gesprungen. Ich vermeinte auch nicht anders, es wäre mein letztes Stündlein, sah mir schon ein Stück von einem alten Mastbaum aus, ob ich mich darauf salvieren und das Land wieder erlangen könnte, von dem wir nur zehn Meilen waren. Wir taten aber immerzu unser Bestes, den Brand wieder zu löschen, und Gott half in großen Gnaden auch diesmal davon. Als wir nun auf Negumbo kamen, hatte die Besatzung sich wieder auf drei Jahre versprochen, und wir mußten als unnötig wieder zurück.

Das Achte Capitul –
Was sich Anno 1651 begeben

Im Jahr 1651, den 12ten Februar, kam ein Schiff von Batavia und brachte Ordre, daß wir den Portugiesen den Orlog (oder Krieg) verkünden sollten, ihre Völker von der Insel abzuführen, oder wir wolltens mit Gewalt suchen.

Da solches geschah, war den Portugiesen nicht wohl bei der Sache, doch zogen sie in Eile ihre Völker zusammen und machten ein Lager gegen uns. Ein Capitain aber von ihnen lief samt dreihundert Negriten zu uns über, und sie erboten sich, die Festung Calutre[124] ohne Verlust eines Mannes auszuliefern. So angenehm zwar diese Zeitung war, so wollte unser Kommandant dennoch solches nicht wagen und sich am Volk diesmal nicht schwächen. Er gab aber zur Antwort: Weil in kurzer Zeit mehr Schiffe mit Volk von Batavia kommen würden, sollte es bis dahin verspart bleiben.

Den 25sten April kam Post, daß man zwölf Meilen von Pünte de Galle drei Schiffe unter Land gesehen hatte. Die sind auch den anderen Tag glücklich arriviert, aber ohne einige Soldaten und mit so wenig Schiffsvolk, daß sie nur mit großer Mühe das Schiff über das Meer gebracht hatten. Sie brachten auch die traurige Zeitung dazu, daß England und Holland nun Todfeinde wären und zur See einen blutigen Krieg angefangen hätten[125]. Was sollte da Rat sein? Der Feind stand uns vor Augen, und die Festung stünde uns wohl an, wenn sie unser werden könnte. Wir hatten aber kein Volk und auch keines zu erwarten. Gott aber gab es einem unter uns in den Sinn, wie gleichwohl volle Hoffnung wäre, Calutre sich zu bemächtigen. Man müßte eine Kriegslist gebrauchen, ehe bekannt würde, daß die Schiffe leer wären: Auf jeglichem Schiff sollten wir vier Bannieres (oder Fähnlein) fliegen lassen und vier Trommelschläger kommandieren, die das Spiel stark rühren sollten. Und die Schiffe sollten so kurz wie möglich unter Land die Segel streichen. Wir aber, die wir bereits an Land waren, sollten fröhlich marschieren, damit die Portugiesen meinen sollten, sie hätten nun Feinde zu Wasser und zu Land; allem Anschein nach würden die Ritirato nahe Columbo und Calutre im Stich gelassen sein.

Es gelang auch allerdings, und weil die Portugiesen meinten, sie seien vorne und hinten von Feinden umgeben und der Paß würde ihnen abgeschnitten, gingen sie fort, und zu unserem mächtigen Vorteil kam uns die Festung in die Hand. Wir bekamen viel Munition, neun Stücke, groß und klein und alle metallin, an die vierhundert Stück Vieh an Kühen, Ochsen, Schweinen und Hühnern. Die Einwohner auf dem Land, die sich bald unter unsere Protection begaben, waren alle sicher und unbeschwert; die aber, die sich in der Portugiesen Plätze begeben hatten und hernach gefangen wurden, wurden als Sklaven verkauft und unter uns aufgeteilt. Ich und ein Hamburger genannt *Wittebol* hatten eine Frau bekommen, die wir eine Zeit lang als Warterin und Köchin brauchten. Als wir einstmals auf der Wacht waren und hofften, unser Essen von ihr zu bekommen, wollte sie nicht kommen. Da lief mein Kamerad geschwind heim, sie anzutreiben, und fand, daß sie sich mitten in die Stube hingehängt hatte.

Es ist aber die Festung Calutre sehr stark, und das Wasser kann ihr nicht genommen werden, weil sie auf der einen Seite die See hat und auf der anderen die Revier. Die enspringt weit im Land und ist von dort in die See geführt worden, so daß die Festung also um und um in Wasser liegt. Auf der Landseite ist sie mit hohen Bergen verwahrt, auf die zu kommen nicht wohl möglich ist. Dennoch hat auf dieser Seite die Festung vier Schanzen mit dicken, doppelten und eisernen Palisaden vor einem Tor. Und ringsum gibt es einen so hohen Wall, daß man kein Haus darinnen sehen kann. Die Besatzung der Portugiesen war immerzu dreihundert Mann; bei den Holländern ist die Hälfte genug, die alle halbe Jahre von Columbo proviantiert werden, davon es sieben Meilen liegt. Dahin hat von der Festung Calutre der Herr *Richlof von Guntz* aus Emden[126] (damals Extra-ordinari Rat von Indien[127] und Kriegscommissarius) eine ordentliche Straße machen lassen. Wo zuvor kaum einer marschieren konnte, können jetzt acht Personen nebeneinander marschieren und noch Feldstücklein mit sich führen, deren eines auf die vier Pfund Eisen schießen kann.

DAS NEUNTE CAPITUL –
WAS SICH ANNO 1652 BEGEBEN

Im Jahr 1652 im Monat März ist ein Dennemarcker namens *Hans Stein* (von Coppenhagen bürtig) zum Tod verurteilt worden wegen Sodomiterei[128], die er mit fünf schwarzen Jungen eine geraume Zeit getrieben hatte. Es war auch bekannt, daß er vorher schon in Italia mit neun jungen Edelleuten aus England solch ungeziemende Lust gepflogen hatte. Seines Alters war er etliche vierzig Jahr, und er war fünf Sprachen kundig. Dem Frauenvolk war er so gram, daß er sich ganz entrüstete, wenn er einen von uns mit einer schwarzen Frau nur hat scherzen sehen. Es war aber sein Urteil, daß er lebendig verbrannt werden sollte. Darein gab er sich auch willig, segnete jedermann und gab unserem Herrn Præcianten, als der ihm die Hoffnung auf Seeligkeit wohl einband, zur Antwort: Er wäre froh, daß seine Sünden in der Welt offenbar geworden wären, denn wäre er in Sünde gestorben, so wäre er gewiß verdammt.

Er bat benebenst, die fünf Jungen, die er zu solchen Sünden gebracht hätte und nun seinetwegen auch sterben müßten, vor ihrem Tod in seinem Namen öffentlich um Vergeben zu bitten. Die Jungen aber lachten nur, als man von ihrem Tod sprach, bis endlich der Trommelschläger das Spiel rührte, das Volk zusammen kam und unser Prædicant ihnen auf Portugiesisch zusprach, nun sollten sie daran denken, Gott ihre Sünde abzubitten. Da fingen sie bitterlich an zu weinen, und als man sie zu zweien auf dem Rücken zusammenband und mit einem Sack mit Steinen an dem Hals zum Hafen führte, beteten sie fleißig nach, was der Herr Prædicant ihnen auf Portugiesisch vorbetete, bis sie in das Meer geschmissen wurden. Und ich und männiglich wunderte sich mit mir, der es gesehen und gehört hat.

Es wird sonst auf gedachter Insel Ceylon und überall in Indien ein scharfes Recht gehalten[129]. So ist denn Anno Christi 1643 der andere vornehmste Herr der Ost-Indianischen Compagnia in Indien wegen dergleichen Laster auch auf Batavia verbrannt worden, doch noch mit der Gnade, daß er zuvor am Pfahl mit dem Strang erwürgt wurde[130].

Im Monat Juni mußte auch ein Lieutenant namens *Heinrich Fetting* (von Danzig gebürtig) seinen Geist aufgeben, weil er im Trunk einen Ambassadeur des Kaisers von Ceylon totgestochen hatte. Zwei Monate hernach sollte er arquebusiert werden[131], und da ihm nun drei Kugeln in die Hand gegeben wurden, die er austeilen sollte, wem er wollte, gab er mir die erste Kugel, denn ich sollte den ersten Schuß tun. Die andere Kugel gab er einem von Olmütz mit Namen *Andreas Mott*, die dritte *Christian von Cöln*, und bat dabei andächtig zu Gott und zu unseren Offizieren, daß man ihn ehrlich zur Erde bestatten wollte.

Wenn sonst die Indianer unter der Holländer Hände sterben müssen, fragen sie zuvor, wer ihnen Kost gebe, wenn sie in die andere Welt kommen. Wenn neues Volk ankommt und einer sieht einem Verschiedenen (er mag drei, vier, fünf Jahre tot sein) ähnlich, so glauben die Indianer, er wäre in Indien gestorben, in Holland wieder auferstanden und käme nun wieder nach Indien. Das glauben sie so fest, daß mans ihnen nicht ausreden kann. Wenn sie sonst sterben müssen, machen sie nicht viele Worte und meinen, es müsse so sein. Wenn sie aber vor dem Feind sind, ist ihnen trefflich bang um ihr Leben.

Es gibt auch vielerlei Nationen unter ihnen, und so manche Insel hat ein besonderes Volk und wohl besondere Sprachen. Kommen hundert Personen in das Land, so kommen kaum zehn recht nach Indien. Das Capo de bona esperance ist etwa der halbe Weg von Holland, gerechnet auf einundzwanzighundert Meilen. Von da bis nach Batavia sind es noch einmal fünfzehnhundert Meilen. Die Insel aber noch unter der

Linea gegen Osten, worin auch Batavia ist, heißt »Java Major«. Indien aber liegt noch anderhalbhundert Meilen davon gegen Norden und heißt doch nur »Indien außer dem Fluß Ganges«. Da haben Anno Christi 1641 die Holländer eine Stadt namens Malacca erobert. Von dort erst sind sie hinüber nach Indien gegangen, das innerhalb des Flusses Ganges ist. Sie haben die große Seestadt Negopatan[132] eingenommen, die festen Küsten Cormandel, Malabar, Palicate, Tegonampatan, Masulipatan. Die Engländer haben auch eine Forteresse in Indien namens Matarapatan, die Portugiesen haben noch eine Stadt ostwärts, genannt »S. Thomæ«. Auch der König von Dänemark hat eine Forteresse daselbst, »Cranganor« genannt. Als darinnen der dänische Kaufmann Fallitte gespielt hatte, begehrten die Holländer zur Assecuration die Festung halb mit ihrem Volk zu besetzen. Weil die Holländer aber seinem König viel Geld vorgeschossen hatten, mußte der Kaufmann wohl einwilligen

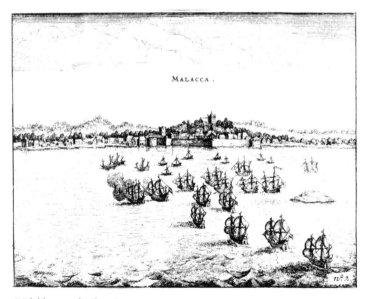

Malakka von der Seeseite

und wir bezogen die Festung, darinnen ich für meine Person an die vierzehn Wochen liegen mußte.

Da zu Land ist die Gewohnheit (sonderlich unter den Großen und Edlen) daß, wenn der Mann eher stirbt als das Weib, das Weib sich mit ihm lebendig verbrennen läßt[133]. Weigert sie sich solches zu tun, so wird ihr das Haar abgeschnitten, und sie wird hernach rev. für eine Hure und für einen großen Schimpf gehalten bei der ganzen Verwandtschaft, die sie auch öffentlich und ewiglich wegstößt. Je freudiger sie aber mit zum Tod geht, je mehr Ehre und Freude ist bei der ganzen Verwandtschaft. Wie ich's mit eigenen Augen gesehen habe, will ich hiermit auch angezeigt haben:

Es wurden etliche alte Weiber dazu erkauft, die mußten vor der Tür der Witwe gewaltig schreien und weinen, schlugen die Hände vor sich hinauswärts, hoben Sand auf und warfen ihn über die Köpfe zum Zeichen einer großen, mächtigen Betrübnis. Da nun die Zeit war, als die Witwe fort sollte, gingen ihre Freunde mit einer »Gungumma« (fast wie eine Heerbaucke) und einem Instrument, das unseren Schalmeien gleicht. In der Mitte folgte die Witwe in einem weißen Kleid von Cattun, über welches von den Brüsten an ein anderes durchsichtiges Gewand angezogen war wie eine Spinnwebe, rot und schwarz durchnäht. An den Händen hatte sie auf die zehn oder zwölf Armbänder wie von Silberdraht gezogen, und in den Händen hielt sie eine Pomeranze. Mit der spielte sie, warf sie ein wenig in die Höhe und fing sie wieder. An den Fingern hatte sie Ringe bis an das mittelste Glied, dergleichen auch in den Ohren silberne und vergoldete Ringe. An Stirn, Armen und Brust war sie weißlich gefärbt mit einem wohlriechenden Holz. Das wird zuerst zu kleinen Spänen gestoßen und gibt eine helle weiße Farbe von sich, wenn es gesotten ist.

Als sie gar an die Stätte kam, war schon eine große Grube bereitet voll hellflammenden Feuers. Da nahm sie von ihnen und uns allen einen fröhlichen Abschied und hielt es für eine besondere Ehre, daß wir zusehen wollten. Darauf schüttete sie bald einen Topf mit köstlichem Öl über sich und stürzte sich mit freudigem Mut in die Grube wie wir nicht anders sehen und urteilen konnten. Sobald solches geschehen war, wurde ein großes Geschrei von ihren Freunden und Geleitsleuten. Die warfen ihr ein wohlriechendes, bald aufflammendes Holz nach, daß sie nur desto eher ihr Leben beenden möchte. Etliche Tage hernach kamen sie wieder und opferten Früchte und Speisen, die sie da liegen ließen. Sie opferten auch Blumengestreu und verbrannten etliche Scripturen in Quarto gebunden einen ganzen Arm voll (wir konnten nicht erfahren, was es war), und endlich füllten sie die Grube mit Gestreu und Blumen. Solche Löcher sind viel da zu finden, und bei nächtlicher Weil muß man mit einem starken Licht wandern, damit man nicht in eine fallen möge.

Witwenverbrennung in Indien

164

Was sonst die Victuaille belangt, ist auf dem Land gut wohnen, und man kann von da zu Fuß bis auf der Christen Boden reisen, wo auch das beste Cattun (oder Baumwoll-Leinwerk) zu finden ist. Darinnen sind fünf- bis sechstausend Weber anzutreffen, die müssen fünfzig holländische Ellen oder fünfzig Klafter halten und allerlei Sorten. Die Holländer haben ihren eigenen Mann daselbst, und wenn ein Indianer seine rechten Maße nicht liefert, wird sein Gut alsbald ins Feuer geschmissen und verbrannt, und unsereiner darf sich nicht nur eine halbe Elle von dem Stoff nehmen[136], was denn unter den Heiden einen großen Schrecken machte.

Das Land Cormandel ist sehr volkreich, und es sind darinnen zweierlei Nationen. Die eine heißt man Mohren, die anderen »Jentiven«[135], in Kleidern und Sitten sind sie unterschiedlich. Die Mohren tragen ordinari Binden auf den Häuptern, mit Gold durchzogen wie bei den Türken, enge Ärmel und einen langen weißen Kittel von Baumwolle bis auf die Füße. Um den Leib haben sie einen Gürtel von gemengter Seide, grün und rot. Die Jentiven aber haben ein weißes leinenes Käpplein, gehen halb bloß und tragen goldene Ringlein in den Ohren. Weil die Mohren und Jentiven aber dabei unterschiedlichen Humors sind, stehen sie immerzu in Differenz und führen große Kriege untereinander. Sie stehen wohl auch einmal beiderseits mit vierzigtausend Mann gegeneinander, darunter ist wohl der halbe Teil Reiterei mit Lanzen, aber nicht mit Pistolen. Sonst sind sie gemundiert wie die Kavallerie auf der Christen Boden. Und wenn sie im Feld aufeinander treffen, bleiben selten über fünfzig Mann tot auf beiden Seiten, denn es sind viele Jentiven unter den Mohren und viele Mohren unter den Jentiven. Wenn also einer auf seinesgleichen trifft, so gibt er ihm sogleich Quartier und läßt ihn wieder zu seiner Partei laufen.

Die Holländer halten sich gegen beide neutral und werden auch von beiden mächtig gefürchtet; sintemalen dreihundert unseres Volkes keine Scheu tragen, sich mit ihrer zwanzigtausend zu schlagen[136]. Die Holländer jagen sie wohl auch in die Flucht. Im Jahr Christi 1653 haben wir denn vor der Stadt Negopatan in einer Morgenfrühe in einer halben Stunde wohl auf die zweitausend Jentiven niedergemacht, daß unser Kommandeur ausgerufen hat: »All genug von dem armen Volk niedergewürgt, lasset die anderen laufen!«

DAS ZEHNTE CAPITUL –
WAS SICH ANNO CHRISTI 1653 BEGEBEN

Anno 1653, im Monat November, bin ich wieder nach Ceylon gekommen und hatte den Willen, nachher nach Batavia oder (so es mir gefiel) gar nach meinem Vaterland zu gehen. Ich war aber fast anderthalb Jahre nicht recht gesund, und ob ich auch nicht zu Bette lag, war ich doch täglich (wenn die Sonne am höchsten gestiegen) so schwach, daß man mich mit einem Finger hätte umstoßen können. Mich und die anderen, die denselben Affect hatten, dünkte, es wäre kein einziger Blutstropfen mehr in unserem Leib, denn in unserem Angesicht waren wir weißer als ein Tuch. Man heißt es die »Landkrankheit«, und wer die übersteht, der hat viele Krankheiten im Land nicht mehr zu fürchten. Wenn es kühl wurde auf den Abend zu, so konnte einer meinen, er sei gesund und befinde sich sehr wohl. Aber wenn die große Tageshitze anfängt, so muß er sich setzen, und das Herz schlägt ihm im Leib wie ein großes Uhrwerk.

Das Eilfte Capitul –
Was sich Anno 1654 begeben

Weil ich nun durch Gottes Hand wieder restituiert worden war und nicht bald Gelegenheit hatte, nach Hause zu gehen, habe ich mich den anderen Dezember 1654 aufs Neue für drei Jahre in Dienst begeben. Denn mir wurde angetragen, den Monat für fünfzehn holländische Gulden als Corporal zu dienen[137] und allezeit bei der Compagnia zu verbleiben, die Feuerrohre führte.

Zwei Monate danach wurde ich in das Lager vor Calutre kommandiert und hatte, als ich mein Rohr lösen wollte, das Unglück, daß ein Indianer, den ich nicht hatte treffen wollen, unter meinen Schuß lief und alsbald mausetot hinfiel. Kein Mensch und selbst ich hätte nicht gewußt, wer es getan hatte. Weil man aber fragte, wer Feuer gegeben, und erfuhr, daß der Corporal von den Rohren unter dem Capitain *Severin* es getan hatte, mußte ich bald in Arrest. Ich wurde aber von dem Kriegsrat freigesprochen und mußte des Indianers Wittib etwas Geld von meiner Besoldung geben. Allein unser Prædicant war mein guter Freund und sagte, ein Indianer wäre wie ein Hund zu achten, an dem nicht viel läge[138]. Wenns einem Christen geschehen wäre, hätte es Not gehabt, daß ich nicht die Kugel über den Kopf bekommen. Denn wenn das einmal geschehen ist (und man übersieht leicht etwas), so ist kein Pardon mehr übrig.

Das Zwölfte Capitul – Was sich Anno 1655 begeben

Im Monat Februar sind zwei Schiffe mit Volk von Batavia in Pünte de Galle eingelaufen. Die brachten die Zeitung, daß in zwei Monaten eine große Flotte mit Volk, sechzehn Schiffe stark, kommen würde samt einem neuen General aus Holland mit Namen *Gerhard Hülfft* von Amsterdam, wo er Stadtsecretarius gewesen war. Es ging die Rede, daß die Flotte nach Goa gehen sollte, um dort die Flotte der Portugiesen zu erwarten. Dieses Gerücht war auf Columbo mit Fleiß verbreitet worden, damit die Portugiesen sich sicher fühlen und meinen sollten, in drei oder vier Jahren würde kein Volk von Batavia hergebracht, und England und Holland wären noch in öffentlicher Fehde. So machten die Portugiesen denn gewaltig Rodomontades und Aufzüge und wollten die Forteresse Negumbo blockieren. Wir kamen ihnen aber bald zuvor und schickten sechzig Mann zur Verstärkung der Besatzung.

Den 9ten April ist auf Negumbo die Flotte gesehen worden; man wußte aber nicht gewiß, ob es unser Volk oder Feindesvolk wäre, denn sie ließen keine Fähnlein wehen und hielten sich tief in der See. Weil Columbo nur fünf Meilen von Negumbo lag, meinte aber unser General, er wollte in der Nacht und in der Stille landen und den Portugiesen, die Negumbo von Land blockierten, geschwind den Paß abschneiden, damit sie nimmer nach Columbo kommen könnten. Dann aber sollte der König von Candi von der anderen Seite kommen, damit sie den Feind in die Mitte bekämen und der Stadt Columbo umso leichter Herr werden könnten.

Aber der Anschlag wurde zu Wasser, denn als wir im Marschieren waren, fing es gewaltig an zu regnen. Der Regen hielt zwei ganze Tage, und unser Proviant und die Munition wurden naß.

Portugiesische und niederländische Schiffe im Gefecht

Das neu ankommende Volk aber mußte liegen bleiben, denn es war zwei Monate unterwegs gewesen und auf den Schiffen ganz steif geworden, weil es sich wegen der Menge des Volks und der vielen Artillerie kaum hatte regen können. Wir aber mußten alle wieder zurück nach Negumbo und die Portugiesen ohne den Verlust eines Mannes mit guter Maniere nach Columbo lassen. Sie haben aber gleichwohl nicht vermeint, daß wir ein Auge auf die Stadt hätten, sondern geurteilt, wir suchten allein im Feld die Oberhand zu behalten.

Den folgenden 1sten Juni wurde Kriegsrat gehalten und beschlossen, daß unser General sich mit der Flotte unter Columbo an einer Festung festsetzen sollte, etliche Meilen von dem Ort Berberi[139], wo gut anlanden ist. Von dieser Festung, welche die Portugiesen in Händen hatten, geht ein freier Paß nach Columbo. Ich bin es dreimal zu Fuß gegangen, und wenn Hochwasser ist, so ist es schlimm zu gehen, weil man mit bloßen Füßen am Meer marschieren muß. Bald hat man Sand, bald Wasser, bald Steine im Schuh, und in Indien sind die Schuhe gar teuer. Denn für ein

Paar müssen zwei Reichstaler bezahlt werden und währt doch keine acht Tag.

Weil nun unser Sold nicht allein für Strümpfe und Schuhe aufgezehrt werden sollte, hat mich die Not wohl gelehrt, einen Barfüßer zu geben[140], und ich dachte: Ländlich, sittlich, und wo man unter Wölfen ist, muß man mit ihnen heulen. Vielen meiner Kameraden, die von guten vermögenden Eltern geboren waren, ist es so schwer gefallen, daß sie sich eine Krankheit an den Hals gekümmert und wohl vor Traurigkeit gar gestorben sind[141]. Allein, bei mir hieß es: »Patience par force«, und ich habe es noch eher erduldet als den Mangel an Wasser, von dem nicht allzeit genug da ist. An manch brennend heißem Tag, wie es sie in India hat, gibt es wohl nicht mehr als ein halbes Maß Wasser. Darinnen sind auf die hundert Würmer, und bevor das Wasser, das vorher schon dreimal auf dem Schiff verstinken muß, zum trinken taugt, muß einer die Würmer in einem Tuch vor dem Mund abseihen. Ich dachte manchmal an meines Vaters Keller und hätte gern Wein Wein sein lassen, hätte ich nur eines Trunkes Hausbier habhaft werden können und eines Stückes guten Rindfleischs aus unserer Küche[142]. So mußte ich mich hundertmal und noch dazu nur dreimal in der Woche mit einem kleinen Stücklein gesalzenen Fleisches behelfen, das wohl fünf oder sechs Jahre im Salze gelegen ist und nicht viel Fleisch auf den Leib kommen läßt.

Doch weil ich sah, daß es anders nicht sein konnte, lernte ich, es endlich leicht zu tragen. Und da von Anfang die Holländer mir den Namen »Jungverdorben« gaben, weil ich so jung in den Krieg kam, hießen sie mich »Leichtherz«, als ich ein Jahr im Land war und in all mein Glück und Unglück mich zu schicken wußte. Das ist bei dem gemeinen Volk und den Soldaten in India die Manier, daß sie einen selten bei seinem rechten Namen rufen. Und hätte einer nach »Hans Jacob Saar« gefragt, so hätte er mich schwerer gefunden, als wenn er nach »Hans Jacob Leichtherz« gefragt hätte. Ich selbst bin Jahr und Tag in einer Festung gelegen und habe nicht wissen können, wie ein jeder mit seinem rechten Zunamen hieß.

Unterdessen habe ich etliche Briefe nach Hause geschrieben, Anno 1647, 49, 52, 53. Von denen ist nur der letzte angekommen, den ich einem Franzosen namens *Carol Rubert* von Roschelle mitgegeben hatte. Dieser Brief ist gleichwohl meinem lieben Vater erst Anno 1655 über Augsburg zugekommen. Und weil ich keine Nachricht haben konnte, ließ ich unterwegs alles Schreiben sein, bis ich Anno 1656 durch einen Landsmann, Herrn *Martin Sothauer* (seiner Kunst ein Apotheker und Sohn eines allhier gewesenen Spitalmeisters), die erste Nachricht empfing, daß mein Vater, mit dem er selbst zu Würzburg geredet hätte, noch am Leben wäre. Daß dem so wäre, mußte ich im folgenden 1657sten Jahr auf Ceylon aus allen Umständen collegieren, als meines lieben Vaters gewesener Lehrjunge *Michael Bräutigam* aus Sula in Thüringen die Nachricht schriftlich confirmierte und dabei meldete, daß mein Bruder (ungemeldet welcher) verblichen, meine Schwester aber verheiratet wäre. Wenn er mit anderem Volk von Batavia nach Ceylon kommandiert würde, wollte er auch zusehen, mündlich mit mir zu sprechen. Er wurde aber nachher nach Amboina beordert, wo er auch Anno 1658 verschieden ist.

Den dritten Juli 1655 gingen wir alle bei der Nacht gar still auf die Schiffe und den folgenden Tag darauf unter Segeln auf Berberi. Wir wurden auch bald an Land gesetzt, weil die Portugiesen den Paß nicht verwehrten, und sagten und riefen: »Gott mit uns! Gott mit uns!«

Den zehnten dito marschierten wir in guter Ordnung auf das Forteresse zu und hatten zwei Feuermörser und neun Stück Geschütze bei uns, von denen etliche eiserne 18 Pfund schossen. Wir pflanzten auch selbige nahe dabei auf einen hohen Berg, schossen lustig hinein (wiewohl ohne sonderlichen Erfolg) und hätten wohl auch abziehen müssen, wäre die Festung der Portugiesen proviantiert gewesen. Folgenden Monats August aber ging die Festung per Accord auf uns über, und wir fanden viel Pulver und Kugeln, bekamen auch dreihundertundfünfzig Mann auserlesenes Volk, die als Gefangene auf unsere sechzehn Schiffe verteilt wurden.

Den siebzehnten September ging es wohl auf Columbo zu, wovon vier Meilwegs ein Revier namens »Bandre« ist, wo man landen muß. Allda wäre es sauer geworden, wenn wir nur ein paar Stunden später gekommen wären. Denn die Portugiesen hatten viele Strohsäcke gemacht, auch viele Faginnen (eines Manns hoch), und waren willens, daselbst eine Batterie zu machen, um uns das Aussetzen zu verwehren. Hätten sie die Säcke mit Sand gefüllt und eine kleine Brustwehr dabei aufgeworfen, so würde es hart gehalten haben, bis wir es emportiert hätten. Denn das Revier ist so breit, daß man mit einer gewöhnlichen Musquete nicht hinüberreichen kann. Und die Strömung geht so stark, daß man hoch oben ansetzen muß; sonst treibt es einen zum Loch hinaus in das offene Meer, daß man dort nicht mehr anlanden kann, sondern mit dem besten Wind den nächsten Ort anlaufen muß.

Weil man auf den kleinen Schiffen nicht viel bei sich haben kann, muß man wohl drei oder vier Tage Hunger und Durst leiden. So ist es mir einstmals selbst begegnet, als wir mit sechsundreißig Mann auf einer Galiot von einem Ort Madre[143] nach Pünte de Galle kommandiert worden sind, nur zehn Meilen davon gelegen. Wir gingen früh morgens unter Segel, hatten stattlichen Wind, konnten de Galle schon sehen und waren nicht sonderlich weit vom Land. Da kam ein großer Sturm aus der See, worüber wir sehr erschraken und wünschten, daß wir fünf oder sechs Meilen tiefer in der See wären. Allein, unser Wünschen war vergeblich, und so ließen wir im Namen Gottes Anker werfen und taten unsere Segel in Band. Wir mußten aber ganze sechs Tage liegen und bekamen so viel Seewasser in unser Schiff, daß allezeit zwölf von uns mit ledernen Eimern schöpfen mußten, und unser Reis ganz naß wurde, daß wir ihn nicht zum Kochen bringen konnten! Zu all unserem Elend hatten wir auch kein frisches Wasser für drei Tage mitgenommen, und weil denn die Wellen immerfort so sehr hoch gingen, konnten wir nicht anders, als unseres Lebens uns verzeihen. Wir setzten uns zusammen und baten den lieben Gott um ein seliges Ende, denn wir mußten immer mit halbem Leib im Wasser sitzen und augenblicklich des Todes gewärtig sein.

Da wir nun drei Tage lang den Sturm ausgestanden und kein frisches Wasser mehr hatten, schrien wir um einen gnädigen Regen, mußten aber noch zwei Tage Durst leiden; der Hunger aber verlor sich von selbst. Da beratschlagten wir uns, was zu tun wäre. Und weil der Wind etwas abgenommen hatte, resolvierte sich jeder, sein Bestes zu tun, die Ruder anzulegen und zu versuchen, ob wir in den Hafen von Galle kommen möchten. Es gab auch der barmherzige Gott, daß wir nach Tagen im Sturm und mit wenig Schlaf und nach drei Tagen ohne Wasser den siebten Tag allesamt das Land wieder erlangten. Wie die Hirsche sind wir nach frischem Wasser gelaufen und haben mit großer Danksagung gegen Gott einen fröhlichen Trunk getan. Darauf haben wir uns ein wenig schlafen gelegt und nach unserer kleinen Ruhe bei den Bürgern eine Recreation mit Essen geschafft. Weil etliche von uns so hastig darüber herfielen, wurden sie bald krank. Ich aber (und andere mit mir) nahmen zuerst wenige Löffel Kost und Suppen, damit unsere Gedärme, die in den fünf, sechs Tagen, als wir wenig gegessen und zu essen hatten, ganz zusammengeschnurrt waren, sich allmählich wieder ausdehnten.

Als wir nun den neunten September über die Revier gekommen sind, ging der Marsch recta auf Columbo zu. Da wir aber in großer Disordre unseren Weg nahmen, traf nach einer halben Stunde unser Vortrupp von hundertundfünfzig Mann auf zweihundert Mann des Feindes und scharmüzierte so tapfer mit ihnen, daß sie siebzehn Tote hinterlassen und sich mit vielen Gequetschten nach Columbo retirieren mußten.

Ein Portugiese aber hatte sich in den Wald salviert und war von uns gefangen worden. Der referierte, daß eine Stunde von dort der Feind mit siebenhundert Mann stünde, und das Volk, welches allezeit gegen den König von Candi gelegen, habe Ordre gehabt, uns den Paß an der Reviere zu disputieren. Darauf gab unser General alsbald unter allen Offizieren den Befehl, sie sollten in aller Stille den Völkern sagen, sich mit Kraut und Lot tapfer zu versehen, sich in fünf Truppen zu sechs Compagnien nacheinander aufzustellen und unsere zwei Feldstücklein wohl in Acht zu nehmen. Danach sollten sie alsbald das Gebet tun und im Namen Gottes den Feind erwarten. Nachdem das geschehen war, wurden dreißig Mann kommandiert, auf eine halbe Meile zu recognoszieren und alsbald Advise zu geben, wenn sie den Feind anträfen. Als keine viertel Stunde später Post kam, daß er schon avancierte, dachten wir, es werde eine Lust abgeben. Denn wir hatten dreitausend Mann, der Feind aber hatte nur siebenhundert und wußte nicht, daß eine Flotte von sechzehn Schiffen von Batavia mit dreihundertundzwanzig Mann gekommen war. Wir umrungen die Portugiesen aber in Kürze und machten fünfhundert nieder. Über zweihundert sind nicht mehr nach Columbo gekommen, und von denen ist der halbe Teil gestorben, weil sie alle blessiert waren. Wir gingen darauf stracks weiter nach Columbo.

Es liegt aber diese Stadt schön eben und ist auf der Seeseite ganz offen. Große Schiffe können in den Hafen nicht einlaufen und müssen eine halbe Stunde davon liegen bleiben. Auf seiner rechten Seite ist der Hafen mit einem großen Wasserpaß versehen, genannt »S. Croix«. Als wir davor kamen, waren darauf sechzehn metalline Stücke, die in die See und in den Hafen streichen konnten. Ehe man in die Stadt kam, war am Strand auf

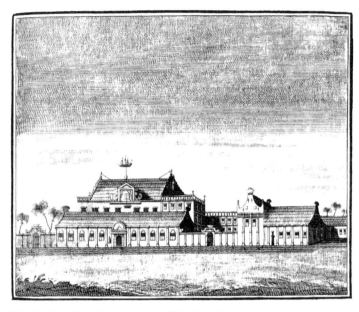

Die Residenz des Gouverneurs der V.O.C. in Colombo

der rechten Hand die »Port Elefant« gegenüber der Wohnung des Vizeroy. Längs dem Strand war die Stadt mit einer kleinen Mauer umfangen, wo auch eine kleine Pünte war mit Namen »S. Vincenz«, nicht weit davon auch ein Wasserpörtlein und dabei die Pünte »Allegresse«. Noch weiter am Strand war hoch mit Steinen aufgeführt die letzte Pünte »S. Joan«, die halb den Hafen und halb das Land flanquieren konnte. Bei der ging auch ein großes Tor in die Stadt.

Auf der Landseite war wieder eine große Pünte aufgeführt, »S. Stephan« genannt, worauf ebenfalls sechzehn metalline Stücke standen. Nach dieser gab es eine kleine Pünte genannt »S. Sebastian«, bei der wieder eine große Port in die Stadt führte, die »Königsport«. Nicht weit davon hatte es noch eine Pünte, genannt »Madre Des« (oder Mutter Gottes). Auf allen Pünten rings um die Stadt waren Glocken, damit es geschwind an allen Orten ruchbar wurde, wenn etwas vorging. Von der Pünte »Madre Des« war ein großer Bach bei dem Haus »Hieronymus«, wo eine Batterie aufgeworfen war. Darauf waren zwei Stücke (mit Schrot geladen) nebst einer kleinen Pünte des dabei liegenden Kapuzinerklosters, »Capottin« genannt. Dort stand das Pulverhaus, und bei dem die große Pünte »Hieronymus« und wieder ein großes Tor mit Namen »Mapan«, oben gewölbt und mit Stücken darauf. Endlich gab es die Pünte »S. Augustin«, benannt nach dem benachbarten Augustinerkloster. Wo der Graben ein Ende hatte, war eine steinerne Brustwehr mit Namen »S. Jago« auf die achtzig Schuh lang bis auf die Klippe gezogen, auf der man eine Flagge wehen lassen kann wie auf Pünte de Galle.

Außerhalb der Stadt waren die Klöster, erstlich »Acqua di Lupo«[144], zum anderen das Kloster »S. Sebastian« mit einer kleinen Kapelle, und zum dritten (eine Meile davon) das Kloster »Misericordia«. Nahe bei dem Kloster »Acqua di Lupo« stand ein schönes Herrenhaus, worin unser General sein Quartier nahm. Wir anderen logierten teils im Kloster »Acqua di Lupo«, teils im Kloster »S. Sebastian« und beiliegenden Logiments, welche nur einen halben Kanonenschuß von der Stadt entfernt waren.

Wir versahen uns von der Stadt her in der Nacht mit einer guten Brustwehr, um vor ihren Stücken sicherer zu sein, und jeder Arbeiter bekam seinen Reichstaler. Den zwanzigsten September fielen die Portugiesen stark aus mit etlichen tausend Mann, verloren aber fünfhundert und mußten zurückweichen. Wir bekamen viele Gefangene, denen wir drei, vier Tage Quartier gaben. Danach führten wir sie in die Büsche und mußten sie niederbüchsen, denn auf unseren Schiffen waren schon an die vierhundert von ihnen, die in der oben genannten Forteresse Quartier empfangen hatten[145]. Und unsere Schiffsgesellen mußten alle Tage an Land, um Pulver, Kugeln, Victuaille zuzutragen; wir durften ihnen nicht trauen.

Den zweiten Oktober fingen wir in der Nacht an, Batterien zu machen, und verfertigten auch derer vier. In zwei Batterien konnten wir zwei bis drei Stücke bringen, in die anderen drei bis vier Stücke, die achtzehn bis vierundzwanzig Pfund Eisen schossen. Der Kaiser von Ceylon schickte uns zweitausend Mann von seinem Volk, um arbeiten zu helfen. Von denen wurden in mancher Nacht zwanzig, dreißig totgeschossen. Er versprach aber noch mehr, und wir sollten keinen Fleiß sparen, Columbo zu halten. Unser Connestable aber war zu unvorsichtig. Denn es wurde befohlen, bei der Nacht die Stücke mit Schrot zu laden, den Portugiesen damit einen guten Abend zu geben, wenn sie ausfallen würden; bei Tag aber sollte man allezeit das Schrot wieder herausnehmen, mit einer Kugel laden und auf die Wälle des Feindes geschwind Feuer geben, wenn er uns mit seinen Stücken grüßen wollte.

Aber unser Connestable vergaß, den Schrot herauszunehmen, und als er auf den Feind lösen wollte, während unser Volk zwischen der Stadt und unserer Batterie arbeitete, nahm der Schrot von unserem Succurs dreizehn Mann weg. Darauf wurde er bald in Arrest genommen. Dem König von Candi wurde durch ein Schreiben von dem Unglück berichtet und gefragt, was der Connestable verdient haben sollte. Der König aber ließ wissen, man möge ihm die Kugel über den Kopf brennen und, sollte er weiter peccieren, gar durch den Kopf jagen. Den siebzehnten Oktober fingen wir an, vor unseren Batterien Laufgräben zu machen, und es wurde concludiert, einen Generalsturm auf die Stadt zu tun.

Den 2ten November ging bei hellem Tag um acht Uhr vormittags der Generalsturm an. Unsere sechzehn Schiffe, die vor dem Hafen lagen, leichterten ihre Anker und segelten vor die Stadt so genau als sie nur konnten. Zwei Schiffe wurden beordert, ganz in den Hafen zu laufen und den Wasserpaß mit Macht zu beschießen. Der war aber stark und hatte zwölf metalline Stücke, die das eine Schiff bald in Grund schossen; das andere Schiff konnte sich mit großer Not wieder aus dem Hafen zurückziehen. Während an der Meerkante die anderen Schiffe tapfer in die Stadt flanquierten, sollten die zwei Compagnien der Capitaine *Hartenberger* und *Roggenkam* (worunter auch ich war) ihr Heil versuchen mit je fünfundsiebzig Mann (meist Rohr und Schnapphahnen), ihrem Offizier und Trommelschläger und mit je fünfundzwanzig Schiffsgesellen, deren jeder fünf Handgranaten hatte.

Weil wir aber auf neun kleinen Fahrzeugen unser Volk und die Sturmleitern über ein großes Wasser bringen mußten, legten wir vorne Planken und Balken drei Finger dick in die Schiffe, um sicherer vor dem Feind zu sein. Wir kamen auch alle wohl an einen Ort, da wir ganz in die Stadt sehen konnten und meinten, die Stelle wäre von den Kommandanten der Stadt übersehen worden. Als wir aber gar an Land springen wollten, fanden wir, daß die Portugiesen sich in die Häuser gelegt hatten und es tapfer rauchen ließen. Auch meinen Kameraden *Georg Caspar Kindsvatter* (einen Nürnberger, der noch Freunde hier in Wöhrd im

Schiffe im Gefecht

179

Mondschein hat) schoß der Feind alsbald tot. Er ist nachher von uns begraben worden.

Ich nun, der ich nachfolgen sollte und wollte, bekam von einer Galerie auch geschwind zwei Schüsse, einen in den rechten Arm, den anderen auf die linke Seite zwischen das Schulterblatt, daß ich rückwärts in das Schiff niederfiel. Heiß gings daher, sintemalen von uns nur sechs Mann wieder heimgekommen sind, alle verwundet. An die achthundert Mann mußten selbigen Tages in solidum, und wir hatten an die fünfhundert Beschädigte, unter denen war auch unser General selbst[146]. Und als er in sein Logiment gebracht wurde, schrie er die ganze Zeit: »Ach mein schönes Volk! Ach mein schönes Volk! Hätte ich mein Volk wieder!« Aber es war getan!

Wenn die Portugiesen ihr Dessein fortgesetzt hätten, wäre bei uns alles verloren gegangen. Denn nach abgeschlagenem Sturm wollten sie noch ausfallen mit dreizehnhundert Mann. Gott aber verblendete den Gouverneur darinnen, daß ers nicht zulassen wollte mit dem Vorwand, es wäre nur ein lediger Sturm gewesen; unsere meiste Force aber liege noch in den Laufgräben und auf den Batterien. Und wenn sie nun hinausgingen, würden wir ihnen den Paß abschneiden und sie gegen unsere Stücke jagen, daß ein zu großer Schaden sein würde. Der Schaden wäre aber ganz der unsere gewesen, denn wir waren zuvor an die dreitausend Mann stark gewesen und hatten nun (wie gemeldet) achthundert tote und fünfhundert Gequetschte.

Wir ließen aber doch nicht von der Stadt, denn dies ist der Holländer Gewohnheit: Haben sie einmal an einem Platz Stücke gepflanzt, so kommen sie nicht weg, man schlage sie denn weg. Unsere Beschädigten wurden eine halbe Meile davon nach Mattawal gebracht, und von den Schiffen wurden alsbald zwölf Barbierer kommandiert, nach den Schäden zu sehen; sie bekamen auch alle Tage frisches Fleisch und dreimal Wein. Ein Schiff mußte gleich darauf nach Batavia, die Post zu bringen und sechs-

hundert Mann frisches Volk zu erbitten, mit denen unser General (seinem Schreiben nach) Columbo erobern wollte.

Als der König von Candi, den unser General nicht hatte wissen lassen, daß er stürmen wollte, von unserem großen Verlust
erfuhr, hat er sich mächtig entrüstet und zurückgeschrieben: Vermöge der ehedessen geschlossenen Tractaten wäre Columbo, so
es eingenommen würde, zur Hälfte sein! Der General hätte demnach das Volk des Königs auch mit anlaufen lassen und mit ihm
deswegen conferieren sollen; er hätte also mit gesamter Hand
und nicht eigenen Sinnes ein solch schweres Werk unternehmen
sollen.

Da unser General den Unwillen merkte und diesmal den Fleck
neben das Loch gesetzt hatte, resolvierte er sich, alsbald einen
Ambassadeur nach dem König zu senden mit großen Verehrun-
gen und gewaltigen Excusen, auch mit gewisser Vertröstung, den
Ort dennoch zu emportieren. Der König sollte nur eine kleine
Geduld haben.

DAS DREYZEHENDE CAPITUL – WAS SICH ANNO 1656 BEGEBEN

Den 25sten Januar ist ein Capitain, *Johann Hartmann* (gebürtig von Cassel aus Hessen), freiwillig mit großen Verehrungen zu dem Kaiser gegangen, der ihm bis zum dritten Tag keine Audience gestatten wollte. Danach aber hat er den Capitain zu sich rufen lassen, und der hat seine Präsente offeriert, die mit großen Gnaden angenommen wurden. Weil aber dem Kaiser immer die Stadt Columbo im Sinn lag, hielt er unseren Capitain nicht lange auf, sondern beschenkte ihn mit einer goldenen Kette und einem Elefanten und schickte ihn rasch wieder zu unserem General mit anderen Gegenpräsenten, mit vielen Edelsteinen und zwei Elefanten für die Compagnia.

Darauf ist den 2ten Februar gedachter Capitain wieder zurückgekommen mit einem Schreiben an unseren General und an die Compagnia mit der Nachricht, künftig ohne sein Vorwissen solchen Hasard zu unterlassen. Denn der Kaiser sei betrübt, daß so viel gutes Volk von uns unnütz spendiert worden wäre.

Den 18ten Februar fingen wir an, aufs Neue zu approchieren. Alle Tage kam wieder frisches Volk an, das zu Mattaval gesund geworden war und sich im Lager auch selbst bestermaßen verpflegen konnte. Denn der Kaiser sendete alle Tage frische Verpflegung, und allerlei Victuailles waren gut zu kaufen.

Da wir aber nahe an die Stadt kamen, ging bei uns ein Corporal zu den Portugiesen durch, der hatte die Gage verspielt, die er für seine Compagnia empfangen hatte. Er wußte ferner kein Mittel, die Compagnia zu bezahlen, denn er meinte, daß wir uns des Ortes nicht bemächtigen könnten. Die Belagerten machte er weis, es wäre unsere Intention, noch einen Generalsturm zu tun und, wenn es wieder mißlingen würde, den Ort zu quittieren. Denn unter uns wäre keine Courage mehr, noch einmal anzubrellen, da wir mit solchem Verlust abgetrieben worden wären.

Den 2ten April kamen drei Schiffe mit frischem Volk von Batavia und unser Mut, Revenche zu erlangen, wuchs umso mehr, als wir den folgenden 3ten April den Proviant der Portugiesen bekamen, der von Goa unter holländischer Flagge segelte in der Hoffnung, damit durch unsere Schiffe in den Hafen von Columbo zu gelangen.

Als die Belagerten beides erfuhren, wurden sie kleinmütig, zumal sie sahen, daß wir alle Tage näher an die Stadt kamen. Von da an kriegten wir täglich viele Überläufer, die alle constanter berichteten, daß großer Mangel an Lebensmitteln wäre und viele schon Hungers gestorben wären.

Was sie sagten, wurde auch bestätigt durch die tägliche und häufige Flucht der schwarzen Nation, die wir nicht in unser Lager lassen wollten und zwischen unseren Laufgräben und der Stadt niederschießen mußten. Endlich nahm der Hunger so überhand, daß eine Mohrin ihr eigenes Kind gefressen hat und andere das Gras aus der Erde pflückten und genießen wollten. Weil wirs nun nicht anders von uns bringen konnten, mußten wir einen größeren Schrecken unter sie machen. Und wenn eine Frau kam und kleine Kinder mitbrachte, so zwangen wir sie, ihr Kind in einen hölzernen Mörser zu legen, es mit dem Stempfel totzustoßen und mit dem toten Kind sich wieder davon zu machen[147].

Den 9ten April fingen wir an, eine Mine zu machen, und brachten auch eine Galerie von unserer Seite durch ihren Stadtgraben. Als wir aber zwei Tage gegraben und die Portugiesen es gemerkt hatten, machten sie Contremine gerade auf die unsere zu. Und weil wirs merkten und hörten, mußten wir die Arbeit daselbst einstellen.

Den 12ten April hat unser General recognoscieren wollen, ob wir nicht an einem anderen Ort minieren könnten. Als er aber in

Soldat der Ostindiencompagnie im Kampf

die letzte Approche gehen wollte, ging von einer Bastei ein Schuß
auf ihn, davon er alsbald tot geblieben ist, welches unter unserem
Volk einen großen Schrecken machte[148]. Den 2ten Mai wurde er
nach Pünte de Galle gebracht und daselbst von den Sergeanten

in die Kirche getragen und beigesetzt. Darauf wurden die Stücke auf den Wällen rund um die Stadt gelöst und von den Soldaten zweier Compagnien wurde dreimal Salve gegeben.

Den 6ten Mai (an einem Sonnabend) lagen wir die ganze Nacht in unsern Laufgräben, denn es war von unserer und der Seite des Kaisers von Ceylon beschlossen worden, noch einmal einen Generalsturm zu tun. Da kam ein Portugiese mit seinem vollen Gewehr gelaufen in unsere Werke. Und als er vor unseren Gouverneur (der anstatt des verstorbenen Generals kommandierte) gebracht und genau examiniert wurde, offenbarte er, daß alle Portugiesen in der Stadt nichts mehr wünschten, als daß noch ein Generalsturm geschehen möchte. Denn sie hätten alle Häuser durchbrochen, alle Gassen mit doppelten Palisaden von Palmbäumen besetzt, die Stücke von den Wällen genommen, sie in die Gassen gepflanzt und mit lauter Hagel geladen. Unter die Wälle, über die wir laufen müßten, hätten sie ganze Kisten von Pulver gesetzt und durch alle Häuser ein Lauffeuer gemacht, das Pulver in Brand zu bringen und alle Basteien voneinander abzuschneiden. So wäre es unmöglich, auf diese Weise unser Propó anzubringen, weil wir alle durch Feuer und Minen krepieren müßten.

Aber einen herrlichen Rat gab er uns, denn er sagte: Sobald es Tag würde, gingen (weil Sonntag wäre) die Bürger, die in der Nacht gewacht hätten, samt den Soldaten in die Messe, und auf den Basteien blieben nicht mehr als fünf, sechs Mann. Rechte portugiesische Soldaten wären da nicht über hundert, das andere Volk wären Bürger und Sklaven. Wir aber sollten um solche Zeit (wie ehedessen geschehen) unsere Trommelschläger schlagen und Trompeter unseren Morgengruß blasen lassen, in den Laufgräben auch ganz still liegen, daß man unser Dasein nicht merkte. Und wenn eine halbe Stunde passiert sei und sie in der Kirche wären, sollten wir schnell auf die Bastei »S. Johannes« einen Anfall tun.

Der Rat gefiel wohl, und es wurden in der Stille drei Compagnien Rohr kommandiert, und dem, der die Bastei zuerst besteigen würde, wurden fünfzig Reichstaler versprochen. Darauf machten wir uns im Namen Gottes mit Sturmleitern geschwind fertig, warfen die Leitern an und kamen unbemerkt hinauf. Wir trafen nicht mehr als acht Schwarze an, von denen sieben schliefen; zwar wachte die Schildwache, aber samt den andern wurde sie niedergemacht, ehe sie entkam.

Darauf wurde bald ein Lärmen in der Stadt, alle Glocken läuteten und alles lief in Armis auf die Bastei zu. Sie flanquierten mit Stücken darauf, daß alles donnerte und blitzte, und wir verloren abermals an die dreihundert und bekamen viele Beschädigte. Dabei erlangte ich wieder meinen Teil und wurde von dem Wasserkastell von einem Stück Schrot am rechten Fuß getroffen, daß das Knöcklein ganz entzwei war und ich liegen blieb.

Da man mich wegtrug, wurde ich zu meinem noch größeren Unglück von einem jungen Meister verbunden, der seine Kunst nicht recht verstand und in drei Tagen übersehen hat, daß das Feuer (oder der kalte Brand) dazukam. Schon ging die Rede, man müsse meinen Fuß unter der Kniescheibe absetzen. Da nun alle Barbierer beieinander waren, und bei solchen Fällen allezeit ein Kriegsoffizier sein muß, der dem Herrn Gouverneur zuvor referieren und seinen Konsens holen muß, ließ er alle Barbierer zu sich kommen und sagte: Ich wäre noch ein Jungmann, hätte der Compagnia schon acht Jahre gedient und allezeit meine Züge und Wacht ohne Klage versehen; ob denn kein anderes Remedium wäre, als daß der Fuß verloren ginge? Da fand sich ein Franzmann, der versprach unserem Herrn, noch einen Versuch zu tun. Und Gott gab Gnad und Segen, daß ich, obwohl ich unerträgliche Schmerzen dulden mußte, doch in einer Monatsfrist wieder ziemlich heil wurde. In meinem Elend hat mein obgedachter Landsmann *Martin Sothauer* (ein Apotheker) mir viel Gutes erwiesen und allezeit verbinden helfen. Ich hoffe, ihn bald auch wieder gesund zu sehen, denn als ich ihn zu Columbo verließ, hatte er der Compagnia nur noch ein Jahr zu dienen.

Den 8. Mai fielen die Portugiesen mit aller Macht auf die Bastei, unser Volk davonzutreiben. Weil es sich aber in der Nacht trefflich eingegraben hatte und (mit Munition und Handgranaten stattlich versehen) gegen den Feind wieder Rauch und Dampf gab, mußte der mit gewaltigem Verlust weichen und schrien die Portugiesen mit aller Macht: »O Mutter Gottes, gedenk an uns!« Andere sagten zueinander: »Das ist unser Sünden Schuld!«

Den 9ten Mai wurde ein Laufgraben von der Bastei in die Stadt gemacht. Als das die Portugiesen sahen, kamen sie den 10. dito mit einem Friedensfähnlein und begehrten zu parlamentieren und die Stadt zu übergeben. Denselben Tag noch und folgenden 11ten Mai wurden diese Accords-Punkte geschlossen:

1. Die Portugiesen sollten neun Monate Sold für jeglichen Mann unter uns liefern, unsere Mannschaft aber so stark gerechnet, als wir vor die Stadt gekommen wären, die Toten sowohl mitgezählt als die Lebendigen, und ein Monat Sold für zehn Gulden gæstimiert.

2. Sollten sie alle Unkosten bezahlen von Munition, die vor der Stadt verschossen worden.

3. Sollten sie alle ihre Sklaven dalassen oder die wieder von uns kaufen, die mit passieren sollten.

4. Sollte jedem freistehen, ob er den Holländern dienen wollte auf fünf Jahre lang; die aber nach einem anderen portugiesischen Hafen wollten, sollten mit unseren Schiffen dahin gebracht, und die, die nach Holland wollten, nach Batavia geliefert werden.

5. Soll Vater und Mutter, Bruder und Geschwister, die verheiratet sind, mit unseren Schiffen weggeschickt werden, wohin

sie wollen, nach Goa, S. Thoma, Cochin[149] und anderen Plätzen der Portugiesen oder auch nach Holland selbst. Was aber ledige oder unverheiratete Töchter wären, die sollten zurück bleiben und mit Holländern sich vermählen. Als das geschah, verursachte es einen großen mächtigen Jammer und Weinen und Geschrei.

6. Weil die Portugiesen vier Schiffe von Goa zu erwarten hatten mit Volk und Victuaille, wurde accordiert: Wenn selbige ankämen vor dem zwanzigsten Mai, so sollten sie denen in der Stadt verbleiben; so die Schiffe aber nach Verfließung des 20sten Mai ankommen würden, sollten sie den Holländern verfallen sein.

7. Sollte alles, was dem König von Portugal in der Stadt Columbo zugehörte, es sei gleich Gold, Sklaven, Vieh, Mobilien und Immobilien wie es Namen habe, den Holländern ohne einigen öffentlichen oder heimlichen Aufenthalt eingeräumt werden.

Als es beiderseits ratificiert war, sind wir darauf den 12ten Mai in die Stadt gezogen[150]. Den folgenden 13ten wurden die Kranken, unter welchen auch ich einer war, nachgetragen und in das Kloster »S. Augustin« gebracht. Aber das Volk des Kaisers von Candi ließ man nicht mit ein. Das verdroß den Kaiser so, daß er alle Pässe in seinem Land besetzen und allen Proviant und alles Gut, welches nach Columbo ging, anhalten ließ. Darauf wurde in der Stadt aufs Neue großer Hunger und viele starben; unsere Sklaven, die wir bei uns im Lager hatten, taten drei, vier Tage nichts anderes als begraben, weil an einem Tag zwanzig bis dreißig hinfielen. Das verursachte einen großen Gestank und steckte viele von uns mit an, die ihr Leben mit einbüßen mußten, obwohl wir auf unseren Schiffen viel Reis und gesalzenes Fleisch hatten zu unserer Sustentation.

Den 13ten, 14ten Mai gingen neun von unseren Schiffen hinweg. Drei gingen nach Batavia, die anderen sechs brachten die

fort, die ausziehen wollten, zuerst die Principalen und die Geist-
lichkeit, bis nachfolgend alles embarquiert wurde.

Den 15ten wurden vier Holländer, darunter obgedachter
übergelaufender Corporal, aufgehängt, auch ein Schwarzer und
ein portugiesischer Capitain. Der war erstlich von den Portugiesen zu uns gelaufen und (als wir den Sturm verloren hatten) wieder von uns zu ihnen. Unter den Holländern war ein gemeiner
Knecht schon zwei Tage vorher tot geblieben. Damit es aber allen
einen Schrecken machte und keiner mehr zum Schelmen und
untreu gegen seinen Herrn würde, mußte er wieder ausgegraben
und an den Galgen gehenkt werden.

Den 15ten bis den 21ten dito ist nichts sonderliches passiert.
Den 21sten Mai aber wurden am Nachmittag vier Schiffe gesehen, die so kurz an die Stadt liefen, als es immer sein konnte.
Wir wußten aber schon, daß es Portugiesen waren, und ließen
sie deswegen allsicher in den Hafen kommen. Auf den Basteien
ließen wir auch die portugiesischen Fähnlein wehen, und etliche unserer Soldaten mußten sich auf Portugiesisch kleiden mit
langen, engen Wamsärmeln, doppelten Hosen, weißen leinenen
Unterhosen und gewaltigen großen Krägen an den Hemden,
Strohhüten mit Taft gefüttert, teils mit hängenden Flügeln an
den Ärmeln. Die mußten längs an die Meereskante gehen und
mit den Hüten winken. Daher meinten auch die vier portugiesischen Schiffe, ihr Volk hätte die Stadt noch besetzt.

Allein, sie erfuhren das Contrarium gar bald. Denn sie ließen einen von ihnen an das Land schwimmen (welche Kunst
sie trefflich können, wohl zwei, drei, vier Stunden im Meer her-
umzufahren), nicht grad gegen die Stadt, sondern auf Mattawal
zu[151]. Da sah ein Portugiese, der eben aus der Stadt dahin ging,
den Schwimmer und rief ihm zu, die Stadt wäre übergeben. Der
Schwimmer kehrte geschwind wieder um und brachte die Zeitung zu den Schiffen, die darauf ihr Heil suchen und aus dem
Hafen wieder hinaus und durchgehen wollten. Unser Wasserka-

Schiffe im Gefecht

stell aber hatte inzwischen alle Præparatoria gemacht, und ehe sie sich gar wendeten, schoß es das eine Schiff alsbald in Grund. Das andere riß sich zwar vom Hafen, wurde aber doch zwischen Columbo und Negumbo von unseren Schiffen noch ereilt. Die übrigen zwei Schiffe riefen um Pardon und wurden alle aufgebracht, wiewohl wir Soldaten lieber gewünscht hätten, sie wären eschappiert. Denn sie hatten viel stinkendes gesalzenes Fleisch geladen, das wir mit Ekel verzehren mußten; von außen her waren aber alle Pässe (wie gemeldet) gesperrt.

Von der Zeit an, da wir Columbo erobert, bis in das 57ste Jahr (also mehr als ein halbes Jahr) war große Armut unter uns, und wir arme Beschädigte empfanden es sonderlich, bis uns Gott so weit half, daß wir auch etwas prosperieren konnten. Ich wurde den 18ten August erst voll restituiert, konnte wieder Herrendienst versehen, und wurde auf des Generals Befehl bei einem reichen Portugiesen einlogiert auf die vier Monate für Salvaguardia. Ich hatte daselbst gute Kost und konnte alle Monat meine zwei Reichstaler und vierzig Pfund Reis in den Sack stecken.

Das Vierzehende Capitul – Was sich Anno 1657 begeben

Den 28sten Januar des folgenden 1657sten Jahres sind drei Schiffe von den unsrigen nach Goa gegangen. Die überbrachten den Rest der Portugiesen und hatten Ordre, dort liegen zu bleiben, bis die Flotte von Batavia käme und weitere Ordonnance mitbringen werde.

Den 3ten Februar kam selbige Flotte nach Ceylon, verblieb auch allda bis in den Juni, in welchem sie auf Goa ging und bis ins 1658ste Jahr davor liegen blieb. Unsern vorigen drei Schiffen wurde befohlen, sie sollten sich nur nach dem Admiral richten, wenn die Portugiesen ausfielen. So der Admiral fechte, sollten sie auch fechten, wo nicht, es auch bleiben lassen. Denn der Admiral hatte Befehl, nicht eher zu fechten, bis die vier Schiffe gepassiert sein würden, von denen drei bis vier von der Insel Jappan kommen und lauter Silber bringen, daß ein Schiff dreihundert und mehr silberne Kisten führt. Aus Jappan laufen sie erst auf Thuan

Die Festung Ormus

oder auf die Insulam Formosam (die schöne Insel). Von da laufen sie nachher auf Malacca, ferner auf Ceylon und weiter gegen Suratte im Mohrenland. Kommen sie endlich nach Persien, so müssen sie in Sinu (wie wir oben gedachten) bei der starken Festung Ormus den Mohren von zehn Kisten eine als Zoll geben. Denn sie müssen vor ihrem Kastell, das mitten im Wasser liegt, nahe vorbei und könnten zu Grund geschossen werden, so sie sich weigern wollten. Zuvor haben die Engländer das Kastell gehabt und an die Mohren verkauft, und deswegen geben sie noch immer nur den halben Zoll und werden viel angenehmer gehalten als die Holländer.

Da nun (um auf obiges wieder zu kommen) die Portugiesen mit neun Galeonen aus Goa strichen, mit uns zu fechten, leichterte unser Admiral die Anker und ging tiefer in die See. Die Portugiesen aber meinten, die Holländer gingen durch, und auch unsere Herren Schiffskapitäne und alles Volk meinten, es fehlte dem Admiral an Courage. Da aber der Admiral solche Scalirn[152] erfuhr, ließ er alle Schiffskapitäne und Offiziere auf sein Schiff kommen und die Ordre verlesen, die er hatte: Nämlich nicht eher zu fechten, bis die Silberflotte vorbei sei. Er sagte dabei: Wenn gedachte Schiffe vorüber wären, sollten sie seinen Mut sehen, und wer alsdann sein Devoir nicht tun würde, sollte seine Strafe bei der Generalität zu erwarten haben. Darauf entschuldigten sich alle, und es wurde auf allen Schiffen verlesen: Wer sich unterstehen sollte, dem Admiral solchen Affront anzutun, dem sollten Leib und Leben darauf stehen. Das war nun die Ursache, warum unsere Schiffe um Goa ruhten, so lange sie konnten. Denn wenn der Wind zu stark und der Hafen zugespült ist, können keine portugiesischen Schiffe ein und aus; und geht dann unsere Bloquada wieder nach Batavia, so wäre keine andere Ritirade die Schiffe zu reparieren als zu Ceylon oder gar zu Batavia; inzwischen stünde die Silberflotte in Gefahr. Zögen denn die Portugiesen den Kürzeren, so liefen sie in ihren Hafen, um ihren Schaden zu bessern.

DAS FUNFZEHENDE CAPITUL –
WAS SICH ANNO 1658 BEGEBEN

Den 13ten Februar 1658 wurde man drei Schiffe gewahr, und unser Herr Admiral gab alsbald Ordre, daß eine Jacht auslaufen solle zu recognoszieren, welches Volk da kam. In zwei Stunden brachte die Jacht die Avisen zurück, daß es die Japponen (oder die Silberflotte) wären. Da sie näher zu uns kamen, ließen sie die Anker nicht fallen und lagen mit ihren Segeln bei dem Wind. Ihr Admiral aber fuhr zu unserem Admiral, und da sie sich an die drei bis vier Stunden miteinander beredet hatten, ging er wieder mit drei Schiffen von uns weg auf Suratte und Persien zu, von wo auch viel Seide, ungefärbte Indigo und andere köstliche Waren wieder zurückgebracht werden.

Das gemeine Volk aber bringt viele Datteln und Zwiefel aus Persien. Bis ein solcher Dattelbaum Frucht bringt, muß er viele

Japanische Flotte

Jahre wachsen, und das erlebt kein Mann in sechzig, siebzig Jahren. Daher erzählen sie von einem Kaiser, der soll vor Zeiten einen seiner persischen Untertanen, der einen Dattelkern pflanzte, ausgelacht haben, weil er es nicht erleben werde, dessen Frucht zu genießen. Der Untertan aber habe geantwortet: Wenn unsere Voreltern auch so gedacht hätten, wären gar keine Dattelbäume mehr übrig; und wenn er es schon nicht erlebe, so erlebten es doch seine Kinder! Auf diese weise Rede habe ihn der Kaiser zu einem großen Herrn gemacht und mit stattlichen Verehrungen beschenkt.

Als wir den 17ten Februar morgens in der Frühe auf unseren Schiffen die Tagwacht abgeschlossen hatten, tat unser Admiral einen Schuß, scharf geladen. Darauf mußte einer von uns auf den Mastkorb laufen, zu sehen, was das wäre. Weil es aber in India morgens früh große Nebel gibt, konnten wir es nicht alsobald erkennen. Als aber die Sonne besser hervorkam gegen sechs Uhr (denn da sind allezeit Tag und Nacht gleich, zwölf Stunden lang), rief unser Mann im Mastkorb: »Die Portugiesen laufen aus ihrem Hafen, und der Admiral hat bereits die Anker geleichtert«. Darauf windeten auch wir geschwind unsere Anker auf und luden die Stücke mit doppelten Kugeln. Die Portugiesen meinten wohl, wir würden es machen wie vor etlicher Zeit und allemal durchgehen. Weil aber die Silberflotte passiert war, war für sie in unseren Schiffen nichts übrig als Pulver und Blei. Das gaben wir ihnen (und sie uns wieder) auf die zwei bis drei Stunden. Mußten die Portugiesen ihre Stücke von außen laden, so hatten wir Schießpforten. Die konnten wir, sobald ein Schuß gefallen war, vorfallen lassen und wieder aufziehen, sobald das Stück mit Essig abgekühlt und wieder geladen war. Sie hatten große und schwere Schiffe, wir leichtere, und so konnten wir ihnen zweimal die volle Lage geben, ehe sie es nur einmal konnten. Daher hatten sie viele Tote und mußten sich in ihren Hafen retirieren.

Ein portugiesisches Schiff aber war köstlich beladen und wollte während unseres Treffens durch unsere Flotte nach Portugal segeln. Es hatte auch schon ein Loch gefunden; weil aber der Wind nicht stark genug und es eine Galeone mit neunhundert Seelen war, konnte es wegen seiner Schwere den anderen Schiffen nicht in den Hafen nachlaufen. Und als wir jene so weit verfolgt hatten, wie wir konnten, kehrten wir uns mit aller Macht gegen die Galeone. Als sie die Segel hängen ließ und unser Schiff mit einer Feuerkugel hineinschoß, geriet die Galeone in Brand. Die Portugiesen, die schwimmen konnten, schwammen uns nach, und wir haben auch mit unseren kleinen Booten an die dreihundert von ihnen aufgefangen. Als aber die Galeone mehr als eine halbe Stunde in Brand war, mußten wir sie verlassen. Kaum eine viertel Stunde später kam das Feuer an das Pulver, das sie nicht über Bord geschmissen hatten. So sprang also das köstlich schöne Schiff mit über vierhundert Seelen in die Luft. Auf die zweihundert ersoffen, denen wir nimmer helfen konnten. Diese herrliche Victori mußte ein Schiff samt den gefischten dreihundert Portugiesen alsbald nach Ceylon bringen.

Den 3ten März sind drei Schiffe mit Volk von Batavia zu uns nach Goa gekommen mit sechshundert Soldaten und vier Mortier (oder Feuermörsern), deren zwei zweihundertundzwanzig Pfund und die anderen zwei sechzig Pfund schossen. Der Herr Commissarius aber, der mitgekommen war, *Richlof von Guntz* mit Namen von Emden, nahm noch vier Schiffe und viel Volk und segelte nach Columbo. Auf den Schiffen, die noch vor Goa lagen, blieben nur fünfzehn Soldaten. Wir sind auch den 5ten April wohl in Columbo arriviert, durften aber nicht landen, denn gedachter Commissarius kommandierte, die alten Völker auch zu embarquieren, und nahm viel Pulver und Kugeln mit.

Den 12ten ging die Flotte von neun Schiffen mit fünfzehnhundert Soldaten und hundertundzwanzig bis hundertunddreißig Schiffsgesellen auf jedem Schiff auf die Insel Manara zu, etliche zwanzig Meilen von Columbo[153]. Damals hatten die Portugiesen die Insel und hatten ein Forteresse darauf gebaut. Die

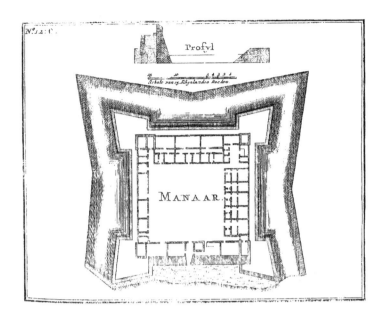

Plan der Festung Manaar auf Ceylon

Flotte kam vier Meilen von der Forteresse an die Revier. Und als die Portugiesen das vernahmen, kamen sie uns von dort und vom Kastell Jaffanapatam entgegen, das hinter Manara liegt, um zu wehren, daß wir nicht an Land kämen.

Den 13ten April lief unsere Flotte (sowohl Capital- als auch kleine Schiffe) so kurz als es sein konnte unter Land, setzte sich in einen halben Mond, und wir brachten hinter uns Anker aus, die Schiffe festzuhalten. Die Stücke waren auf das Land gerichtet und mit Hagel geladen. Darauf fuhr unser Commissarius an alle Schiffe und fragte die Offiziere und Knechte, ob sie zufrieden wären, am Morgen einen Versuch ans Land zu tun. Und da alle schrien: »Ja, Ja, Ja!«, wurde den 14ten April in der Frühe das Morgengebet getan und einem jeglichen ein guter Trunk Wein gegeben. Darauf ging es mit guter Courage in den kleinen Booten dahin. Da wir das Land hatten, hieß es: »Friß Vogel oder stirb!«

Denn da kamen erst die Portugiesen an und gingen auf uns los. Unsere Stücke aber ließen ihren Hagel so stark sehen, daß es viele Tote und Verwundete gab, und die Portugiesen mußten sich gegen ihre Forteresse zurückziehen. Denen folgten wir bis in die Nacht und machten eine halbe Stunde davon Quartier.

Den folgenden 15ten dito wurden zwei von unseren Feuermörsern (ein großer und ein kleiner) aufs Land gebracht, dazu zweihundert Stück Granaten von hundertfünfzig und einhundertzwanzig Pfund, auch fünfzig von sechzig Pfund. Wir aber gingen auf die Vorstadt, machten eine gute Brustwehr und fortificierten zwei Klöster, um den Portugiesen den Ausfall zu verwehren. Darauf ließen wir unsere Granaten spielen, warfen darunter auch Steine hinein, die mächtig um sich schlugen.

Am vierten Tag fingen sie an zu accordieren. Den folgenden Tag zogen hundertundfünfzig Soldaten und dreihundert Bürger aus, die alsbald zu Schiff gebracht wurden auf Goa zu. Darauf zogen wir mit zweihundert Mann ein, mußten aber sogleich wieder fort auf die Perlenbank (die liegt drei Meilen davon und wird von den Holländern auf die zwanzig Tonnen Gold geschätzt), ehe sie von den Portugiesen verderbt werden konnte. Denn dergleichen haben sie auch zehn Meilen von Manara getan.

Die Perlen sind in Schalen wie die Ostreen und werden unter dem Wasser gefunden. Es sind auch besondere Schwarze, die sich hinablassen an einem langen Seil. Sie sind mit Körblein umhangen und halten an einem Arm einen Schwamm, der ist dick mit Öl gefüllt, und sie drücken ihn fest an Mund und Nase. Und wenn sie eine Anzahl Perlen gefunden haben und nicht länger in der Tiefe bleiben können, geben sie ein Zeichen mit Rütteln und Schütteln des Stricks. Die bei den Haspeln stehen und genau Achtung geben, winden sie geschwind wieder empor und lassen sie ihre Körblein ausleeren. Es sind auch besondere Schwarze dazu abgerichtet, die hernach die Perlen in gleicher Weise reinigen und polieren können. Sie sind von unserem Volk übel dazu zu bringen, denn ein Holländer kann kaum zwanzig Sklaven regieren, wo ein Portugiese tausend regieren kann. Bei den Portugiesen sind die Heiden lieber als bei den Holländern, von denen sie sich nicht willig kommandieren lassen[154].

Den 15ten Mai sind wir mit aller unserer Macht auf das Kastell Jaffanapatam[155] zumarschiert, welches hinter Manara liegt. Es ist da ein schön ebenes Land, das haben die Portugiesen über zweihundert Jahre innegehabt. Denn wo sie einmal hingekommen, da meinen sie ihr Lebtag zu bleiben und wollen nicht leicht wieder nach Portugal. Ein Holländer aber, der nach Indiam kommt, denkt: Sind meine sechs Jahre gepassiert, so gehe ich wieder nach meinem Patria! Daher will er das Land und die Städte nicht viel bebauen[156]. Ja, wenn die Holländer eine Festung oder Stadt erobern, so schneiden sie gemeiniglich an der Landseite den halben Teil ab[157]. Und den andern halben Teil machen sie gegen das Meer sehr fest, damit es wenig Volk als Besatzung braucht. Wir haben im Jahr 1656 die schöne große Stadt Columbo abgeschnitten, die schönsten Häuser abgebrochen und zu gleicher Erde gebracht und nur ein Drittel der Stadt gegen das Ufer befestigt. An der Landseite aber haben wir das Wasser rundum geführt, daß es (wenn es einmal in zehn Jahren verfestigt ist) noch einmal so fest sein wird als zuvor.

Da aber die Portugiesen vernahmen, daß wir auf das Kastell zugingen, floh alles vom Land mit dem besten Reichtum dahin, daß wir nichts anderes bekommen konnten als köstlich schöne Kleider und schöne Decken mit Seide künstlich ausgenäht. Auch an Vivres, Kühen, Ochsen und Hühnern hatte es keinen Mangel. Sonderlich gab es in Zucker eingelegte Früchte, von denen zu essen uns aber verboten wurde. Ingleichen durften wir nicht von den Brunnen und stehenden Wassern trinken, sondern allein das Wasser, das von der Riviere kommt und ausfließt.

Als wir drei Tage marschierten und viele schöne Klöster antrafen, sind wir einen Tag still gelegen bei einem Kloster. Bei dem war ein schöner Garten und eine treffliche Landschaft, daß ich nicht anders meinte, ich wäre auf Christenboden. Dort kamen die Principal-Heiden und zeigten sich sehr froh, daß wir Holländer kämen und die Portugiesen ausschlagen wollten. Ihr Prinz hätte schon längst gewünscht, daß Holländer oder Engländer kämen und einen Affront rächten, den ihm die Portugiesen angetan hätten: Denn der Prinz hätte einstmals eine portugiesische Frau oder Magd begehrt. Die Portugiesen aber hätten ihm in einer Sänfte einen weißen Hund geschickt mit einer großen goldenen Kette um den Hals und einem Schreiben an ihn: Keine weiße Frau trüge ihm zu Belieben, da er schwarz und ein Heide wäre; wolle er aber gern eine weiße Frau beschlafen, so sollte er sich mit der weißen Hündin contentieren. Das habe ihn und das ganze

Gesandte treffen einen asiatischen Fürsten

200

Land also vermacht, daß er sich verlauten ließ, ein ewiger Feind der Portugiesen zu sein.

Als unser Herr das vernahm, waren er und wir alle sehr froh und dachten, nun hätten wir schon halb gewonnen! Es wurde auch das Spiel gerührt und öffentlich ausgerufen, daß man keinem Einwohner ein Leid antun und nichts annehmen sollte, es sei denn um Bezahlung. Es ist aber eine wunderliche Manier bei ihnen: Wenn sie etwas verkaufen wollen, so fragen sie zuerst ihre Kinder, ob sie es leiden wollen. Sagen sie ja!, so gehts fort, wo nicht, so tun sie wider ihrer Kinder Willen auch nichts.

Als wir nun den Tag in einem Kloster gerastet und wieder fortmarschierten, ließ unser Herr den Prinzen wissen, daß er als sein Freund und als Feind der Portugiesen käme. Deswegen begehrte er, seinen Untertanen keinen Schaden zu tun; wenn sie was brächten, sollte es entweder mit Geld oder mit anderen Waren bezahlt werden. Und wenn wir das Kastell bekämen, sollte kein einziger Portugiese im Land geduldet und alle auf die anderen Inseln geführt werden; und so die Portugiesen es wieder tentieren sollten, so wollten wir das Kastell mit Munition und Proviant versehen und ihnen mit unserer Macht zu Wasser und zu Land widerstehen. Alle Jahre sollte der Prinz zweimal Advise haben, wie es mit uns und den Portugiesen stehe: Sollten die Portugiesen über kurz oder lang wieder einen Fuß auf das Land setzen wollen, sollte er frei seinen Recours nehmen bei uns, die ihn so lange protegieren wollten, wie sie sich selbst protegierten. Denn wenn die Holländer den Portugiesen einmal etwas abgenommen haben, kommts nicht leicht wieder an sie, wiewohl das Land sehr groß ist und sie immer wieder einnisteln an einem anderen Ort.

Da wir abermals zwei Tage marschiert und noch ein Paar Stunden von dem Kastell wieder still lagen, kam auf ein Schreiben unseres Herrn der Prinz in Person zu uns. Unser Herr hielt ihn auch in seinem Logiment aufs Freundlichste und empfing von ihm Bericht, wie es im Land und im Kastell stünde. Wie stark die Besatzung wäre? Wie stark die Bürgerschaft sei, wisse er zwar nicht; aber reiche Leute wären sie, und mancher hätte Vermögen von sechs Tonnen Gold. Denn die Portugiesen wären lange Jahre in Ruhe und Frieden gesessen, und die Holländer wären nun wieder ihre ersten Feinde. So wären auch ihre Klöster und Pfaffen gewaltig reich. Denn weil sie die Heiden zu Christen machen wollten, hätten sie sie gezwungen, alle Tage in die Kirche zu kommen bei Strafe eines »Larins« (das ist ein viertel Taler). Ein Kloster hätte wohl an die dreißig-, vierzigtausend Heiden unter sich, bei etlichen Klöstern wären drei, vier Kirchen, und die Pfaffen hätten da größeres Kommando als die Weltlichen. Wenn ein Portugiese eine schöne Tochter habe und der Pater Grande (ihr oberster Pater) begehre sie, so geschehe es, daß die Eltern zufrieden wären und es für eine große Ehre hielten, dieweil der heilige Mann zum ersten bei ihrer Tochter geschlafen habe. Die Portugiesen sagen auch, das sei keine Sünde!

Einer unserer Lieutenants wollte einstmals auf der Insel Ceylon eine portugiesische Tochter von zwölf Jahren heiraten und mit ihren Eltern bei unsern Herren um Consens bitten. (Denn das ist in India der Brauch, daß einer bei den Herren des Landes Consens suchen muß, wenn er sich verheiraten will). Als aber unser Herr den Vater und die Mutter fragte, ob sie eine ehrliche Tochter wäre? Was sie für Leute wären? Ob sie noch eine unberührte Jungfrau wäre? Da antwortete die Dame selbst, als ob es sie gar wohl treffe, und sprach: Kein Mensch hätte mit ihr zu tun gehabt als der Pater Grande! Darauf wollte unser Herr keinen Consens erteilen und unserem Lieutenant die Copulation nicht zulassen. Er hat sie aber dennoch auf drei Jahre bei sich gehabt als seine Konkubine, welches da also toleriert wird. Bekommt er aber einen jungen Erben, und die Portugiesin (oder die Heidin, die eine Christin geworden ist) will ehrlich gemacht werden, so verklagt sie ihn deswegen bei seinem Herrn. Dann muß er ihr dreihundert holländische Gulden oder (nach unserem Geld) hundertundzwanzig Reichstaler geben. Dann ist er ledig und frei. Wer aber dieses Geld nicht geben kann oder will, der muß sie zur Kirche führen und danach im Land bleiben, solange sie lebt und solange er lebt. Will er aber durchgehen, so muß es in höchster Stille und bei nächtlicher Weile geschehen. Sonst wird ihm gar bald vergeben, welches in Amboina und Banda schon oft geschehen ist.

Die Indianerinnen sind auch so eifersüchtig, daß sie, wenn sie nur sehen, daß jemand sich einer anderen vexiert, geschwind einen bösen Argwohn schöpfen. Sie können so meisterlich vergeben, daß einer sterben oder wohl fünf, sechs Jahre also gequält werden muß. Und er kann keine gesunde Stunde haben, bis sie ihm endlich wieder davon helfen. Sie können einem etwas in die Kleider nähen, daß er bei keinem anderen Weib mächtig sein kann als bei ihnen. Ich habe solche Discursen von vielen gehört,

Ceylonesisches Paar mit Kind

die es selbst an sich erfahren und in großer Furi einen großen Blossen geschossen haben.

Als nun unser Admiral von dem heidnischen Prinzen alle Kundschaft eingezogen hatte, sind wir den 18ten Mai vor das Kastell gerückt. Und da wir eine viertel Stunde davon nahe bei der Vorstadt waren, fielen auf die elfhundert Soldaten aus. Wir trieben sie aber bald wieder hinein und schnitten an die siebzig von ihnen den Paß ab, die noch neuere Nachricht geben mußten, wie es darin stünde. Sie berichteten aber, daß an die vierzigtausend Seelen (groß und klein) darin wären, meist Bürger mit ihren Weibern, Kindern und Sklaven. Die elfhundert aber, die den Ausfall getan hatten, wären Völker des Königs von Portugal, und darunter wären gar wenig Bürger als Voluntaires gewesen.

Wir setzten uns aber in der Vorstadt in vier Kirchen, die nur einen Rohrschuß von den Mauern waren, und machten uns so fest, daß sie uns nimmer austreiben konnten. Wir hatten auch mehr Heiden bei uns als wir Christen, und weil unser Volk großen Durst hatte, liefen etliche zu den Brunnen. Weil die aber alle vergiftet waren, blieben auf die dreißig und auch etliche Heiden tot. Darauf wurden überall Schildwachen dazugestellt, und wir mußten uns mit dem Wasser aus der Revier behelfen. Die siebzig Gefangenen aber, die wir zwangen, von den Brunnen zu trinken, gingen auch alle drauf. Denn es lagen viele tote Frösche darin, und das Wasser war oben her ganz blau wie mit einer Haut überlaufen. Damit nun keinem mehr Schaden widerfahre, wurden alle Brunnen mit Erde und Sand zugeworfen, zu keinem Gebrauch mehr dienlich.

Von der Zeit an wurden von unseren Schiffen die vier Feuermörser und viele Granaten an Land gebracht. Unsere Schiffsgesellen durften auch nichts anderes tun, als die großen und harten Grabsteine in den Kirchen und Klöstern mit großen eisernen Hämmern in Stücke zu schlagen. Die warfen wir täglich samt den Granaten haufenweise hinein. Als wir sie vierzehn Tage angetrieben hatten, liefen die Portugiesen über und berichteten, daß die Granaten nicht so viel Schaden täten als die Steine, die in dreieinhalb Monaten an die zweitausendsechshundert Menschen niedergerichtet hätten.

Den 3ten September kamen die Portugiesen an der Seite unseres Herrn (der lag mit der halben Armee an Land) heraus, um zu accordieren. Wir auf unserer Seite wußten nichts davon. Weil wir Ordre hatten, ihnen einen Abbruch zu tun, wo wir nur konnten, und weil damals viele von ihnen ungeschützt auf den Mauern und Brustwehren standen, wollte unser Connestabel Feuer auf sie geben. Da kam ein Leibschütze gelaufen und brachte Contrair-Ordre, innezuhalten mit allem Schießen, weil die Portugiesen um Accord mit unserem Herrn tractierten und das Kastell in zwei Tagen vermutlich übergehen würde. Wir waren darüber sehr froh, setzten uns auch ins Feld an unsere Laufgräben, fingen an, mit ihnen zu reden und zu vexieren, ob schöne Weiber im Kastell wären. Sie sprachen aber, die schönsten hätten wir alle mit Steinen totgeschossen; die anderen wären alle krank. Wir wußten aber, daß die Portugiesen es durchaus nicht leiden können, wenn man sie mit ihren Weibern vexiert. Sie verzeihen es einem eher, wenn man sie in den Hals schlägt als wenn man sie einen »Cornutum« heißt. Deshalb vexierten wir desto mehr und sprachen: Wenn wir hinein kämen, wollten wir ihre Krankheit schon kurieren, daß sie zufrieden sein sollten.

Inzwischen wurden die Artikel ratifiziert, und darauf zogen den ersten Tag die Soldaten aus, den anderen die Geistlichen oder Pfaffen, den dritten Tag die Bürger mit ihren Weibern und Kindern. Aber die Weiber waren wie der Tod, nichts als bloße Knochen ein wenig mit einer Haut überzogen.

Den vierten Tag sind unsere Herren und Offiziere in das Kastell gegangen und haben geplündert, den fünften ließ man uns ein, aber ohne Gewehr. Ein jeder plünderte, was er konnte[160], aber unsere Herren Offiziere hatten schon ziemlich aufgeräumt.

Ich meines Teils war auch nicht faul, lief alsbald in ein Kloster, von dem ich wußte, daß es nicht gar leer sein würde. Da traf ich einen alten und kranken Pfaffen, von dem ich zu wissen begehrte, wo was zu bekommen wäre. Er war bald willig und sagte: So ich ihm etwas mitteilen wollte, wollte er mir eine gute Beute weisen, fragte dabei, was ich für ein Landsmann wäre. Ich antwortete auf Portugiesisch, ich wäre ein Hochdeutscher. Darauf fing er an, hochdeutsch mit mir zu reden: Er wäre ein Österreicher von Corneuburg[161] und schon sechsunddreißig Jahre im Kloster. Er wies mir ein altes Kissen, das schnitt ich auf und fand darin fünfhundert »St. Thomæ«; das war Geld, und einer gilt für vier holländische Gulden. Ich blieb aber nicht lang Herr darüber.

Den anderen Tag hernach mußten wir mit an die sechshundert Mann wieder zu Schiff, und als wir von dem kleinen in das große Schiff passierten, wurden wir Mann für Mann visitiert. Was an Gut war, das ließ man einem, aber alles Geld wurde abgenommen. Hätte ich das gewußt, so wollte ich das Geld eher ins Wasser geschmissen haben. Auf dem Land hätte ich es schwerlich von mir gelassen, weil ich dafür mein Leben vor dem Feind gewagt hatte. Und wer untreu hätte handeln wollen, der hätte Gelegenheit wohl haben können, seinen mißgünstigen Offizier auf ein Ohr zu putzen und sich eine Weile zu dem oben genannten Prinzen zu retirieren, bis ein neuer Gouverneur angekommen oder eine vornehme Offiziersfrau eines Kindes genesen wäre. Denn zu solchen Zeiten und in allerlei dergleichen Fällen wird ein Generalpardon erteilt.

Es liegt zehn Meilen von Jaffanapatan der Ort Pünte Petre[162], an dem man gut und bequem landen kann. Dorthin ist einstmals ein Jachtschiff (der »Stern«), in vier Stunden gar bis zu einer Stadt Negopatan gesegelt. Die liegt auf der festen Coromandelküste, sechs Meilen von Crangavara[161]. Dabei ist ein schönes Kloster, S. Francisco consecriert.

Nachdem wir Jaffanapatan eingenommen, hatten Anno 1658 Heiden, die man Jentiven nennt und die an den Geier (den Raubvogel) glauben, die Stadt Negopatan belagert in der Hoffnung, die Portugiesen daraus zu verjagen. Weil die Portugiesen sich aber tapfer hielten, und die Jentiven an ihrer Force allein desperierten, schickte ihr Oberster, den man »Eick« nennt[162], eine Ambassade zu uns: Wir sollten die Portugiesen zu Wasser und die Heiden sollten sie noch ferner zu Land bestreiten. Auf unserer Seite wurde es decretiert und bald Kommando gegeben, daß fünf Capital- und sechs Jachtschiffen mit sechshundert Mann übersetzen sollten, einen Hasard zu tun.

Als wir den folgenden Tag anliefen, kamen die Portugiesen mit einem Friedensfähnlein an den Strand. Drei von den vornehmsten Bürgern aus der Stadt saßen in einem Fahrzeug, mit unserem Herrn Admiral zu accordieren. Denn sie wollten sich lieber den Christen als den Heiden in die Hände geben. Der Accord wurde geschlossen und den folgenden Tag zogen die Portugiesen von den Basteien ab. Von uns wurden dreihundert Mann übergesetzt und auf die Wälle geführt.

Als die Jentiven das sahen, änderten sie ihre Consilia. Aus Freunden wurden Feinde, und sie fingen an, uns zu bloquieren. Inzwischen wurde die alte Besatzung auf drei von unseren Capitalschiffen nach St. Thomæ[163] convoiiert. Als aber die Heiden acht Tage in ihrem Sinn verharrt hatten, wurde Befehl gegeben, zur Verstärkung der Stadt die anderen dreihundert Mann auch ans Land zu setzen. Wir erboten uns auch, den Heiden die halbe Stadt auszuliefern, so viel es Platzes austragen würde. Sie wollten aber nicht wohl den Grund und Boden als die portugiesischen Einwohner haben. Es wollte sich unseres Teils aber nicht verantworten lassen, Christen in die Hände der Heiden zu liefern, zumal anderes in dem Accord vereinbart war. Wir hofften immer noch, die Jentiven würden sich eines anderen besinnen, suchten immer noch den Glimpf und ließen keinen Schuß aus der Stadt auf sie tun. Durch diese unsere Clemenz wurden sie aber nur verhärteter und meinten, es ermangele uns der Courage.

Weil es denn nicht anders sein sollte, wurde zuletzt Kriegsrat gehalten und Ordre erteilt, einen Generalausfall zu tun gegen Morgen. Um diese Zeit schlafen diese Heiden gewaltig stark und können sich gar nicht wohl ermuntern. Es geriet auch also, daß wir in einer Stunde auf die zweitausend Mann niedermachten. Darauf kam die Mutter des Eick, eine (wie man sagt) steinalte und häßliche Frau, als Abgesandte von ihrem Sohn, dem Herrn des Landes, und tractierte mit unserem Herrn Frieden. Man hat sie als Ambassadeur acceptiert und ihr alle Ehre erwiesen, als ob es der »Eick« selbst wäre.

DAS SECHSZEHENDE CAPITUL –
WAS SICH ANNO 1659 BEGEBEN

Nach Verfließung dieses alles sind wir den 2ten Januar des damaligen 1659sten Jahrs nach drei Monaten endlich auf einer Insel mit Namen Seloer angelangt[164]. Die Holländer und die Portugiesen haben daselbst eine Forteresse, und beide bringen von dort den Mastix und Weihrauch, auch viel Wachs. Deshalb sind beide Nationen Anno 1655 einander mächtig in die Haare geraten, und die Herren Holländer haben einen guten Klopfer bekommen. Geborene Portugiesen sind da wenig. Die Einwohner aber sind selbst fix mit Pfeil und Bogen und mit Rohren. Weil die Portugiesen es ihnen beigebracht haben, können sie damit so stattlich umgehen, daß sie den Christen nichts oder nicht viel lassen wollten. Daselbst ist auch viel Frauenvolk, so schön von Gesicht und Postur, daß sich einer nicht genug verwundern kann. Den Holländern (oder sonst nur den Christen) sind sie so gewogen, daß sie sich mit einem von ihnen in familiarer Liebe einlassen, wenn sie nicht vorher einen Mann unter den ihren bekommen konnten; nachher können sie einen für zehn erlangen. So haben sich denn viele Holländer oder Männer anderer Nation mit ihnen gar vermählt, wenn sie sich zuvor zum christlichen Glauben bekehrt haben.

Ihr Zierrat hat schöne Farben, mit denen sie sich hin und wieder am Leib bemalen, sonderlich aber unter dem Angesicht. Es gibt auch allerlei Tiere außer Rhinocer und Elefanten und allerlei schöne Früchte, dergleichen wir vorher schon bei den anderen Inseln gedacht haben.

Da ich nun einen Monat auf dieser Insel zugebracht und wohl zwei Jahre über meine Zeit war und Gott mich so lange Zeit so wunderlich erhalten hatte, resolvierte ich mich gänzlich, nach dem Vaterland wieder einmal zu gehen und meine lieben Eltern

EEN MISTIÇE VROUW.

Bildnis einer mestizischen Frau

zu sehen. Da ich vernahm, daß ein Schiff nach Batavia wollte, bat ich bei dem Herrn um meine ehrliche Demission. Die konnte er mir nach Verfließung meiner Dienstzeit (und noch eines großen darüber) nicht abschlagen, und so erhielt ich denn auch bald den Abschied.

Ging deswegen in Gottes Geleit den 4ten Februar auf das Schiff »Seeritter«, und weil wir trefflichen Wind hatten, kamen wir den 14ten dito fröhlich zu Batavia an. Da ich aber kein Schiffsgesell war und von Anfang an als Adelborst und nachher als Corporal gedient hatte, hielt ich bei dem Herrn Major an, an Land zu gehen. Denn es waren noch zehn Monate, bis die Flotte in Patriam auslief. Bekam auch darüber Ordre, auf die Wasserport zu gehen und auf das Bollwerk »Killenborg«. Es ist kurzweilig, dort zu liegen, weil es viel Trankgeld gibt, voraus, wenn von zu Haus die Schiffe ankommen. Denn jedes Schiff spendiert der Wache einen Reichstaler, davon der halbe Teil den Offizieren, der andere den gemeinen Knechten gehört. Ich habe in einem Monat oftmals fünf oder sechs Reichstaler bekommen. Weil es mir aber so gut wurde und ich mich pflegen konnte nach manchem Hunger und Kummer, hab ich auch wieder etwas auf mich gehen lassen und mir nach Gewohnheit eine eigene Köchin gehalten, die alle Tage (so ich auf der Wacht war) zweimal meine gute Kost bringen mußte. Denn zu Batavia sind Speis und Trank zu bekommen, wiewohl etwas kostbar; denn ein Huhn mußte ich oft mit einem halben Taler bezahlen. Ich dachte aber an die sieben oder acht Monate, die ich mit meiner Heimreise zubringen mußte, und pflegte meines Leibes Wart, daß er auf See etwas zusetzen könnte.

Da ich nun sechs Monate auf Batavia gelegen hatte, empfing ich als Gage den Sold für zwei Monate in bar. Für dieses Geld versah ich mich mit Victuaille für die Reise und kaufte einen großen Hafen voll mit Früchten. Man nennt sie »Ricien«[165], und sie müssen gekocht werden, wenn man sie genießen will. Etliche sind grün, etliche rot, etliche gelb; man kann sie auch anstatt des Pfeffers brauchen. Sie wachsen auf kleinen Stauden wie hier die Schwarzbeeren wachsen; die Indianer nennen sie »Rattimires«. Den anderen Pfeffer, der aus anderen Orten in Indien gebracht wird, nennen sie »Hollandes mires«. Der rechte Pfeffer wächst gleich als die Wachholderbeeren, ist ganz grün, und wenn er in der Sonne gedörrt wird, wird er erst so schwarz.

Ich legte mir auch einen großen Hafen von Fischen ein, derer da allerhand zu finden sind, alle Monate eine andere Art aus der See und in der Reviere. Ich nahm aber sonderlich von den Königsfischen und den Steinbrassen, die unseren Karpfen gleich sind. Man pflegt sie erstlich in Butter zu braten. Danach läßt man sie kalt werden, stößt alsdann den Pfeffer klein und bestreut damit des Hafens Boden. Darauf legt man die Fische und gießt einen Essig darauf; dann wieder Pfeffer und eine Lage Fische und so viel Essig, daß der Fisch bedeckt ist, und also fort,

Exotische Fische

bis der Hafen gefüllt ist. Und wenn der Hafen voll ist, gießt man ein paar Löffel Lisabonöl darüber und verwahrt es gut. Die Fische halten sich dann drei, vier und mehr Monate, und wenn man davon essen (oder sie aus dem Hafen nehmen) will, darf man mit keiner Hand hineingreifen, sondern mit einem Löffel, sonst wird der ganze Hafen mit den Fischen verderben. Ich versah mich auch mit einem ziemlichen Wasserfaß; daß das hochnötig ist bei so langen Reisen, habe ich Anno 1647 (wie ich dort hätte melden sollen) zu meinem großen Schaden gelernt:

Denn ich ging damals mit einem Schiff nach Jamby (einer Stadt auf der Insel Sumatra) hundertfünfzig Meilen von Batavia an der Westküste. Als wir etwa sechzig Meilen davon entfernt waren, begab es sich aber, daß ein Oberkaufmann auf dem Schiff starb. Den ließ der Schiffer ausnehmen und in einer Kiste den toten Körper einsalzen in der Hoffnung, ihn an Land zu bringen und zu Jamby zu begraben. Zu diesem Zweck setzte er die Kiste hinten auf die Campane des Schiffs. Darauf stellte sich eine solche Stille des Meeres ein, daß wir in ganzen vierzehn Tagen nicht zehn Meilen fortsegeln konnten. Unser Wasser und Trank waren inzwischen verzehrt, welches denn unter unseren Offizieren und Soldaten einen großen Deplaisir machte. Die Schiffer sagten, es müßte die Ursache für diese extraordinaire Meerstille der tote Körper sein; man sollte ihn deswegen ins Meer senken, um unsere Reise zu beschleunigen. Da wir ihn dazu brachten, kam in einer halben Stunde der erwünschte Wind, daß wir in zwei Tagen zu Jamby waren und præsumierten, daß die Meere ihre Toten haben wollen wie die Erde; das ist mit mehreren Exempeln anderswo confirmiert worden. Es ist aber dieses die Manier bei den Toten zu Schiff: Wenn einer in der Nacht stirbt, wird er morgens, sobald das Frühgebet verrichtet ist, ins Meer geschmissen. Wenn aber einer bei Tag verscheidet oder des nachts nach dem Abendsegen und man an Land nach einem solchen fragt, so spricht man: »Er ist über den Port!« Ist er aber in Indien stranguliert worden, sagt man in Holland: »Er ist am Balken tot geblieben.«

Den 17ten Oktober ist von Batavia eine Flotte ausgerüstet worden, darunter fünf Capital- und die anderen Jachtschiffe. Die sollten fünfzehnhundert Mann haben mit dem Vorhaben, nach der Insel Palimban[166] zu segeln, hundertzwanzig Meilen von Batavia und nur dreißig von Jamby. Den König dieses Orts, von wo der beste Pfeffer kommt, nennen sie auch den König von Jamby. Der war den Holländern noch sehr gewogen; aber dem auch so genannten König von Palimban durfte man nicht trauen. Denn ein Jahr davor sind Schiffe, die Pfeffer holen sollten, zweimal dahin gelaufen zu ihrem großen Unglück. Die Einwohner stellten sich aufs Freundlichste und machten die Unsrigen sicher. Und da sie nun den Vorteil sahen, daß die Unsrigen saßen und aßen (das ist aber die Manier auf dem Schiff: Wenn Essenszeit ist, kommt der Koch zum Schiffer um zu fragen, ob er aufschaffen soll; und wenn der Schiffer Consens gibt, so läutet man mit der Glocke, daß alles Volk zusammenkomme); als das (sage ich) die Palimbaner sahen, daß bei uns alles sicher war, liefen sie geschwind auf die Schiffe und machten mit ihren verborgenen kleinen Dolchen (die sie Kriez nennen) den Unsrigen bald den Feierabend. Sie verbrannten die Schiffe und alles, was sie nicht fortbringen konnten. Das war die Ursache, warum eine solche starke Flotte nach der Insel Palimban gehen sollte.

Ehe die Flotte abging, wurde gemeldet, daß von der Compagnia sich absondern und austreten sollte, wer nach dem Vaterland wollte. Das habe ich denn auch getan, aber es reute mich hernach sehr. Denn den 20sten Oktober ging es mit den kommandierten Völkern unter Segel auf Palimban zu. Diese Indianer heißt man sonst (wie die auf Malacca) die Maleyen. Sie sind groß von Leib und Posture, führen Schild und Schwert, essen auch kein Schweinefleisch. Ihr Glaube ist meist der Türkische; sie sind nicht ganz schwarz, sondern gelbhaftig. So sind auch ihre Weiber groß von Postur und haben so dicke Beine, daß mancher mitten an seinem Leib nicht so dick ist als diese Indianer an den Waden. Ihre Sprache ist eine subtile Sprache, die man bald lernen kann. Das geschieht oft in Amboina und auch zu Batavia und Bantam; zu Amsterdam gibt es gar eine malayische Schule[167]. Will dort das Frauenvolk den fremden Ankommenden seine Willigkeit präsentieren, so bedient es sich gern dieser fremden Sprache, denn der deutschen Sprache darf es sich nicht bedienen. Sie hoffen auch, fremde Speise zu kosten und wissen, daß neue fremde Gäste auch neues frisches Geld mitbringen. Darum putzen sie sich denn gar manierlich heraus.

Den 10ten November kam ein Jachtschiff der Flotte (genannt das »Seepferd von Seeland«) wieder zurück. Es brachte gute Zeitung, daß unser Volk gute Victori und treffliche Beute gehabt, und daß die Flotte in drei, vier Tagen wieder arrivieren werde. Das schmerzte mich sehr, weil ich's nicht mitgemacht hatte, und ich hätte weinen mögen; allein mein Fortuna wollte es nicht haben. Und ich, der ich in Patriam dachte, hatte nicht wissen können, daß so bald des Wiederkommens sein sollte. So hieß es abermals: »Patience par force.«

Den 14ten dito kam die Flotte zurück gen Bantam. Zu der kam das neue Schiff »Hof von Seeland« aus Holland mit hundertzwanzig Soldaten und hundertsiebzig Schiffsgesellen ohne die Offiziere und Kaufleute.

Als den 15ten um den Mittag die Flotte auf der Ree von Batavia ankam und die Schiffe lustig Feuer gaben, sah ich meinen Jammer, daß ich nicht mitgemacht hatte. Denn sie setzten an Land und machten mir das Maul noch wässriger, als ich die eine und andere Beute vor Augen sah. Auf dem Schiff »Hof von Seeland« traf ich einen Landsmann, *Wolf Wagner* mit Namen, dessen Vater noch am Leben und bei dem Bauamt des hiesigen E. wohledlen und gestrengen Rats Stadtwagner ist. Dem Vater habe ich auch von seinem Sohn ein Schreiben mitgebracht und seinen Statum erzählt: Er war keine acht Tage auf Batavia gewesen und (seiner Kunst wegen) vom Soldatenleben befreit zu einem Bildschnitzer geworden. Auf der Reise hatte er dem Kaufmann und dem Schiffer ein trefflich künstliches Trühlein gemacht. Daher wurde er alsbald zum General von Batavia kommandiert, dem der Kaufmann das Trühlein verehrt hatte. Er mußte auch sofort zu dem General selbst, und der Major erhielt Ordre, gedachten *Wolf Schramm*[168] aus dem Kriegsdienst zu entlassen und sein Gewehr in das Zeughaus zu nehmen, denn er sollte hinfort nichts anderes tun, als für den General und die Compagnia zu arbeiten.

Es ist ebenda zu Batavia auch noch ein Nürnberger mit Namen *Andreas Heberlein*, den ich (wie oben gedacht[169]) Anno 1649 in der Forteresse Negumbo erstmals angetroffen habe. Der hat sich nach neun Jahren in Indien in Holland aufgehalten und ist nach Verfließung dieser Zeit wieder nach Indien gegangen. Anno 1643 arbeitete er als Knecht in der Mühle bei dem Nägeleingäßlein. Nach dessen Brunst aber begab er sich in Kriegsdienste und kam mit nach Batavia. Als er das andermal hineinkam, hatte er die Ehre und hat eine Kornmühle gemacht, einen guten Musquetenschuß entfernt von der Stadt und von dessen neuem Tor. Nicht weit davon ist von einem Ulmer auch eine Pulvermühle erbaut worden, die vorher in der Stadt bei höchster Gefahr von Ochsen oder Pferden angetrieben wurde. Jetzt aber treibt das Wasser die Mühle an wie bei uns. Ehedem mußten sie sich zu Batavia mit lauter Handmühlen behelfen. Dazu mußten sie viele Sklaven haben, die nichts anderes tun durften als mahlen.

Die Kornmühle bringt den Holländern alle Jahre achttausend holländische Gulden ein und ist erst 1659 im Monat Februar bestandsweis verlassen worden. Denn wer sie in Bestand hat, muß der Compagnia alsbald viertausend Gulden darlegen und noch zwei Bürgen stellen, bis er zum Ende des Jahres die anderen viertausend Gulden ablegt. Dagegen darf keiner mehr in der Stadt mit der Handmühle mahlen, er tue es denn auf eigene große

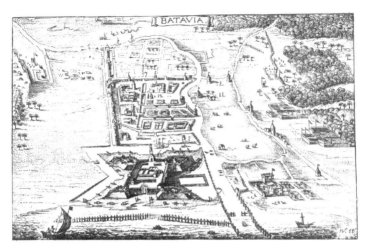

Plan der Stadt Batavia von der Seeseite

Gefahr. Wird er nun ergriffen (denn der Beständner hat seine eigenen Espionen, die genaue Kundschaft legen), wird er gestraft. Wer nach Verfließung des Jahres mehr geben will als der vorherige, dem wird die Mühle aufs Neue verpachtet.

Vor der Zeit hat man auf den Schiffen vom Brotbacken nichts gewußt; aber nunmehr haben bald alle Capitalschiffe ihre Öfen und die Herren auf Batavia lassen so viel Mehl mahlen wie sie meinen, auf der Reise nötig zu haben. So wird auch für die Kranken ein gelindes und subtiles Brot gebacken. Aber wie ich ins Land gekommen bin, ist ganze drei Jahre kein Bissen Brot auf meine Zunge gekommen. Dennoch habe ich so lange mein Leben erhalten mit gekochtem und abgekühltem Reis, den man den Soldaten gibt, wöchentlich etliche wenige Pfund.

Nachdem aber die Flotte zwei Tage auf der Ree geruht hatte, ist den 17ten November ein Bet- und Dankfest gehalten worden in der holländischen Kirche. Eine Kirche haben sie auch für die Heiden erbaut, die Christen geworden sind, aber nur Malayisch reden können. Nach vollbrachter Predigt wurde die Victori abgelesen, die unser Volk auf der Westküste gehabt. Den Abend darauf wurde in der ganzen Stadt und auf den Kastellen ein Feuerwerk gebrannt; eine Stunde danach ließen sich die Stücke hören rund um das Kastell und die ganze Stadt, auch auf den äußersten Forts, die eine halbe Meile von der Stadt liegen, nicht minder auch auf den Orlogschiffen außer den neun Schiffen, die köstlich beladen waren und nach dem Vaterland gehen wollten.

Den 20sten dito kam vom Herrn General Ordre, daß der Herr Major mit dem Musterschreiber zu consignieren auf alle Plätze gehen sollte, wo Soldaten lägen, deren Zeit verflossen wäre. Inzwischen wurden die Schiffe mit aller gehörigen Provision versehen.

Den 5ten Dezember wurde in der Hauptrunde befohlen, daß jeder, der nach Hause wollte, sein Gewehr dem Capitain de Armis überliefern sollte. Und wer kein gutes Gewehr hatte, der sollte es mit anderen tauschen. Den 6ten dito haben alle, die nach Hause wollten, das Gewehr überliefert. Ich aber vertauschte meines mit meinem Kameraden *Justino Gussin*, von Lübeck gebürtig.

Den 8ten wurde das Spiel gerührt, jedem wurden zu seinem Refraichissement zwei Reichstaler gereicht, und es wurde auch befohlen, den 10ten zu Schiff zu sein. Jedem Mann wurde auch seine Rechnung und Assignation gegeben, auf welches Schiff er sollte. Es wurde auch vermeldet, daß Sold für zwei Monate empfange, wer noch ein Jahr bleiben wollte; es waren aber nur wenige, die sich bereden ließen.

Den 10ten wurde Musterung auf den neun Schiffen gehalten, ob alles Volk beisammen wäre. Und weil sichs fand, kam aufs Neue Ordre, unsere Anker zu leichtern, von der Ree eine viertel Meile in die See zu gehen und dort die Anker fallen zu lassen.

Den 11ten wurde zu Land und zu Wasser auf allen Schiffen ein Bettag gehalten, daß Gott der Flotte gnädig heim helfe. Den nachfolgenden Tag wurden alle Schiffer und Kaufleute an Land zitiert, mit dem General das Abschiedsmahl (oder Valet) zu halten.

Den 13ten ging unser Admiral *Petrus Stordinnes*[170] mit dem Viceadmiral *Justino Wennes* neben dem General *Joan Matzucker*[171] (der sie bis daher begleitet hatte) zu Schiff. Sie besprachen sich miteinander bis auf den Abend, an dem der General wieder an Land fuhr und den Befehl hinterließ, wir sollten im Namen und mit Geleit Gottes unter Segel gehen, wenn wir den folgenden Tag Landwind haben würden. Darauf haben wir unsere Anker auf- und abgewunden in der Resolution, es noch in der Nacht gehen zu lassen, wenn wir Wind haben würden.

Den 14ten tat unser Admiral Glock drei am Morgen einen Kanonenschuß zum Los, daß wir fröhlich die Anker leichten sollten. Hand, Mut und Sinn, alles war fertig, und es gingen in aller Ordnung neun Capitalschiffe, als

— Erstlich das Schiff »Waffen« von Holland für die Kammer in Amsterdam, Admiral.
— Zum anderen das Schiff genannt »Die Perle« für Amsterdam.
— Zum dritten das Schiff »Princesse Roijale« für Amsterdam.
— Zum vierten das Schiff »Princ Wilhelm von Seeland« (Vice-admiral) worauf ich war, das trug achthundert Last, jede Last zu dreißig Zentnern. Das Schiff war schon zehn Jahre alt, und weil damals, als es zu Middelburg gezimmert worden, da-selbst *Prinz Wilhelm* mit der Tochter des Königs von England Beilager hielt, war es mit Willen der Compagnia mit seinem Namen versehen worden[172]. Ein Schiff, das den Namen des Herrn Vaters *Prinz Heinrich*[173] trug, habe ich ehedessen auf der Ree gesehen, als ich Anno 1645 in Indiam gekommen bin, auch mit achthundert Last und zwei Lagen Stücke.
— Zum fünften das Schiff »Seepferd« für Seeland.
— Zum sechsten das Schiff »Dortrecht« für die Kammer von Delft.
— Zum siebenden das Schiff »Schlott von Honningen« für Rot-terdam.

Joan Maetsuyker (1606–1678), Generalgouverneur V.O.C.

– Zum achten das Schiff »West-Friesland« für Horn.
– Zum neunten das Schiff »Arnheim« für Enkysen[174].

Den 23sten Dezember haben wir die Sundastraße passiert und zwei Schiffe zurückgelassen, die uns convoiiert hatten, nämlich das Schiff »Dumburg« und das Schiff »Kaukergen«. Und nachdem wir die Straße hinter uns gelassen, bekamen wir den 24sten dito einen trefflichen Passage-Wind, daß wir auf die Insel Mauricius zugehen konnten, welche neunhundert Meilen von Batavia liegt. Vor dieser Zeit war die Insel von den Holländern bewohnt, aber mit Willen wieder verlassen worden, weil daraus nur Ebenholz kommt (das ist der Kern von dem Ebenbaum; die Rinde aber davon und anderes umliegendes Holz wird verbrannt) und »Ambra-Grüs«. Von dem sagen die Indianer, daß es »Semen Cete« sei, den das Meer ans Ufer werfe, wenn es große Stürme gibt. Und die, die ehedessen auf der Insel Mauricius gelegen[175], sagen, wer zuvor kein »Ambra-Grüs« gesehen, der sollte anders nicht meinen, es wäre ein Kuhfladen, nur daß der Geruch einige Differenz gebe.

DAS SIEBENZEHENDE CAPITUL –
WAS SICH ANNO 1660 BEGEBEN

Da wir nun auf die sechs Wochen auf See zugebracht und die Höhe der Insel Mauricius hatten, waren wir sehr froh. Denn es gibt dort gemeiniglich große Stürme, und die meiste Gefahr ist überwunden, so man glücklich passiert. Wir segelten deswegen fröhlicher fort auf das Capo de bonn' Esperance. Aber es wurde uns weniger Wasser gegeben, weil jegliches Schiff zwei Pferde von Batavia auf das Capo mitnehmen mußte. Und weil Pferde viel Wasser brauchen, ist einem jeden das Wasser um zwei Mutsies vermindert worden; zuvor hatten wir zehn »Mutsies« (so viel wie eine Kanne oder Maß). Daher ist es gekommen, daß wir die Pferde manchmal verflucht haben und endlich froh wurden, als nach einer Weile ein Pferd gestorben war; das andere wollten wir auch gar totbeten, weil es uns alle Tage zwei Mutsies Wasser abgenommen hat.

Den ersten März sind wir mit der Hilfe Gottes an das Capo gearriviert mit drei Kranken aber keinem Toten auf unserem Schiff, und haben die Pferde alsbald an Land heben lassen. Den anderen Tag haben wir alle unsere Wasserfässer oben auf die Schiffe bringen und vom Ober- und Unterbüttner wohl versehen lassen. Wir füllten die Fässer täglich wieder mit frischem Wasser an, bekamen auch alle Tage Ochsen- und Schafffleisch und andere Erfrischung. Dabei wurde aber auf allen Schiffen verboten (und es wurden auch Placades angeschlagen), von den Heiden nichts zu kaufen als etwa Staußeneier oder Fische, aber nichts von großen Tieren wie Kühen, Ochsen oder Schafen, auch keine Rhinoceroshörner oder Elefantenzähne bei Verlust aller Gage oder Besoldung.

Diese Heiden werden »Hottentotten« genannt[176]. Es sind fast Unmenschen, nicht groß von Statur, sehr dürr und mager, und sie führen eine unannehmliche Sprache wie wenn sie gluckten wie indianische Hähne. Sonst sind sie nackt, außer daß sie um ihren Leib ein Mäntelein von grobem Schaffell tragen und ein Trumm von Pelz, um die Natur zu verhüllen. Kommt man an Land, so kommen sie gelaufen und schreien in ihrer Sprache »Brocqua« (das ist: »Brot«). Und wenn sie das erlangen, so treten sie mit den Füßen darauf und heben ihre Schaffelle auf, um sich besehen zu lassen, wie sie conditoniert sind. Denn es wird ihnen in ihrer Kindheit der linke Testiculus ausgenommen. Ihr Zierrat ist, daß sie ihre bloßen Leiber mit allerlei Fett beschmieren; daher riechen sie gewaltig übel, und das Gedärm von den Schafen brauchen sie, um ihre Füße damit zu umwinden. Und wenn sie Schafe schlachten, so nehmen sie einen Teil des Gedärms und reinigen es von inliegendem Unflat nur wenig, weil sie es nur durch die Finger ziehen. Dann legen sie das Gedärm aufs Feuer, und wenn es eine kleine Weile darauf gelegen hat, nehmen sie es wieder ab und verzehren es, was mit rechtem Grauen anzusehen ist.

Man kann nicht wissen, was ihre Religion sei; in der Frühe aber, wenn es Tag werden will, kommen sie zusammen, halten einander bei den Händen und tanzen und schreien in ihrer Sprache gegen den Himmel hinaus. Daraus ist zu præsumieren, daß sie doch von Gott einige Wissenschaft haben müssen. Als man sie nach ihrem Glauben fragte, sagten sie einstmals, daß sie an den glauben, der alles erschaffen habe, Himmel, Erde und Meer und alles, was auf Erden sei.

Sonst können sie mächtig laufen, und eben deswegen wurden Pferde von Batavia dahin gebracht, um eine Reiterkompanie zu formieren aus unserer Soldatesca, die da an dem Capo liegt. Denn den Heiden ist durchaus nicht zu trauen, sintemalen sie allerlei Schelmenstücke anzurichten wissen. Anno 1650 haben die Holländer erst eine Forteresse dahin gebauet[177], bei welcher die englischen Schiffe, die dort anlanden, ihren Ankergrund geben müssen als einen Zoll.

HOTTENTOTTEN AAN CAAP DER GOEDE HOOPE.

»Hottentotten« (Khoi-Khoin) am Kap der Guten Hoffnung

224

Es gibt allerlei Tiere auf der Insel, sonderlich Löwen, von denen zwei Häute in unseres Gouverneurs Haus hängen. Einer davon ist von einem Heiden mit einem Pfeil erschossen worden, der andere wurde im Wald von einem wilden Schwein erwürgt, das sich gegen ihn gewehrt hat. Diese Schweine nennt man »Eisenschweine«, und sie haben auf ihrem Rücken schwarze und weiße Federn. Die sind einen Schuh lang und so mächtig hart, daß man damit ein Loch in ein Tuch oder in Holz oder Zeug machen kann. So brauchen denn auch die Schneider diese Federn statt eines Pfriems. Als nun gedachter Löwe sich an das Schwein machte, dieses aber gegen ihn sich wehrte und mit seiner Feder ihn in die linke Brust stieß, mußte der Löwe sich zur Tode bluten, so daß man beide tot beisammen fand; zum Wahrzeichen kann man den Löwen noch samt der Feder sehen.

Es gibt auch viele Elefanten daselbst und viele Straußen, von deren Eiern ich oft gegessen habe. Ich habe auch einst probiert, wie viele Hühnereier in ein solches Straußenei gehen und herausgefunden, daß es sechsunddreißig solcher Eier sind. In Holland hängen die Barbiere Straußeneier in ihre Stuben und haben gemeiniglich ihre Baumwolle darinnen. Ich habe davon zwei gehabt und für das eine auf Batavia einen halben Reichstaler gegeben. Als ich es einstmals aus meiner Kiste herauslegte, sprang meine Meerkatze (die konnte viele Künste und in India wurden mir sechs Reichstaler dafür geboten; ich gedachte aber, sie mit nach Hause zu bringen) auf die Kiste und warf das Ei herab, daß es in Stücke sprang. Darüber wurde ich so entrüstet, daß ich die Meerkatze dick abprügelte. Sie wurde mir aber krank und bald darauf starb sie, so daß ich in doppelten Schaden kam.

Da wir an dem Capo de bonn' Esperance waren, trafen wir das Schiff »Erasmus« an, das von dem Hafen (genannt die »Serdin Bai«[178]) angekommen war und viele Schafe für unsere Flotte mitgebracht hatte. Die Flotte hatte der Herr Commandeur, uns zum besten von Batavia geschickt, und so legten wir denn trefflich in das Schafsfleisch, wie es gar zu wohl kam. Wunderliche Zeitung gab uns das Schiff, in welcher Gefahr es gestanden wäre, nicht nur des großen Sturms wegen (davon ich besser unten berichten will), sondern wegen des eigenen Volkes. Das verhielt sich so:

Die armen Soldaten der holländischen Besatzung hätte ihr Commandeur so hart und elend gehalten, als wären sie noch geringer als Sklaven und Leibeigene, denn bei Tag hätten sie im Wald Holz hauen und bei Nacht ihre Wachen unausgesetzt versehen müssen. Über solche harte Drangsal wären etliche so desperat geworden, daß sie einen Anschlag auf das Schiff »Erasmus« geplant hätten[179], um die Besatzung niederzumachen, wenn sie an Land käme, um Holz zu schlagen für ihr dürftiges Schiff, und bei der Mahlzeit wäre. Danach hätten sie auf die Forteresse eilen wollen, ihrem Kommandeur zu danken wie ers um sie verdient hätte, und die anderen Freileute der Holländer totzuschlagen bis auf ihre Weiber, die sie zu sich nehmen wollten. Wenn das nun geschehen wäre, wollten sie einen Kanonenschuß tun und die Flaggen am Land wehen lassen mit halbem Stengel, damit die anderen auf dem Schiff »Erasmus« annehmen sollten, daß sie auch landen sollten nach Schiffsgebrauch. Und wenn auch das glücklich geschehen wäre, wollten sie auf das Schiff und mit gesamter Hand nach Angola im Königreich Congo (in ihrer Nachbarschaft gelegen) segeln. Das Schiff wollten sie an die Portugiesen verkaufen oder mit ihm nach Portugal gehen. Die aber solche Entreprise vorhatten, waren meistenteils Engländer, Schotten und Iren, die sich in Dienst begeben hatten.

Gott aber ließ es durch einen Barbier offenbar werden, der es ihrem Kommandeur entdeckte. Der setzte sich darauf sofort zu Pferd und entdeckte es denen vom Schiff »Erasmus«, die bereits im Wald waren. Der Kommandeur machte auch die Freileute geschwind wissen, sie sollten sich bereit halten. Weil nun die Sache herauskam, ehe jene ein rechtes Posto fassen konnten, wurde ihr Prinzipal samt den vornehmsten Interessenten geschwind ertappt und fest verwahrt, bis wir mit unserer Flotte kamen. Da nun unser Admiral und der Viceadmiral an Land fuhren, ließen ihm die Gefangenen alsbald ein Schreiben überantworten. Darin gestanden sie ihr böses Vorhaben, bedeuteten aber dabei, wie die Extremität und Unbarmherzigkeit ihres Kommandeurs sie dazu getrieben hätte. Als Soldaten hätten sie sich verbunden, Holland zu dienen, wie sie es denn bis dato redlich getan hätten in allen Occasionen, und nicht als Sklaven und noch elender gehalten als Sklaven.

Sie hofften, demnach würden die Herren Admirals andern Respect haben. Wiewohl nun ihr Kommandeur meinte, es sollte Justiz über die Soldaten gehalten werden, sah doch unser Admiral als ein verständiger Mann weiter hinaus. Er versprach ihnen, sie mit der ersten Flotte nach Batavia dem General zu senden mit einiger Commendation und zu ihrem besten Glimpf. Ihrem Kommandeur aber remonstrierte er seine große Unbesonnenheit mit dem Vermelden: So ihm Gott ins Vaterland helfe, wolle er bei der Compagnia judizieren lassen, ob er eines längeren Kommandos an diesem Ort wert wäre. Ehe wir absegelten, hinterließ der Admiral auch ein Schreiben an den General zu Batavia, dem die Gefangenen, je eher je besser, geschickt werden sollten.

Weil ich der Schottländer gedacht, will ich hierbei noch anfügen, in was für ein Unglück ich geraten bin und wie ich beinah um mein Leben gekommen wäre durch solch einen Schottländer. Als wir vor Columbo lagen, hatte ich einstmals Wacht mit vierundzwanzig Mann in dem Laufgraben bei den Mortiers (oder Feuermörsern). Ein Schottländer aber, *Robert Kohl* mit Namen, war mit seiner Compagnia auch dorthin kommandiert, ein baumstarker Mann, der vier Menschen zugleich anfassen und mit sich forttragen konnte. Nun vexierte man damals die Schottländer mächtig, weil sie ihren König verkauft hätten[180], und so sagte ich von ungefähr: Er hätte gut machen! Denn er gewinne doppelte Gage – eine von unserem Volk (den Holländern), die andere von seinen Landsleuten zu Haus, die ihm schon seinen Teil von dem Blutgeld für ihren König aufheben würden, bis er wieder heimkäme. Er entrüstete sich so heftig, daß er mich schnell mit einer Hand in der Mitte faßte, mich auf einen mit Steinen geladenen Mortier setzte und mit der anderen Hand nach der Lunte griff. Er wollte mich in die Luft schießen, welches gewiß geschehen wäre, wenn es Gott nicht so gefügt hätte, daß eben ein anderer die Lunte wegnahm, Tabak damit anzubrennen. Sonst hätte ich wohl in die Luft oder nach Columbo gemußt. Er bekam aber wegen seines Frevels einen verdienten Lohn, weil er zwei Tage hernach aus der Stadt geschossen wurde, da er aus einer Deckung sich zu bloß gab und die Besatzung agieren wollte.

Das Schiff »Erasmus« beklagte sich mächtig, was es für eine böse Reise von Batavia gehabt hätte mit dreißig Toten, und daß es auch mit Victuaille schlecht versehen wäre. Ohnedies sei alles mächtig lück, daß man sich nicht getrauen könne, damit nach dem Vaterland zu gehen. Denn das Schiff hätte nur noch einen Zimmermann und die anderen alle durch den Tod verloren. Da ließ unser Admiral alle Schiffer und Kaufleute an Land zitieren und gab Ordre, daß jedes von unseren Schiffen vier Mann geben sollte, desgleichen etwas Holz, Victuaille und Zimmerleute, damit überall Hilfe geschehe, das Schiff Erasmus mitzubringen, welches schon ein Jahr vorher hätte heimkommen sollen.

Den zwölften März haben alle Schiffe ihr Wasser schon gehabt, und die Hälfte des Volkes fuhr noch alle Tage an Land, um für zwei, drei Tage dort zu bleiben und sonderlich Fleisch zu kaufen bei den Bauern, die aus Holland mit ihren Weibern und Kindern dahin gekommen sind. Die Ost-Indianische Compagnia hat sie dahin geschafft, das Land anzubauen und anzusäen. Es sind an die dreißig, die eine halbe Meile von der Forteresse ihr Hauswesen haben; aber weiter dürfen sie sich nicht wagen wegen der Heiden (der Hottentotten). Also aber ist es bei der Compagnia verordnet, daß sie zehn Jahre in India zubringen müssen, ehe sie wieder heim dürfen. Dergleichen muß auch einer tun, der sein Weib mitnehmen will; ledige Soldaten sind hingegen nur auf fünf Jahre versprochen, die Bootsgesellen auf drei Jahre, die Hin- und Rückreise nicht mitgerechnet[181].

Den 15ten März kam Ordre, daß alle sich auf die Schiffe verfügen sollten, die zu Land waren und die Passage nach Hause nehmen wollten. Darauf strichen wir unsere Reh und Stengel wegen des zu Mittag allezeit harten Windes. Der kommt nur eine Stunde lang zur See und vom Land von zwei hohen Bergen auf dem Capo. Den größten von beiden kann man wegen der Wolken, mit welchen er stets bedeckt ist, nicht recht besehen. Der heißt der »Tafelberg«, ist recht geformt wie eine Tafel, doch länger als breiter, und gibt einen so gewaltigen Wind, daß einer meinen sollte, es müsse das Schiff und alles über und über gehen; deswegen muß das Schiff auch mit drei Ankern gehalten werden. Der andere Berg, genannt der »Löwenberg«, ist geformt wie ein Löwe und liegt, wenn man in den Hafen gehen will, zur rechten

Handelsschiffe auf hoher See

Hand unter dem »Tafelberg«. Wir bekamen wohl Lust, auf den Berg eine Reise zu tun, es wollte aber die Zeit nicht leiden. Allein, mein werter Freund, Herr *Johann Jacob Merklein*, welcher der Compagnia fast um selbige Zeit als Barbierer diente, hat es beschrieben[182]. Das will ich beifügen, weil es wert ist, gelesen zu werden:

»Es kamen (schreibt er) neun von uns auf dem Schiff überein, zu unserer Recreation (oder vielmehr aus Fürwitz) den Tafelberg zu ersteigen, welcher nicht weit vom Strand und in sonderlicher Höhe war. Wiewohl nun unser Kapitän uns des Morgens beizeiten an Land setzen ließ, brauchten wir doch beinahe den ganzen Tag, ehe wir zu fünft hinaufkamen; denn die anderen vier kamen nicht weiter und sind unterwegs umgekehrt. Als wir aber eine kurze Weile auf dem Berg gewesen und (wie verabredet) ein großes Feuer gemacht und uns mit ein wenig Wasser, das die Wolken in hohlen Steinen hinterlassen, erquickt hatten, merkten wir, daß von der anderen Seite des Gebirges eine dicke Wolke herangezogen kam. Weil wir zu fürchten hatten, die Wolke möchte auf dem Tafelberg liegen bleiben (wie es vormals oft geschehen war), mußten wir uns wiederum herab begeben, denn wir fürchteten Nässe und Kälte.

Als aber unterdessen der Abend einfiel und wir ziemlich eilten (denn wir meinten, noch bis an unsere Schanz zu kommen), traf mich das Unglück, daß ich von einem Felsen herabfiel und der linke Arm dislocierte. Deshalb mußten wir den Arm wiederum einrichten und (weil uns unterdessen die finstere Nacht überfiel) dort verbleiben, obwohl wir große Furcht hatten vor Löwen und anderen Untieren, derer sich viele in dem Gebirge aufhielten. Mir kam wohl zustatten, daß ich selbst ein Chirurgus war, denn sonst hätte mein Arm die Nacht über uneingerichtet bleiben müssen. Nachdem wir also den Lohn für unsere Vermessenheit empfangen hatten, kamen wir den anderen Tag wiederum zu Schiff.«

230

Den 16ten dito ging alles vom Land zu Schiff, und es wurde wieder angefangen, Stengel und Rehe aufzuwinden. Die Wände wurden fest angesetzt, die Wasserfässer und was sonst vonnöten war herbeigebracht und Schafe und vier Kühe auf jegliches Schiff geschafft.

Den 17ten und 18ten mußten wir arbeiten helfen, das Schiff in seine rechte Form zu bringen und von oben bis unten zu säubern. Den folgenden neunzehnten wurden die Segel angeschlagen und noch am selbigen Tag wurde das Abschiedsmahl gehalten. Am Abend kamen unser Admiral und der Viceadmiral, Schiffer und Kaufleute, und es wurde befohlen, unsere Anker bis auf einen zu winden, um den 20sten in Gottes Namen zu passieren.

Darauf ging es unter Segel, und wir dachten erstlich, auf die Insel St. Helena zu gelangen, wohin die Ost-Indianische Flotte gemeiniglich gelaufen[183] und die eine geraume Zeit unbewohnt war. Weil wir aber annahmen, die Insel sei jetzt von den Engländern besetzt, wollte es nicht ratsam scheinen sie anzulaufen[184]. Von dem Capo liegt sie nur dreihundertundfünfzig Meilen; man hat einen guten Passagewind, und es gibt Schiffe, die in zehn Tagen dorthin gesegelt sind.

Es gibt allerlei gute Früchte daselbst wie Feigen, Zitronen, Granaten, Limonien, auch allerlei Tiere, guten Fisch, sonderlich viele Geißen und Böcke aber auch Schweine. Die kann man nicht wohl bekommen, außer man jagt sie mit Hunden, von denen jedes Schiff der Compagnia acht, neun, zehn Stück mitführt. Auch wir hatten zuvor allein auf unserem Schiff zwölf Stück; aber weil wir nicht auf St. Helena landen sollten, haben wir sie auf dem Capo gelassen. Denn sie machen auf den Schiffen so gewaltigen Unflat, daß die Jungen oft den ganzen Tag nichts tun als nur fegen und wischen. Wenn sonst unser Volk auf die Jagd ging, mußte die eine Hälfte acht Tage auf der Jagd sein, Tag und Nacht. Aber es ist bös ans Land kommen, und unsere Flotte mußte so lange da bleiben, bis das letzte Schiff von

Batavia angekommen war, welches sich an die sechs Wochen verzögerte.

Den 8ten April passierten wir die Insel auf die Linea zu, und die Sonne stand uns gerade über dem Kopf; daher ist es dann mächtig ungesund zu segeln. Ich hab es selbst probiert und ein Messer auf das Schiff gesteckt, welches keinen Schatten von sich geworfen hat.

Im Monat Mai haben wir auch die Linea passiert und nur drei Tage darinnen zugebracht. Sonst haben manche Schiffe wegen großer mächtiger Windstille acht bis neun Wochen da liegen müssen mit vielen Toten und Kranken, derer wir nur zwei hatten. Von da an ging es mutig nach der »Graas-See«[185] zu, und wir dachten, wir stünden schon mit einem Fuß im Vaterland, wie uns denn Gottes Güte so gnädig angesehen und väterlich geholfen hat, daß in vielen Jahren keine Flotte so glücklich arriviert war als eben die unsrige.

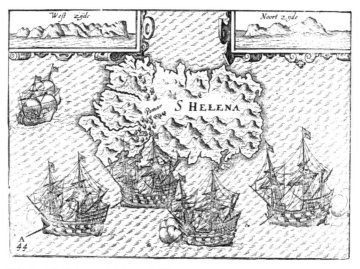

Die Insel S. Helena mit Kriegsschiffen

Als wir nun etliche Tage unter Segel waren, kamen wir in die »Graas-See«. Die sieht, wenn man recht darinnen ist, so grün aus als nimmermehr die allerschönste Wiese, weil man fast kein Wasser sieht und spürt. In etlichen wenigen Tagen haben wir die »Graas-See« auch passiert auf Hittland zu, welches wir umsegelt auf zweiundsechzig Grad Nord. Wir haben England, Schottland und Irland umlaufen, wofür uns von unseren Herren im Vaterland Sold für drei Monate geschenkt worden ist[186].

Da wir auf fünfzig Grad Nord gekommen waren, begegnete uns ein französisches Schiff, bei dem unser Schiff »West-Friesland« war. Unser Admiral tat darauf einen Schuß zum Zeichen, daß es sich nähern sollte. Unser Viceadmiral löste sein kleines Boot, um zu jenem Admiral zu fahren. Und weil ich für meine Person auch gern etwas Neues hören wollte, setzte ich mich mit hinein. Als wir wieder zu unserem Admiral kamen, kam eben ein Schiffer von den französischen Schiffen an. Den fragten wir, wo sie herkämen und wohin sie wollten und was sie geladen hätten. Sie antworteten aber, daß sie von Roschell kämen und nach der Insel Neff[187] wollten, Cabele zu fangen und eingesalzen nach Frankreich zu führen. Wir fragten, ob sie keinen Francewein hätten.

Sie sagten aber, daß sie schon zwei Monate unterwegs wären von Roschell und stets Contrair-Wind gehabt hätten. Deswegen sei wenig Wein übrig, den sie nötig brauchten, wenn sie auf die Insel Neff kämen, weil sie dort stets im Wasser sein müßten um zu fischen. Unserem Admiral und Viceadmiral teilten sie ein wenig mit und erzählten dabei die neue Zeitung, daß der junge König von England wieder eingesetzt worden wäre[188], und daß Schweden und Dänemark Frieden hätten. Der Türke aber wäre mächtig zur See mit vielen Raubschiffen, vor denen wir uns versehen sollten. Darauf warfen wir unser Holz ins Meer und hielten uns allerdings bereit zu fechten.

Vierzehn Tage waren wir unter Segel bei den genannten zweiundsechzig Grad Nord, da wurde es mächtig kalt, und wir hatten vierzehn Tage nacheinander Licht, damit wir in einem Buch lesen oder auf dem Brett spielen konnten, wenn die Sonne nur eine Stund untergegangen war und ein klein wenig finster wurde. Dabei wurde das Wetter wüst und neblig, bis wir den 5ten Juli 1660 südwärts auf Fero segelten[189]. Wir trafen an die achtzig Heringsfischer und durchstrichen die See mit gutem Westwind. Nahe am Hafen fanden wir unsere Kreuzer (oder Convoy) zehn Schiffe stark, die auf die sechs Wochen da gelegen hatten, und an die fünf Galeonen, die neben allerlei Victuaille für jegliches Schiff Lotsen mitbrachten, die die Schiffe in den Hafen locieren (oder bringen)[190]. Wir wurden sehr froh, weil wir von den fünf Galeonen reichlich tractiert wurden mit gutem Rotterdamer Bier, frischem Brot, Speck, Fleisch, Käse, Butter. Anfangs konnten wir es aber recht wenig genießen, weil unsere Mägen solche Speise nicht wohl annehmen wollten, welches denen dagegen desto besser kam, die solche Schiffe nach holländischer Manier zu lösen pflegen.

Denn kommt die Flotte aus India an, so kommen gewöhnlich die Eltiste Herren der Compagnia an die Schiffe und heißen die Ankommenden willkommen, bedanken sich für treu geleistete Dienste und entbinden sie ihres Eides; jene aber danken für ihre richtige und ehiste Bezahlung. Nach getaner Versprechung setzt man sie an Land, und es kommen andere Schiffsgesellen, die man die Schauer nennt. Die schlagen alsbald die Segel ab, lösen die Stücke und laden sie wieder. Was sie dann noch auf den Schiffen an Victuaille finden, gehört ihnen.

Was Speisen betrifft, so fanden sie auf unserem Schiff einen großen Vorrat aber desto weniger Trank; sintemalen wir, es wollte oder wollte nicht, von dem Rotterdamer Bier nicht viel zurückließen. Denn unterwegs und in Indien hatten wir kaum genug Wasser gehabt, und so pflegten wir zu sagen: So Gott uns wieder in unser Vaterland helfe und wir einen sähen, der frisches Wasser verunreinigt, so wollten wir ihn (und wenn es auch die Natur

Ankunft einer Retourflotte in Middelburg

erforderte) ins Wasser werfen. So geschieht es denn auch öfters in Holland: Treffen Schiffer, die in Indien gewesen sind, einen an, der eine Quelle oder ein Bächlein beschmutzt, so stoßen sie diesen ohne Bedenken hinein. Denn sie halten es für eine große Sünde, die edle Schöpfung so verächtlich zu halten, die sie in India und auf ihrer Reise nicht genießen konnten, so sehr sie es auch von Herzen wünschten.

Den 6ten Juli sind wir mit der Hilfe des Höchsten vor Flissingen angelangt[191]. Wir haben aber keinen Anker geschmissen, weil wir nur noch eine Meile hatten bis Middelburg. Dort sind wir noch am Nachmittag desselben Tages nach einer Reise von sechseinhalb Monaten arriviert. Wir wurden von unseren Pricipalen willkommen geheißen, aus unserem Eid entlassen[192], und es wurde uns die Besoldung versprochen. Alle unsere Kisten aber mußten wir zurücklassen, denn die lassen sie in das Ost-Indianische Haus bringen und visitieren[193]. Von den Kleidern abgesehen behalten sie alles, was über zwei Monatsgagen geht. Sie behalten auch alle Waren, die sonst die Ost-Indianische Compagnia einführt, es sei denn, es hat einer eine Specification (oder hole sie aufs Neue aus India), von wem und wie teuer ers gekauft hat. So ist es unserm Boutellier widerfahren, der in Proprio an die zweitausend holländische Gulden angelegt hatte; die mußte er für verloren halten, bis er die genannte Recognition aus India geholt und alsdann eine gewisse Satisfaction erfahren hatte.

Den 4ten Juli sind unsere Kisten visitiert worden, und den folgenden Tag hat man angefangen, uns zu bezahlen. Weil die Fremden den Einheimischen vorgingen, habe ich den 6ten dito ehrlich meine Portion bekommen, die ich auf den Schiffen verdient hatte. Was aber in Indien auf dem Lande restierte, das wurde der Gewohnheit nach auf Amsterdam verwiesen. Dorthin bin ich den 2ten dito per mare und folgend gar per terra marschiert, den neunten auch daselbst angekommen und habe bei alten noch lebenden Freunden Bericht von den meinigen einholen wollen. Einer hat berichtet, meine Eltern seien am Leben, ein anderer, sie seien beide tot. Von Furcht und Hoffnung getrieben habe ich darauf dem Secretario der Compagnia einen Reichstaler offeriert, damit er mir mein Geld desto schleuniger zahle.

Am dritten Tag danach habe ich es auch richtig bekommen und bin den elften zu Schiff von Amsterdam nach Hamburg gegangen. Den fünfzehnten bin ich dort wohlbehalten angelangt und habe bei dem »Weißen Schwan« nach dem Nürnberger Botten gefragt. Dieser *Hans Teich* war eben da, konnte aber auch keinen gewissen Bericht geben, außer daß er sagte, es wäre einer mit Namen *Saar* gestorben; aber ob es mein Vater gewesen sei, das wisse er nicht. Halb fiel mir inzwischen mein Herz, und was ich ahnte, das erfuhr ich den 27sten Juli aus einem Schreiben an mich, daß nämlich mein Vater, nach dem mich so herzlich verlangte, vor ungefähr acht Monaten aus dieser Welt seelig abgeschieden war.

Ich machte mich danach betrübt mit dem damaligen Botten *Hans Fischer* in mein liebes Vaterland auf, das mein gnädiger Gott den 11ten August 1660 mich wiederum hat sehen lassen nach sechzehn Jahren und vielem Ungemach, gefährlichen Travaglien zu Wasser und zu Lande, unter Heiden und Christen. Ich sage Gott von Herzen Lob, Preis und Dank, daß er mich trotz manchem Unglück und Kreuz, das er mir geschickt, so väterlich erhalten und aus Hunger und Kummer, aus Feuer und Wasser, aus Hitze und Brand, aus Blöße und Mangel barmherzig errettet hat. Der wolle noch ferner über mich walten mit seiner Gnade und Wahrheit von nun an bis in Ewigkeit.

ENDE DIESER REISZBESCHREIBUNG

Anmerkungen

1 Zu den Reiserouten deutscher Ostindienfahrer in die Niederlande instruktiv *van Gelder* (2004), S. 104.

2 Dazu *van Gelder* (2004), S. 33.

3 Zur Besoldung für Seeleute und Soldaten der V.O.C. *Bruijn/Gaastra/ Schöffer* I (1987), 210 ff.; *Gaastra* (1988), S. 34; *van Gelder* (2004), S. 45, 138 f.

4 Zur Anmusterung *Bruijn/Gaastra/Schöffer* I (1987), S. 149 f.; *Hanken* (2001), S. 21 ff.; *van Gelder* (2004), S. 25 f., 112 f.; *Dash* (2005), S. 82. Den Artikelbrief, auf den Seeleute und Soldaten der V.O.C. vereinigt wurden, gibt Saar unvollständig wieder. Das im 17. und 18. Jahrhundert mehrfach erneuerte Dokument, enthielt neben Bestimmungen über die Entschädigung von Körperverletzungen Vorschriften zur Disziplin und zur Ahndung von Dienstvergehen. Zum Artikelbrief Kirsch (1994), S. 34 f., 59 passim; zu den Entschädigungssummen *Haeger* (1888), S. 162.

5 Zu Größe und Tonnage der Retourschiffe *Bruijn/Gaastra/Schöffer* I (1987), S. 37 ff., 42 ff; II (1979), S. VII, 42 f. Eine »Last« belief sich auf ca. 2,09 Tonnen.

6 Die Größe der »Middelburg« ist in etwa zutreffend angegeben; die »Hof van Zeeland« war allerdings wesentlich größer, *Bruijn/Gaastra/ Schöffer* II (1979), S. 94.

7 Die Seezeichen lagen zwischen Texel und Den Helder, *Kirsch* (1994), S. 61, 67.

8 Zum Wachsystem auf V.O.C.-Schiffen *Kirsch* (1994), S. 62 f., 65 f., 73; *Dash* (2005), S. 13.

9 Verbreitet waren der von Läusen übertragene Flecktyphus und der durch Vitaminmangel ausgelöste Skorbut, näher dazu *Gaastra* (1988), S. 31; *Kirsch* (1994), S. 53, 114 ff.; *van Gelder* (2004), S. 125. Zu Krankenstand und Krankenversorgung an Bord instruktiv *de Hullu* (1980), S. 81 ff.; *Bruijn/Gaastra/Schöffer* I (1987), S. 161 ff.; *Hanken* (2001), S. 34 ff.; *Dash* (2005), S. 99.

10 Dazu *van Gelder* (2004), S. 133. Zu Bordgottesdiensten *Kirsch* (1994), S. 59.

11 Zu dieser Einrichtung *Kirsch* (1994), S. 65; *Dash* (2005), S. 117.

12 Die Verpflegung war kalorienreich jedoch arm an Kohlehydraten und Vitaminen, eingehend *de Hullu* (1980), S. 113 ff.; *Bruijn/Gaastra/Schöffer* I (1987), S. 215 ff., ferner *Gaastra/Bruijn* (1993), S. 203;

Hanken (2001), S. 32 ff.; *van Gelder* (2004), S. 123 f.; *Dash* (2005), S. 108 ff., ferner *Haeger* (1888), S. 167.

13 Essig wurde den Besatzungen offenbar aus gesundheitlichen Gründen verabreicht, *Kirsch* (1994), S. 53.

14 Zur Strafgewalt an Bord von V.O.C.-Schiffen *de Hullu* (1980), S. 98 ff.; *Bruijn/van Eyck van Heslinga* (1980), S. 9 ff., 18 f.; *Hanken* (2001), S. 44 f.; *van Gelder* (2004), S. 123.

15 Zu dieser im Artikelbrief angeordneten Strafe *de Hullu* (1980), S. 104; *Dash* (2005), S. 132.

16 Beim Kielholen handelte es sich wohl um eine niederländische Erfindung. Zu dieser Strafe, die insbesondere bei Gewalt gegen Schiffsoffiziere verhängt werden konnte, näher *de Hullu* (1980), S. 105; *Bruijn/van Eyck van Heslinga* (1980), S. 23 f.; *Dash* (2005), S. 133 f.

17 Zu Galle (Punto Galo) *Bruijn/Gaastra/Schöffer* I (1987), S. 132 ff. Der im Süden Ceylons gelegene Hafen wurde 1619 von den Portugiesen befestigt. Nach der Eroberung durch die Niederländer war Galle zwischen 1640 und der Einnahme Colombos im Mai 1656 Sitz des Gouverneurs der V.O.C., dazu *Gaastra* (1988), S. 18, zum Festungsbau auf Ceylon allgemein *Hazelhoff Roelfzema* in: *Ders.* (1988), S. 59 ff.

18 Dazu näher *de Hullu* (1980), S. 126 ff.; *Dash* (2005), S. 112.

19 Goa an der Malabarküste war der wichtigste portugiesische Stützpunkt in Indien, dazu *Paul* in: *Hazelhoff Roelfzema* (1988), S. 14 ff. *Bruijn/Gaastra/Schöffer* I (1987), S. 4 f.; *Kirsch* (1994), S. 314 f. Allgemein zu den Kontoren der V.O.C. *Gaastra* (1988), S. 26 ff.

20 Die nördlich von Colombo gelegene Stadt wurde 1640 von den Niederländern erobert und alsbald wieder an die Portugiesen ausgeliefert. Die Rückeroberung geschah 1644, *L'Honoré Naber* (1930), S. 96, Anm. 1.

21 Die Angabe ist zutreffend, *Bruijn/Gaastra/Schöffer* II (1979), S. 94.

22 Zu Freundschaften zwischen Bediensteten niederer Ränge *van Gelder* (2004), S. 122, 147; *Dash* (2005), S. 98. Zur Schilderung selbst *Übleis* (1980), S. 139.

23 Eine der kapverdischen Inseln. Zu Reiseroute und Reisedauer *Bruijn/Gaastra/Schöffer* I (1987), S. 56 ff.; *Gaastra/Bruijn* (1993), S. 188 ff.; *Kirsch* (1994), S. 68 f., 126 f.; *Dash* (2005), S. 102 f.

24 Dazu *L'Honoré Naber* (1930), S. 20.

25 Zum durch Mangel an Vitamin C ausgelösten Skorbut, der gewöhnlich erst mehrere Monate nach der Abreise im Südatlantik (»Skor-

butgürtel«) ausbrach, *Gaastra/Bruijn* (1993), S. 203; *Kirsch* (1994), S. 114 ff.; *Dash* (2005), S. 117 ff.

26 Zu Piratenüberfällen *Kirsch* (1994), S. 52, 80 ff.

27 Zu dieser Angabe *L'Honoré Naber* (1930), S. 21. Zur Vertreibung der Portugiesen aus Ceylon in den Jahren 1638–1644 und 1655–1658 eingehend *Bruijn/Gaastra/Schöffer* I (1987), S. 132 ff.; *Paul* in: *Hazelhoff Roelfzema* (1988), S. 17 ff.

28 Der Hinweis auf Goa ist fehlerhaft. Mit »Calutre« ist die Stadt Kalutara auf Ceylon gemeint, *L'Honoré Naber* (1930), S. 22.

29 Hauptsächliche Todesursache waren wohl Infektionskrankheiten. Auf dem Weg nach Asien lag die Sterberate im 17. Jahrhundert bei geschätzten 6,7 %. Auf der Rückreise scheint die Sterberate geringer ausgefallen zu sein, dazu *Bruijn/Gaastra/Schöffer* I (1987), S. 161 f.; *Gaastra* (1988), S. 31; *Gaastra/Bruijn* (1993), S. 202 f.

30 Derartige Vorkommnisse waren offenbar keine Seltenheitheit, *Hanken* (2001), S. 47; *van Gelder* (2004), S. 128; *Dash* (2005), S. 117. Vermutlich handelte es sich bei den der »Linea« zugeschriebenen »Blödigkeiten« um von Flecktypus ausgelöste Delirien, *Kirsch* (1994), S. 119.

31 Niederländische Schiffe liefen das Kap der Guten Hoffnung (die unter Seeleuten sog.»Indische Seeherberge«) seit dem Jahr 1616 an. Regelmäßig unterbrochen wurde die Reise seit der Gründung einer Niederlassung durch *Jan van Ribeek* im Jahre 1652, *Bruijn/Gaastra/Schöffer* I (1987), S. 68, 107 ff.; *Gaastra/Bruijn* (1993), S. 192; *Dash* (2005), S. 103 f., 114. Zur Gründung der Kapkolonie ferner *Hanken* (2001), S. 51 f.; *Gründer* (2003), S. 104.

32 Das Flotte hatte offenbar günstigen Wind. Zur Seeroute zwischen dem Kap und Java *Bruijn/Gaastra/Schöffer* I (1987), S. 70 f.; *Kirsch* (1994), S. 135.

33 Die Schiffe »Middelburg« und »Hof van Zeeland« erreichten am 18. Juli 1645, *Bruijn/Gaastra/Schöffer* II (1979), S. 94.

34 Dazu und allgemein zur Ankunft von V.O.C.-Schiffen in der Sundastraße *Bruijn/Gaastra/Schöffer* I (1987), S. 71; *van Gelder* (2004), S. 133.

35 Zu Bantam eingehend *Bruijn/Gaastra/Schöffer* I (1987), S. 3, 54; *Kirsch* (1994), S. 37 ff. passim.

36 Gemeint ist ein Fürstentum an der Nordküste Javas. Das zugehörige Fort stand im Besitz der V.O.C.

37 Die Sultanate von Bantam westlich von Batavia und Mataram im Osten Javas. Zur Benennung einheimischer Fürsten und Potentaten in Reiseberichten instruktiv *Übleis* (1980), S. 137.

38 Angesprochen ist an dieser Stelle wohl die Pilgerfahrt (Haddsch) nach Mekka, mit dem »Magneten« dürfte die Kaaba gemeint sein. Daß sich das Grab des Propheten in Medina befindet, ist Saar entgangen, und er scheint zudem Mekka mit Mokka (Mecha) am Ausgang des Roten Meers zu verwechseln.

39 Niederländisch: Vlieger; malaiisch, javanisch: perahu katir, *L'Honoré Naber* (1930), S. 28.

40 Mit Formosa (Taiwan) unterhielt Die V.O.C. seit dem Jahr 1623 eine Faktorei und das Fort Zeelandia, bis die Insel 1662 von den Chinesen erobert wurde, näher *Kirsch* (1994), S. 247 ff.

41 Dazu *Bruijn/Gaastra/Schöffer* I (1987), S. 123, ferner *Brans* (1963), S. 907 ff.

42 Womöglich steht »Gilcherland« für Guilcherland (Gulicherland); es handelt sich um Bezeichnungen für das heute deutsche Jülich.

43 Am linken Ufer des Flusses Tjiliwong befand sich bis 1619 eine englische Faktorei, dazu *Kirsch* (1994), S. 181.

44 Zur Eroberung Batavias im Frühjahr 1619 näher *Bruijn/Gaastra/Schöffer* I (1987), S. 122 ff.; *Kirsch* (1994), S. 183 f.

45 Gemeint ist der Generalgouverneur *Jan Pietersz. Coen* (1587–1627).

46 Zu dieser Schilderung näher *Kirsch* (1994), S. 177.

47 Ausgehend von der Befestigung »Küllenberg« (Cuylenburgh) war Batavia mit den folgenden Befestigungsanlagen umgeben: Zeeburch, Groeningen, Bergen, Vriesland, Utrecht, Zeelandia, Nassau, Diest, Hollandia, de Nieuwe Port, Orangie, Catsenellebogen, Gelderland, Vianen, Enckhuijsen, Hoorn, Rotterdam, Delft, Middelburch, Amsterdam, *L'Honoré Naber* (1930), S. 33, Anm. 2. Zu zeitgenössischen Berichten über Batavia eingehend *Kratz* (1981), S. 66 ff.; *Gaastra* (1988), S. 27 f.; *Kirsch* (1994), S. 150 ff., 172 f.; *Hanken* (2001), S. 71 ff.; *Gründer* (2003), S. 107 f.

48 Batavische Kronen (Realen), die ab 1640 geprägt wurden, mußten 1647 auf Befehl der niederländischen Regierung zurückgenommen werden, *L'Honoré Naber* (1930), S. 35.

49 Zur Bevölkerungsstruktur Batavias unter niederländischer Herrschaft *Kratz* (1981), S. 66 ff.; *Gaastra* (1988), S. 27 f.; *Kirsch* (1994), S. 151 f.; *Gründer* (2003), S. 108 f.; *van Gelder* (2004), S. 136 ff.

50 Mischehen waren nicht gern gesehen, wurden aber offenbar toleriert. Von Konkubinaten zwischen Europäern und asiatischen Frauen ist in den zeitgenössischen Reiseberichten ebenfalls häufig die Rede, *Kirsch* (1994), S. 162; *Gründer* (2003), S. 108; *van Gelder* (2004), S. 155 f.

51 Wohl von portugisisch: Deos (Gott, Gottheit). In der niederländischen Seemannssprache begegnet das Wort als »Joosje«, dazu *L'Honoré Naber* (1930), S. 40; *van Gelder* (2004), S. 150.

52 Zu den chinesischen Wajangspielen näher *Kratz* (1981), S. 68; *van Gelder* (2004), S. 152.

53 Dazu *Kirsch* (1994), S. 169.

54 Bei dem hier angesprochenen »Admiral« mag es sich um *Abel Janszoon Tasman* (1603–1659) gehandelt haben, den Entdecker Australiens, *L'Honoré Naber* (1930), S. 43.

55 Zu dieser Episode näher *Kratz* (1981), S. 68.

56 Gemeint ist Amboina (Ambon), eine Gewürzinsel im östlichen Teil des heutigen Indonesien. Zu Ambon statt vieler *Gaastra* (1988), S. 16.

57 *L'Honoré Naber* (1930), S. 45 verweist auf eine Expedition des Oberkaufmanns Adriaen Dortsmann mit den Schiffen »Middelburg«, »Waterhond«, »Wakende Boei«, »Haring«, »Ter Gapinge«, »Loodsboot« (»Dolfijn?«) und »Broeckoort«.

58 Angesprochen ist das Fort Victoria auf Amboina, im Jahr 1623 Schauplatz des Massakers an englischen Kaufleuten. Zu diesem Vorfall näher *Milton* (2002), 345.

59 Eine der Gewürzinseln und Herkunftsort von Sago, näher *Kirsch* (1994), S. 237 ff.; *Milton* (2002), S. 215 f., 302 f. passim.

60 Eine der Gewürzinseln mit befestiger Niederlassung, *Milton* (2002), S. 44 ff., 123 f. passim. Endgültig unterworfen wurde Ternate erst im Jahr 1684, *Gründer* (2003), S. 101.

61 Das Fort Nassau auf Banda-Neira, *L'Honoré Naber* (1930), S. 49, Anm. 1, zu den Banda-Inseln näher *Gaastra* (1988), S. 16; *Milton* (2002), S. 211 passim. Das Fort Nassau war Schauplatz des Massakers an bandanesischen Häuptlingen, dazu *Gründer* (2003), S. 102.

62 Mit »metallinen« Stücken dürften aus Zinnbronze gegossene Geschütze gemeint sein.

63 Vermutlich handelt es sich um eine Verstümmelung von »Belgica«, *L'Honoré Naber* (1930), S. 49, Anm. 2.

64 *L'Honoré Naber* (1930), S. 49, Anm. 3 vermutet eine Verstümmelung von Gunung Api, einer vulkanischen Bandainsel, *Milton* (2002), S. 125, 127, 154, 277, 395.

65 Gemeint ist vermutlich die Insel Banda-Lontar, *L'Honoré Naber* (1930), S. 49, Anm. 4.

66 Das zwischen Gunung Api und Banda-Neira gelegene »Zonnegat«, *L'Honoré Naber* (1930), S. 49, Anm. 6.

67 Die Gewürzinsel Pulo Ai westlich von Groß-Banda mit dem Fort Revenge, *L'Honoré Naber* (1930), S. 50, Anm. 1; *Kirsch* (1994), S. 233 f., 294; *Milton* (2002), S. 284, 316.

68 Pulo Run südwestlich von Pulo Ai, *L'Honoré Naber* (1930), S. 50, Anm. 2; *Kirsch* (1994), S. 22, 241; *Milton* (2002), S. 282 ff. passim.

69 Die Behandlung der Muskatnüsse mit Kalk hemmte das Keimvermögen, *L'Honoré Naber* (1930), S. 50, Anm. 3.

70 Gemeint sind Kolonisten (perkeniers, Freibürger), die die V.O.C. auch am Kap der Guten Hoffnung und auf den Molukken ansiedelte. Zur Siedlungspolitik der Niederländer in Fernost näher *Gaastra* (1988), S. 32; *Kirsch* (1994), S. 132, 235; *Gründer* (2003), S. 102.

71 Zu Sklaverei unter der Herrschaft der V.O.C. *Übleis* (1980), S. 135; *Kirsch* (1994), S. 132, 162 f. passim.

72 Die Insel Damma nordöstlich von Timor, *L'Honoré Naber* (1930), S. 51, Anm. 1.

73 Die Inselgruppe Tanimbar zwischen Timor und Neuguinea, *L'Honoré Naber* (1930), S. 51, Anm. 2.

74 Die Key- und Aru-Inseln, *L'Honoré Naber* (1930), S. 52, Anm. 1.

75 Es handelt sich um einen auf den Molukken gebräuchlichen Schiffstyp, *L'Honoré Naber* (1930), S. 52, Anm. 2.

76 Gemeint ist ein Gong, *L'Honoré Naber* (1930), S. 52, Anm. 3.

77 Im Gegensatz zu den Spaniern und Portugiesen legten die Niederländer geringen missionarischen Eifer an den Tag. Die V.O.C. verfügte seit 1622 über ein eigenes Priesterseminar (Seminarium Indicum) in Leiden, dessen Absolventen allerdings vornehmlich der Versorgung der europäischen Bediensteten dienten, näher *Übleis* (1980), S. 140; *Gaastra* (1988), S. 38; *Gründer* (2003), S. 109, zu Geistlichen im Dienst der V.O.C. ferner Dash (2005), S. 94 ff.

78 Das im Jahr 1646 von *Adriaen Dortsmann* gegründete Fort Wilhelmus, *L'Honoré Naber* (1930), S. 55, Anm. 3.

79 Zur Insel Celebes näher *Kirsch* (1994), S. 372; *Milton* (2002), S. 167.

80 Gemeint ist *Wilhelm von Nassau-Oranien*, genannt »der Schweiger« (1533–1584), Statthalter von Seeland und Holland.

81 Angesprochen ist wiederum der Oberkaufmann *Adriaen Dortsmann*.

82 Der englische Hauptmann *Thomas Pedel* war schon im Jahr 1627 nach Ostindien gekommen, zu ihm *Kirsch* (1994), S. 266 ff.

83 Diese Reaktion der Eingeborenen beruhte womöglich darauf, daß *Adriaen Dortsmann* auf der Insel Damar Muskatbäume in großer Menge gefunden hatte, *L'Honoré Naber* (1930), S. 59, Anm. 1.

84 Gemeint ist der Generalgouverneur *Cornelis van der Lijn* aus Alkmar (1608–1668), *L'Honoré Naber* (1930), S. 60, Anm. 1, ferner *Gaastra* (1988), S. 24 f.

85 Zu diesem Gremium eingehend *Bruijn/Gaastra/Schöffer* I (1987), S. 119 ff.

86 Zur Leitung der V.O.C. in den Niederlanden statt vieler *Gaastra* (1988), S. 5 ff., 37 ff.

87 Gemeint ist *Cornelis Witsen*, Gouverneur von Banda, *L'Honoré Naber* (1930), S. 61, Anm. 2.

88 *Dortsmann* starb am 28. Oktober 1646, *L'Honoré Naber* (1930), S. 61, Anm. 3.

89 Von niederländisch: Sagoeweer – es handelt sich um einen Palmwein, *L'Honoré Naber* (1930), S. 61, Anm. 4.

90 Zur Verbreitung von Prostitution instruktiv *Kirsch* (1994), S. 164; *van Gelder* (2004), S. 154 f.

91 Zur Person *L'Honoré Naber* (1930), S. 64 Anm. 1, zur Strafjustiz in Niederländisch-Ostindien ferner *Kirsch* (1994), S. 171; *van Gelder* (2004), S. 148.

92 Die Episode könnte sich im Jahr 1628 während einer Belagerung Batavias abgespielt haben. Nachweise dazu bei *L'Honoré Naber* (1930), S. 65, Anm. 1.

93 Dazu die Schilderungen in Kapitel 12 und 13.

94 Zu homosexuellen Kontakten und zu sexuellen Übergriffen auf Jugendliche näher *Aerts* (1988), 5 f., 10 ff.; *Dash* (2005), S. 120.

95 Die Einnahme geschah am 13. März des Jahres 1640, *L'Honoré Naber* (1930), S. 66, Anm. 1.

96 Von portugiesisch: passo (Durchgang), *L'Honoré Naber* (1930), S. 66, Anm. 2. Die portugisiesche Sprache blieb auf Ceylon auch nach der Eroberung durch die V.O.C. Lingua Franca, näher dazu *van Goor* in: *Hazelhoff Roelfzema* (1988), S. 26.

97 Gemeint ist die Insel Manar an der ceylonesischen Westküste, *L'Honoré Naber* (1930), S. 67. Zur Perlentaucherei auf Manar näher Kapitel 15.

98 Zu dieser Schilderung *Kirsch* (1994), S. 158 f.

99 Das Wort entstammt offenbar der Soldatensprache – gemeint ist ein Punsch, *L'Honoré Naber* (1930), S. 73.

100 Dazu *Hanken* (2001), S. 79.

101 Ein portugiesisches Lehnwort: curral (Stall), *L'Honoré Naber* (1930), S. 77.

102 Ein Lehnwort aus dem Portugiesischen: Bailador (Tänzer), *L'Honoré Naber* (1930), S. 79.

103 Von portugiesisch: Cobra de Capello (Schlange mit Haube), *L'Honoré Naber* (1930), S. 80, Anm. 2.

104 Javanisch: Kelemman, portugiesisch: caimão, niederländisch: Kaaiman, *L'Honoré Naber* (1930), S. 83. Ostindienfahrer brachten häufig präparierte Krokodile nach Europa – es handelte sich um das Symbol der Apotheker, näher *Dash* (2005), S. 43.

105 Angesprochen ist der Hafen Matara östlich von Galle auf Ceylon, *L'Honoré Naber* (1930), S. 84, Anm. 1.

106 Zur Funktion derartiger Quälereien, die im übrigen auch an Bord von V.O.C.-Schiffen vorkamen, eingehend *van Gelder* (2004), S. 132; *Dash* (2005), S. 119 f.

107 In Jamby auf Sumatra unterhielt die V.O.C. ein unbefestigtes Handelskontor.

108 Dazu näher van Goor in: *Hazelhoff Roelfzema* (1988), S. 21 ff.; *Kirsch* (1994), S. 301.

109 Angesprochen ist ein Hauptmann namens *Walraven de St. Amant*, dazu *L'Honoré Naber* (1930), S. 98, Anm. 1.

110 Gemeint ist *François Caron* (1600–1673), Rat von Indien und Verfasser der »Bescheibung des mächtigen Königreichs Japan« (1645), *L'Honoré Naber* (1930), S. 98, Anm. 2.

111 Gemeint ist vermutlich *Radscha Singha* II. *von Kandy* (1635–1687). Zu ihm näher *Ubaghs/Chutiwongs* in: *Hazelhoff Roelfzema* (1988), S. 37 ff.

112 Angesprochen ist *Adriaen van der Stel*, dazu *L'Honoré Naber* (1930), S. 100.

113 Es handelt sich um eine im 17. Jahrhundert gebräuchliche Umschreibung für den Abzug kampfbereiter Soldaten.

114 Die V.O.C. begnügte sich auf Ceylon mit einem umlaufenden Küstenstreifen, dem Fürsten von Kandy blieb das Binnenland.

115 Dazu näher die Schilderung in Kapitel 16.

116 Gemeint sind Banyans, Hindukaufleute aus der Provinz Guzerat im Hinterland von Surat an der indischen Westküste. In Guzerat wurden Textilien und Indigo hergestellt, näher dazu *Bruijn/Gaastra/Schöffer* I (1987), S. 130.

117 In Surat unterhielt die V.O.C. seit dem Jahr 1616 eine Faktorei, eingehend *Bruijn/Gaastra/Schöffer* I (1987), S. 130; *Kirsch* (1994), S. 317 ff.; *Milton* (2002), 140 ff., 238 passim.

118 Zu den Handelsbeziehungen der V.O.C. mit Japan näher *Bruijn/*

Gaastra/Schöffer I (1987), S. 182, 186; *Gaastra* (1988), S. 19 ff.; *Gründer* (2003), S. 103 f.

119 Zur Faktorei der V.O.C. in Hormus am persischen Golf *Bruijn/Gaastra/Schöffer* I (1987), S. 130.

120 Surat wird an dieser Stelle offenbar mit Kismis in Persien verwechselt, *L'Honoré Naber* (1930), S. 114, Anm. 1. Zu den Beziehungen der V.O.C. mit Persien *Gaastra* (1988), S. 18.

121 Gemeint ist die Faktorei Gamron am Persischen Golf. Gamron war ein Zentrum des Seidenhandels, *Bruijn/Gaastra/Schöffer* I (1987), S. 120.

122 Die nachstehend wiedergegebene Episode ist nicht überprüfbar, *L'Honoré Naber* (1930), S. 115. Angesprochen ist *Nicolaas Jacopsz. Overschie*, Direktor der V.O.C. in Gamron, zu ihm *Bruijn/Gaastra/Schöffer* I (1987), S. 131.

123 Angesprochen ist die Hinrichtung *Karls I.* von England (*1600) am 30. Januar 1649 in London und die Übertragung der Regierungsgewalt auf Lordprotektor *Oliver Cromwell* (1599–1658). Mit »Feurfax« ist der Oberbefehlshaber des Parlamentsheeres *Thomas Fairfax*, 3. *Lord Fairfax of Cameron* (1612–1671) gemeint.

124 Die Angabe ist ungenau. Die zwischen Colombo und Galle gelegene Stadt Kalutara (Galutre) wurde 1655 durch *Gerard Hulft* († 1656) eingenommen, *L'Honoré Naber* (1930), S. 120, Anm. 1.

125 Angedeutet ist der im Mai 1652 durch die Schlacht bei Dover zwischen Admiral *Maarten Tromp* (1598–1653) und dem englischen General *Robert Blake* (1599–1657) ausgelöste Niederländisch-Englische Seekrieg der Jahre 1652–1654.

126 Dazu *L'Honoré Naber* (1930), S. 121. *Rijklof van Goens* (1619–1682) amtierte als Gouverneur von Ceylon in den Jahre 1658–1663, *Bruijn/Gaastra/Schöffer* I (1987), S. 121 f., 133.

127 Zu den »extraordinaris raden« der V.O.C. *Bruijn/Gaastra/Schöffer* I (1987), S. 120; *Gaastra* (1988), S. 24 passim.

128 Zu Begriff, Verbreitung und Ahndung dieses Vergehens *Aerts* (1988), 5 ff.: »Sodomiterei« ist nicht mit Homosexualität gleichzusetzen; es handelt sich vielmehr um eine Sammelbezeichnung für ethisch mißbilligte, nicht auf Fortpflanzung zielende sexuelle Handlungen.

129 Zur Jurisdiktion der V.O.C. auf Ceylon eingehend *van den Horst/Hovy* in: *Hazelhoff Roelfzema* (1988), S. 43 ff.

130 Angesprochen ist die Hinrichtung des V.O.C.-Beamten *Justus Schouten* am 13. Juli 1644 in Batavia, *L'Honoré Naber* (1930), S. 122, Anm. 1; *Kirsch* (1994), S. 105.

131 Zu einem ähnlichen Ereignis *Kirsch* (1994), S. 171.

132 Angesprochen ist die Niederlassung Negapatnam an der Coromandelküste. Die Bedeutung dieses Küstenabschnitts, der seit dem Jahr 1605 von Schiffen der V.O.C. angelaufen wurde, beruhte im wesentlichen darauf, daß die hier produzierten Textilien den Gewürzhandel mit den Molukken ermöglichten. Das Hauptquartier der V.O.C. befand sich in Pulicat, näher *Bruijn/Gaastra/Schöffer* I (1987), S. 72, 128 ff.

133 Zu Berichten über Witwenverbrennungen (Satī) in Reisebeschreibungen *Übleis* (1980), S. 142; *van Gelder* (2004), S. 101.

134 Zu dieser Bemerkung näher *Übleis* (1980), S. 144.

135 Dazu *L'Honoré Naber* (1930), S. 126.

136 Zu dieser Bemerkung *Übleis* (1980), S. 142 f.

137 Instruktiv zu den mäßigen Aufstiegschancen von Soldaten im Dienst der V.O.C. *Gaastra* (1988), S. 34 f.

138 Zu dieser Episode *Boxer* (1965), S. 232.

139 Gemeint ist wohl Barberyn südlich von Kalutara an der Westküste Ceylons, *L'Honoré Naber* (1930), S. 130, Anm. 1.

140 Zu dieser Bemerkung *van Gelder* (2004), S. 141.

141 Dazu *van Gelder* (2004), S. 50.

142 Näher *van Gelder* (2004), S. 161.

143 Zu dieser Angabe *L'Honoré Naber* (1930), S. 133, Anm. 2.

144 Gemeint ist das Kloster Aqoa dos Lobos (Wolfstal), *L'Honoré Naber* (1930), S. 137.

145 Die Tötung portugiesischer Kriegsgefangener hatte ihre Ursache offenbar darin, daß den Niederländern die Bewachung der Gefangenen Schwierigkeiten bereitete. Die Frage, wie Kriegsgefangene zu behandeln seien, war im 16. und 17. Jahrhundert Gegenstand einer kontroversen Diskussion. Dazu eingehend *Grewe* (1988), S. 252, 254 f. passim.

146 Wiederum ist *Gerard Hulft* gemeint, *L'Honoré Naber* (1930), S. 140.

147 Zur Beurteilung dieser besonders widerwärtigen Behandlung von Zivilisten durch niederländische Soldaten nach zeitgenössischem Kriegsvölkerrecht wiederum *Grewe* (1988), S. 253 ff.

148 *Gerard Hulft* fiel am 10. April 1656. Die Belagerung wurde unter dem Gouverneur *Adriaen van der Meyden* und dem Capitain *Jan van der Laen* fortgesetzt, *L'Honoré Naber* (1930), S. 143.

149 Eine Stadt an der Malabarküste mit befestiger Handelsniederlassung der V.O.C., näher *Kirsch* (1994), S. 292.

150 Die Einnahme Colombos sicherte der V.O.C. nach verlustreichen Auseinandersetzungen mit den Portugiesen die Herrschaft auf Ceylon und das Zimtmonopol, näher *Kirsch* (1994), S. 301.

151 Zu dieser Angabe *L'Honoré Naber* (1930), S. 149.

152 *L'Honoré Naber* (1930), S. 151 vermutet eine Herleitung von portugiesisch: escarnicar (schimpfen, schmähen).

153 Die Insel Manar im Nordwesten Ceylons, *L'Honoré Naber* (1930), S. 154.

154 Die Bemerkung mag ihre Ursache darin haben, daß zahlreiche Einwohner Ceylons unter portugiesischer Herrschaft zum Katholizismus übergetreten waren, *L'Honoré Naber* (1930), S. 156, Anm. 1, ferner *van Goor* in: *Hazelhoff Roelfzema* (1988), S. 26.

155 Gemeint ist Jaffnapatam an der Nordspitze Ceylons, *L'Honoré Naber* (1930), S. 156, Anm. 2.

156 Zu dieser Bemerkung *Boxer* (1965), S. 219.

157 Dazu *Kirsch* (1994), S. 302.

158 Zu Plünderungen näher *Kirsch* (1994), S. 10.

159 Gemeint ist Korneuburg in Niederösterreich.

160 Angesprochen ist Punta das Pedras, die Nordspitze Ceylons, *L'Honoré Naber* (1930), S. 164, Anm. 1.

161 Die Garnison Cranganore an der Malabarküste, zu ihr *Kirsch* (1994), S. 313.

162 Die Schreibung ist fehlerhaft. Angesprochen ist der »Naïk«, ein örtlicher Würdenträger, *L'Honoré Naber* (1930), S. 164, Anm. 2.

163 Angesprochen ist das südostindische Mylapore, *L'Honoré Naber* (1930), S. 165, Anm. 1.

164 *L'Honoré Naber* (1930), S. 166 denkt an die nördlich Negombos gelegene Stadt Chilaw.

165 Gemeint ist der rote spanische Pfeffer, alt-holländisch: risje, *L'Honoré Naber* (1930), S. 168. Zur nachstehend geschilderten Reiseverpflegung eingehend *Kirsch* (1994), S. 382; *van Gelder* (2004), S. 161.

166 Die Handelsniederlassung Palembang im Süden von Sumatra.

167 Die Bemerkung dürfte ironisch gemeint sein. Eine derartige Schule ist für Amsterdam nicht nachweisbar, *L'Honoré Naber* (1930), S. 171.

168 Offenbar unterläuft *Saar* an dieser Stelle eine Verwechslung. Zur Schilderung selbst *van Gelder* (2004), S. 142 f.

169 Dazu bereits Kapitel 5 am Ende.

170 Gemeint ist *Pieter Sterthemius*, Direktor der V.O.C. in Bengalen, *L'Honoré Naber* (1930), S. 175.

171 Angesprochen *Joan Maetsuyker* (1606 bis 1678), Jurist und Schöpfer des Gesetzbuchs für Ostindien (Indisch Wetboek) von 1642, Generalgouverneur in den Jahren 1653–1678. Unter *Maetsuyker* erlebte Batavia den Höhepunkt seiner Blüte, dazu *Kirsch* (1994), S. 146.

172 Angesprochen ist die Hochzeit *Wilhelms II. von Oranien* (1626–1650) mit *Henriette Maria* (1631–1660), einer Tochter König *Karls I.* von England. Im übrigen sind die Angaben fehlerhaft, denn die Hochzeit hatte bereits 1641 stattgefunden, und das Schiff »Prins Willem«, mit dem *Saar* in die Niederlande zurückkehrte, war 1650 in Dienst gestellt worden. Dazu die Angaben bei *Bruijn/Gaastra/Schöffer* III (1979), S. 72.

173 Gemeint ist *Friedrich Heinrich von Oranien* (1584–1647).

174 Zu dieser Flotte, die Batavia am 18. Dezember 1659 verließ, *Bruijn/Gaastra/Schöffer* II (1979), S. 70 ff.

175 Am Kap der Guten Hoffnung trafen die Flotten aus Ceylon und Batavia zusammen, um gemeinsam die Heimreise nach Europa anzutreten. Zum Seeweg über den Indischen Ozean zum Kap näher *Bruijn/Gaastra/Schöffer* I (1987), S. 80 ff. Die Gründung des Stützpunkts am Kap machte es ab 1652 überflüssig, Mauritius anzulaufen, *L'Honoré Naber* (1930), S. 177, Anm. 1.

176 Zu den Khoi-Khoin (»Hottentotten«) in der Wahrnehmung von Ostindienfahrern näher *Bassani/Tedeschi* (1990), S. 157 ff.; *Kirsch* (1994), S. 129; *Hanken* (2001), S. 55.

177 Richtig wäre die Angabe 1652.

178 Die von den Khoi-Khoin erworbene Saldanhabay nördlich des Kaps, dazu *Bruijn/Gaastra/Schöffer* I (1987), S. 107 passim.

179 Von schlechter Behandlung ausgelöste Meutereien waren offenbar keine Seltenheit. Die Archive berichten von 44 derartigen Vorkommnissen, die sämtlich streng geahndet wurden, näher *Gaastra/Bruijn* (1993), S. 202; *Bruijn/van Eyck van Heslinga* (1980), S. 9, 21 f.; *Dash* (2005), S. 131. Zu Einzelfällen aus dem 17. Jahrhundert eingehend *Vermeulen* in: *Bruijn/van Eyck van Heslinga* (1980), S. 27 ff.

180 Die Bemerkung zielt auf die Auslieferung König *Karls I.* im Jahr 1647: Die schottische Armee hatte den König gegen Zahlung von 400 000 £ an die Engländer überstellt.

181 Die Dienstzeiten sind korrekt wiedergegeben, *Gaastra* (1988), S. 30; im Jahr 1658 wurde die Dienstzeit für die unteren Ränge der Seeleute ebenfalls auf fünf Jahre erhöht, *Kirsch* (1994), S. 23.

182 Der aus Windsheim gebürtige *Johann Jacob Merklein* (1620–1700) diente der V.O.C. 1644–1653 als Schiffsarzt und unternahm Reisen

nach Sumatra, Malakka, Kedah, Bengalen, Ceylon, Malabar, Persien, Siam und Japan. Sein Reisebericht erschien erstmals 1663 unter dem Titel »Journal oder Beschreibung ...«, *van Gelder* (2004), S. 222. Zur Qualifikation der Barbiere und Chirurgen instruktiv *Kirsch* (1994), S. 121 f.

183 Zur Reiseroute vom Kap der Guten Hoffnung nach Europa eingehend *Bruijn/Gaastra/Schöffer* I (1987), S. 77 ff., 86 ff. Nachdem St. Helena gesichtet war, steuerten die Flotten gewöhnlich nordwestlichen Kurs über Ascension und sodann in Richtung Norden zu den westlichen Azoren. Die Wahl zwischen der Route durch den Ärmelkanal oder rund Schottland fiel in den Niederlanden und wurde den Flotten am Kap mitgeteilt. Die um 600 Meilen längere Route um Schottland wurde gewählt in Kriegszeiten, aus Furcht vor Piraten oder zur Unterbindung privaten Handels mit englischen Häfen, *Gaastra/Bruijn* (1993), S. 193; *van Gelder* (2004), S. 164.

184 Dazu *Bruijn/Gaastra/Schöffer* I (1987), S. 86.

185 Gemeint ist die Sagassosee südöstlich der Bermudas. Die Bezeichnung »Grassee« dürfte sich von den aus Braunalgen gebildeten Sargassum-Wäldern herleiten, *van Gelder* (2004), S. 164.

186 Zu dieser Praxis eingehend *Bruijn/Gaastra/Schöffer* I (1987), S. 87; *van Gelder* (2004), S. 45, 164.

187 Gemeint ist Neufundland (Terre Neuve), *L'Honoré Naber* (1930), S. 188, Anm. 1.

188 Angedeutet ist der Einzug König *Karls II.* von England in London am 29. Mai 1660.

189 Vermutlich sind die Faroer-Inseln gemeint, *Bruijn/Gaastra/Schöffer* I (1987), S. 88.

190 Seit 1660 begleiteten regelmäßig Kriegs- und Proviantschiffe zurückkehrenden V.O.C.-Flotten in die niederländischen Häfen, *Bruijn/ Gaastra/Schöffer* I (1987), S. 87 f.; *Kirsch* (1994), S. 396 f.

191 *Bruijn/Gaastra/Schöffer* III (1979), S. 70 nennen für diese Flotte als Datum der Ankunft in den Niederlanden den 10. Juli 1660.

192 Zu dieser Praxis instruktiv *van Gelder* (2004), S. 165.

193 Dazu *Kirsch* (1994), S. 399 f.; *Hanken* (2001), S. 99; *van Gelder* (2004), S. 170.

ANHANG

Widmung und Vorwort
zur Folioausgabe 1672 (Auszüge)

Dem ehrbaren und festen Herrn *Georg Fierer*, einem wohledlen und gestrengen, vorsichtigen und hochweisen Rats der freien und kaiserlichen Reichsstadt Nürnberg wohlverordnetem Bankier, meinem großgünstigen, wertgeliebtesten Herrn Gevatter und altem großen Freund und Gönner.

Ehrbarer und Fester,
es ist schon eine geraume Zeit dahin, da wir in unserer Kindheit und Jugend einander bekannt geworden sind in gemeiner unserer Information bei unseren seligen Herren Præceptoribus [...] Da nun Euer Ehren und Fest es sich haben gefallen lassen, die in so frühen Jahren unseres Lebens angefangene Freundschaft zu continuieren [...], zum Teil mit manchen schönen Discursen zu vielem malen mich mit Lust und Nutz zu belehren, dazu selbigen neben vieler Conversation mit Fürsten, Grafen und Herren, so in deutschen, so welschen Landen, die eigene Reisen und solchen Orten erlernte Sprachen, auch darin gelesene manche rare und schwere Schriften so glücklich geführet; zum Teil mit Darweisung unterschiedlicher [...] Raritäten, zumalen eines Schlangen-Balgs, der (unerdacht schon ausgedorrt und wohl um ein merkliches eingegangen, dennoch über fünf Ellen lang, und in der Breite einen Werk-Schuh betraf), dadurch denen der Mund gestopfet worden, die in des seligen Herrn *Saarens* erstmals aufgelegtem Reisbuch mit Verlachen anstehen wollten, da er von so großen Schlangen redete, die er gesehen, daß Menschen und Vieh verschlungen hätten; daß ich um besagten alles willen schon vorlängsten Ursach gehabt habe, neben dem bisher [...] in aller Stille verbliebenen Wort-Dank, auch einmal einen öffentlichen Dank abzulegen und ungescheut zu bekennen, daß (da ich auch

genanntes Itineratium erstmals zum Druck befördert) ich eines und anders durch mit Euer Ehren und Fest gepflogene Discursen mit größerer Confidenz hingesetzt habe.

Nachdem es aber also viele Nachfrag gemacht, daß selbige Exemplaria beizeiten abgegangen und zum andern mal aufgelegt werden sollen, und von Euer Ehren und Fest inzwischen gemachte Communication dergleichen Reisbücher [...] an die Hand gegeben, wodurch des seligen Reisenden bei vielen ungeglaubte Erzählungen confirmiert werden konnten, hat es je nicht wohl anders sein können, als daß ichs nicht sowohl meinem eigenen Lesen solcher communicierten Autorum als an die Hand gegebenen Erinnerungen zuschreiben müssen, davon diese andere Emission fast um so viel gewachsen, als die erste war, und deswegen eher ein neues Werk heißen mag, daran nicht sowohl ich als Euer Ehren und Fest gearbeitet hätten. Um deswillen zweifle ich nicht, Euer Ehren und Fest werden es desto geneigter an- und aufnehmen, weil es sich mehr dahin gesehnt, wo es herkommen ist, als da bleiben wollen, wo es in Händen war.

An sich ists Euer Ehren und Fest zwar nichts Neues, die derer Dinge mehr gelesen haben und zuvor wissen; das ist aber das neue daran, daß ichs Euer Ehren und Fest dienstfreundlich dediciere und zuschreibe, das alte damit zu bekräftigen, daß das ein Werk meines Danks sei und ein öffentliches bleibendes Testimonium meiner [...] Schuldigkeit, die, weil es nach Würden abzustatten in andern nicht sein kann mit ferner beharrendem Gebet wie für Euer Ehren und Fest: Also auch für dero wohledle Eheliebste und sämtliche lieben Angehörigen, ja die ganze wohlfürnehme Fiererische Familie, die mich und die Meinige anderweit hoch obligiert, dessen ich billig auch mit Dank mich erinnere, Seel und Leibes beständigem Wohlergehen erwidert werden solle von

Euer Edlem und Fest verbleibendem gebet- und dienstwilligem Daniel Wülfern, Predigern zu St. Lorentzen, und P.P.

Nürnberg, den 1. Martii, Anno 1672

Günstiger, lieber Leser!

Es ist nicht unbewußt, daß hiebevor derer mehr gewesen, die das Orientalische Indien aufs fleißigste beschrieben haben, sowohl was (der Geographie nach) das eigentliche Indien heißt (intra und extra Gangem), als auch was man gemeinhin Ost-Indien heißt, die Insel Ceylon, die Insel Java, Amboina, Banda und dergleichen unter solchen Namen. Deswegen möchte man meinen, die Welt könne dieser zum andern mal wieder aufgelegten Reisebeschreibung entbehren. Wegen der Menge der Bücher und Bücherschreiber ist im Eingang der gegenwärtigen Beschreibung auch die Reise dorthin kürzer gefaßt, denn zum Teil hat sich nichts Besonderes begeben, zum Teil sind die Passage und die am Wege liegenden Orte auch bei anderen zu finden. Deswegen sind auch die Gradus Longitudinis und Latitudinis ausgelassen, die jedermann in den Landkarten vor Augen stehen und leicht abgezirkelt werden können. Denn wie sie einmal stehen, so stehen sie allezeit, solange die Insel und der Ort steht, wie er gestanden ist.

Wie in einem kleinen Hauswesen, wo sich in wenigen Jahren so viel verändert, daß der alte Possessor es fast nicht erkennt, wenn er wiederkommt, so ist es auch auf großen Inseln oder in Königreichen, in denen sich viel größere Mutationen finden. Denn entweder haben diese Inseln fremde Herren bekommen und mit ihnen neue Gesetze, Kleidung, Gebräuche, Speise und Trank und so fort; oder die Einwohner ersinnen aus Not selbst neue Vorteile und Arten. Daher ist in dieser Beschreibung viel geändert worden, was andere zu ihren Zeiten beobachtet haben. Viel aber ist beigefügt, was von anderen nicht bemerkt worden ist, am meisten, was in den vergangenen fünfzehn Jahren (also am jüngsten und neuesten) sich begeben hat, und was zum guten Teil die hierin allegierten Autoren bestätigt haben, sonderlich der vortreffliche, wohlversuchte Mecklenburgische Adel, Herr *Johann Albrecht von Mandelslo* seligen Angedenkens, *Johann von der Behr*, der von Anno Christi 1641 bis Anno 1649, *Jürgen Andersen* aus Schleswig, so Anno Christi 1644 bis in das 1650ste Jahr, *Volquard Iversen*, der Anno 1655 bis in das 1668ste, *Albrecht Herport*, der Anno 1659 bis auch in das 1668ste und des seligen Autors gewesener guter Freund *Johann Jakob Merklein*, der Anno Christi 1644 bis in das 1653ste Jahr viel in Ostindien sich aufgehalten, und dem gedachten seligen Autori in vielen Zeugnissen gegeben haben.

Was aber gegenwärtiges betrifft, so wäre mehr zu geben gewesen, weil der Autor auf viele Jahre alles von Tag zu Tag notiert und gehofft hat, es fortzusetzen bis alles beisammen wäre bei seiner Retour. Sintemalen aber solches durch Unglück zur See leider! verloren gegangen und auch der Autor selbst inzwischen verschieden ist, wird der günstige Leser doch sich belieben lassen und sich versichern, daß der Autor die pure lautere Wahrheit ohne einigen Zusatz eigenen Dinges testiert, allermaßen er es meist selbst gesehen, selbst erfahren, selbst Rede und Antwort darum zu geben sich in seinem Leben erboten, im übrigen den günstigen Lesern zu allen möglichen Diensten sich gebührend offeriert und von Herzen gewünscht hat, daß es jedwedem bei den Seinigen glücklicher ergehe als ihm selbst, dessen manche Travaglien er hierinnen finden wird.

ABSCHIED DES AUTORIS,
DEN ER ZU BATAVIA ERHALTEN

Ick *Burchart Cockx*, eerste Capiteyn in dienst van de Ho: Mo: Heeren Staten Generael der vereenichde Nederlanden, mitsgaders de Edle Heeren Bewinthebberen der geoctroyeerde Oost-Indische Compagnie onder t'gesach en beleyt van de Edle Heer *Joan Maetsuycker* Gouverneur Generael over alle Steden, Forten, Scheepen, Jachten, Volckeren, en Natien in Orienten, doen cunt ende verclare mits desen, dat *Hans Jacops Saar* van Neurenburch, te tyt van ongeveer vyftien, aan en volgende Jaren, in qualité voor Adelborst onder myn Companie ende Commando, geweest is, binnen welke tyd hy sich in alle voorvallende occasien ende viands rescontren (soo te water als te Lande) Manhaftich ende eerlievent als een vroom soldaet hem heeft gequeten, ende nu laetst inde belegeringe stormen ende overwinninge der vermaerde Portugeese Stad Colombo, geleegen opt groot Eylandt Cheylon, sulckx getoont ende beweesen, soo dat dier oorsaecke, ende den dienst onser Heeren Mayores sulckx vereyschende, niet eerder heeft connen nae desier gerelargert werden, nu by persisteeringe; om sich naert lieve Vaderlandt te transporteeren geneegen blyft, demoedelyck dese getuygenisse, aengaende syne goede getrouwe diensten, aen my heeft versocht, t'welcke hem niet en hebbe willen noch kunnen refuseeren, maer mits dessen in amplissimâ formâ goetgunstelyck verleent, Versoecke derhalven aen alle Gheestelycke en Wereltlijke persoonen, t'sy van wat staet of contitie deselve souden mogen wesen, voorsz. *Hans Jacops Saar* vry en onverhindert te laeten passeeren ende repasseeren sonder denselven aen te doen eenige verhinderinge noch Empeschement aen lyf noch goet, Maer ter contrarie alle hulpe ende faveur (des noot synde:) te bewysen, sullen ons in diergelycke gelegentheyt aen alle vroom eerdragende boorsten verpflicht ende verschul-

dicht houden. Toirkonde hebben dese met eygen handt ende Si-
gnature bevesticht.

Gedaen ende gegeven inde gefortificeerde Stad Batavia opt' Eylandt groot Java, desen 16. Novemb. 1659.

BURCHARDT COCQS.[*]

---

*   *Ich* Burkhard Koch, *erster Capitain in Diensten der Hochmögenden Herrn General-*
staaten der Vereinigten Niederlanden wie auch der Edlen Herren Bewindhaber der
Geoctroyierten Ost-Indianischen Compagnie, unter dem Gebiet des Edlen Herrn Jan
Maßsuycker, *Generalgouverneurs über alle Städte, Festungen, Schiffe, Jachten, Völker*
und Nationen im Orient, tue kund und bekenne hiermit, daß Hans Jacob Saar *von*
Nürnberg ungefähr fünfzehn Jahr aneinander als Adelborst unter meiner Compagnie
und Commando gedient hat. In dieser Zeit hat er sich in allen vorgefallenen Occasionen
und feindlichen Begegnungen (so zu Wasser als zu Land) mannhaft und ehrlich als
ein redlicher Soldat erwiesen und seine Treue und Tapferkeit vornehmlich unlängst im
Belagerungssturm und bei Einnehmung der berühmten portugiesischen, auf dem großen
Eiland Ceylon gelegenen Stadt Columbo bezeigt. Hierum und weil es Unserer Herren
und Oberen Dienste erforderten, hat er nicht eher seinem Verlangen nach entlassen wer-
den können. Jetzt aber und bei vorgenommener Heimreise nach dem lieben Vaterland
hat er mich demütig um dieses Zeugnis seiner geleisteten guten und getreuen Diensten
ersucht. Solches habe ich ihm nicht versagen wollen noch können, sondern hiermit in
bester und kräftigster Gestalt günstig verliehen. Ich ersuche deshalb alle geistlichen und
weltliche Personen (sie seien wes Standes oder Gelegenheit), daß sie vorbenannten Hans
Jacob Saar *frei und unverhindert, ohne einigen Aufenthalt oder Kränkung an Leib oder*
Gut, passieren und repassieren lassen und ihm auch alle Hilfe und Gunst (da er deren
bedürftig) erweisen wollen; dagegen wir uns dergleichen Begebenheit allen frommen
ehrliebenden Herzen verpflichtet und zu dienen schuldig halten. Zu Urkunde habe ich
diesen Brief mit eigener Hand und Petschaft bekräftigt.
Geschehen und gegeben in der befestigten Stadt Batavia auf dem Eiland Groß Java, den
16. Novemb. 1659
                                         BURKHARD KOCH.

ZUM EHRENGEDÄCHTNIS
DES EDELN UND MANN-VESTEN
JOHANN JACOB SAHREN (AUSZUG)

[...]

Keiner lebet auf der Erden,
Der nicht muß zur Leiche werden;
Aber wie? und auf was Weise
Unser Leib zur Würmer Speise
Werden soll? Kan niemand wissen,
Eh wir unsre Zeit beschließen.
Ob es in dem Vaterlande,
Oder in dem frembden Sande,
Gegen Westen gegen Osten
Uns das Leben werde kosten?
Ob das Blei werd' oder Eisen
Unsern Odem von uns reißen?
Ob die Flut uns wird verschlingen?
Oder Gluth das Ende bringen?
Da Herr Sahr vor zwantzig Jahren
Zu den Mohren abgefahren;
Da nach sechzehn Fruelings-Gaben
Wir Ihn hie bewillkommt haben
Und mit froelichem Vergnügen
Unsern Glückwunsch anzufügen,
Unsre Pflicht und sein Verlieben
Uns gebuehrlich angetrieben
Wer was damals der gedachte
Und sich die Gedancken machte,
Daß des Türckens blancke Waffen
Ihn uns wieder wegzuraffen

Und das Ungarn zu begraben
Würden Macht und Freyheit haben?
Nun es aber ist geschehen,
Sehen wir was GOtt versehen,
Der uns Ort und Art benennet,
Die uns Leib und Seele trennet.
So es aber GOtt gefueget,
Ei! so lebet denn vergnüget,
Die ihr vor euch habt gesehnet
Und nun seinen Tod beträhnet.
Denckt, daß Gott in allen Sachen
Alles wisse wohl zu machen.

Hätte zwar seelig verstorbenem, meinem geEhrten
Herrn Vettern, lieber bey seinem Leben
ein Ehrengedächtnus setzen wollen,
habe aber, weil es Gott also gefallen,
nach seinem Heimritt dieses setzen lassen
wollen auch den Hinterbliebenen zu Trost

Daniel Wülfer

[...]

Lebenslauf

Was nunmehr denjenigen belangt, um deswillen wir den vorher-
gegangenen Sermon angestellt haben, nämlich den Edlen und
Mann Vesten Herrn *Johann Jacob Sahren*, gewesenen Fähnrich
bei des Hochlöblichen Fränckischen Kreises Regiment zu Fuß
in des Herrn Oberstwachtmeisters *Baron von Beek* Compagnie,
so ist von dessen ehrlicher Ankunft, Leben und Tode zu seinem
Gedächtnis nachfolgendes zu vermelden:

Er ist in diese Welt geboren worden im Jahr der heilwärtigen Geburt 1625 am Tage Elisabetha (oder den 19. November) in des Heiligen Römischen Reichs Stadt Nürnberg. Seine lieben Eltern sind gewesen der ehrbare und wohlvornehme *Jacob Christoph Sahr*, Kauf- und Handelsmann, auch des größeren Raths in Nürnberg, und die ehrbare und ehren-tugendsame Frau *Magalena Sahrin*, eine gebohrene *Kraußbergerin*.

Gleich wie er aber wegen solcher leiblichen Geburt Fleisch vom Fleisch (das ist: in Sünden empfangen und geboren) war, also bedurfte er auch, daß er durch das Bad der Heiligen Taufe von der Sünde abgewaschen und also durch Wasser und Geist wiedergeboren würde. Dazu sind ihm dann seine lieben Eltern förderlichst behilflich gewesen, welche auch zu diesem Ende den ehrbaren und wohlvornehmen Herrn *Johann Ühlein*, gewesenen vornehmen Handelsmann und des größern Raths zu Nürnberg, erbeten haben, daß er ihn nach christlichem Gebrauch aus der Heiligen Taufe erhoben und an seiner statt mit Rede und Antwort daselbst vertreten hat.

Nachdem er aber ein wenig erwachsen, haben ihn seine liebe Eltern zur Schule geschickt und neben dem Catechismo im Lesen, Rechnen und Schreiben fleißig unterrichten lassen, welches er dann alles wohl begriffen und sich nachmals zu nutzen gemacht hat.

Bald aber in seiner blühenden Jugend ist die Hand des Herrn schwer über ihm gewesen, wann er schon im 6. Jahre seines Alters zu einem mutterlosen Waisen hat werden und der allergetreuesten mütterlichen Aufziehung (denn es ist doch nichts über die herzliche Zuneigung einer rechten natürlichen Mutter zu ihrem Kinde) ferner hat entbehren müssen.

Im 12. Jahre seines Alters, dieweil sein lieber Vater sich inzwischen anderweit verehelicht, hat er in die Fremde gemußt, da er dann erstlich in Ungarn und Österreich sich aufgehalten und eine ziemliche Zeit unterschiedlichen Herren aufgewartet hat.

Nach seiner Wiederheimkunft hat ihn sein lieber Vater zu seinen eigenen Diensten angehalten und zu unterschiedlichen malen auf die Jahrmessen mitgenommen, willens, ihn zur Kauf- und Handelschaft zu erziehen.

Dieweil aber außerhalb des Landes seine Fortun zu erfahren tunlicher geschienen, ist er Anno 1644 am Heiligen Ostertage (seines Alters im 19. Jahr) mit dem Hamburger Botten nach Hamburg abgeschieden. Allda hat er sich an die zwei Monate lang aufgehalten in der Hoffnung, condition einem Herrn zu dienen, zu überkommen. Da es mit seinem Verlangen fehl geschlagen, hat er sich von da nach Amsterdam in Holland erhoben und auch daselbst mit gleichmäßigem Verlangen (aber auch mit gleichmäßigem unbeliebten Effect), ein halbes Jahr verzogen. Weil er nun erkannte, daß es Gott gefiele, ein anderes mit ihm zu machen (wie seine Worte in seinem Reisbuche lauten), hat er endlich die Resolution gefaßt, in die Ost-Indianischen Kriegsdienste sich einzulassen; ist auch den 25. November genannten Jahres (nach erhaltenem väterlichem Consens) von den Principalen der Flotte als Adelspursch der Compagnie zu dienen aufgenommen und mit dem Gewehr versehen worden. Darauf er den 30. dito von Amsterdam nach Middelburg und folgends Anno 1645 den 8. Jenner nach Ost- Indien im Namen Gottes auf dem Schiffe »Middelburg« abgesegelt ist.

Was er während solcher Kriegsdienste für Verrichtungen gehabt, mit was Gefahr er mehrmals gerungen, was für Glück und Unglück ihm begegnet, was für Städte und Länder ihm zu Gesichte gekommen sind, das alles mit weitläufiger Erzählung anzuführen ist an diesem Ort nicht vonnöten, alldieweil es in seiner Anno 1662 in den Druck gegebenen Reisebeschreibung nach der Länge meistensteils zu lesen steht.

Als er nunmehr fünfzehn ganze Jahre in solcher Qualität zugebracht und was er vermöge des Artikelsbriefs zu tun obligiert gewesen, treulich allezeit als ein redlicher Soldat præstiert hatte (wie er dann auch deswegen mit einer Corporal Stelle versehen worden), ist er letzlich, weil er schon allbereit etliche Jahre über seine bestimmte Zeit [...] seine Dienste getan, sich wieder nach seinem Vaterlande und zu den Seinigen zu wenden schlüssig worden, und hat auch unverzüglich Dimission bei dem Herrn Major darüber erhalten.

Darauf hat er sich wieder in Batavia eingefunden und ist vom 14. Februar 1659 bis zum 14. Dezember desselben Jahres, da die Schiffe wieder gegen Holland zu segeln angefangen, allda verblieben; dito aber ist er auf dem Schiffe »Prinz von Holland« nach der Straße passiert und endlich nach siebeneinhalb Monaten den 6. Juli Anno 1660 durch Hilfe des Allerhöchsten zu Middelburg wieder angelangt. Von dannen er den 9. zu Amsterdam und folgends den 15. eiusd. zu Hamburg glücklich wieder ankommen.

Bis hierher hatte er noch immerzu gute Hoffnung, wann er durch Gottes Gnade zu Nürnberg sich einfände, seinen lieben Vater und andere Angehörige frisch und gesund zu sehen und durch seine nach so langem Absehen glückliche Wiederkunft denselben zu erfreuen: allein, sobald er in Hamburg arriviert, ist ihm solche Hoffnung zweifelhaftig, zuletzt aber durch gewisse Schreiben völlig zunichte gemacht worden, und hat er mit bekümmertem Herzen vernehmen müssen, daß sein lieber Vater allbereit nahe vor 8 Monaten verblichen war.

Wie eine traurige Post ihm dies gewesen, ist leicht zu ermessen. Und wird ihm gewiß die Reise von Hamburg gen Nürnberg viel schwerer gefallen sein als vorher die anderen, die mehr Zeit und Wegs erfordert haben. Er ist aber hier auf den 11. August glücklich und wohl in Nürnberg angekommen, nachdem er 16 Jahr und 4 Monate weniger 10 Tage von dannen gewesen.

Zu vergönnen wäre es ihm gewesen, daß er seinen nunmehr seligen lieben Vatter noch bei Leben hätte finden sollen, zweifelsfrei würde seine Ankunft allerseits erfreulicher gefallen sein;

allein, wer kann das schlecht machen, was GOtt krümmt? Prediger Sal. 7. v. 14.

Nachdem er eine Zeit lang wieder zu Hause gewesen, hat er auf vorher geschehene Anrufung des Allwaltenden Gottes und mit Einwilligung der Eltern und Anverwandten in ein eheliches Verlöbnis, sich eingelassen mit der erb- und ehren-tugendreichen Jungfer *Catharina*, ehelich erzeugte Tochter des ehrbaren und wohl-fürnehmen Herrn *Johann Georg Söhner*, eines wohledlen, gestrengen und hochwürdigen Rates der Stadt Nürnberg wohlverordneten Amtmanns der Wein-Niederlage und der erb- und ehren-tugendreichen Frau *Susanna*, geborner *Schmaussin*. Mit ihr ist er am 12. Juni Anno 1661. nach Christlicher Gewohnheit ehelich copuliert worden und hat sein hochzeitliches Ehrenfest in Anwesenheit vieler vornehmer Herrn und Frauen glücklich vollbracht.

In solchem Ehestande hat er sich in Liebe und gutem Vernehmen mit seiner Ehewirtin betragen und (wenn es ohne anderwärtige Widerwertigkeiten gewesen wäre, die ihm so oft den Kopf verunruhigt haben) in genügsamer Zufriedenheit gelebt, jedoch ohne ehelichen Leibes Erben.

Was sein Christentum belangt, ist sich zu verwundern, daß er, nachdem er so geraume Zeit mehr unter Heiden als unter Christen zugebracht und dazu dem Kriegswesen ergeben gewesen, das man ohnedas oft mehr heidnisch als Christlich lebt, so viel Eifer und Andacht zu GOtt und den Göttlichen Dingen erwiesen und die Zeit über, weil er sich wieder dieser Enden enthalten, so ein Christliches Gemüt von sich hat sehen und vernehmen lassen. Denn er hat zu jederzeit fleißig gebetet, morgens und abends seine Andacht zu Hause verrichtet, und ist niemals vor dem Morgensegen, den er selbst täglich mit lauter Stimme aus dem Büchlein, genannt der »Herzensseufzer«, gelesen aus dem Haus gegangen. Desgleichen hat er sich des öffentlichen Gottesdienstes mit Besuch der Predigten emsig und fast täglich abgewartet, zum Heiligen Beichtstuhl und Gebrauch des hochwürdigen Abendmahls sich zum öftern eingefunden und selbst mehrmals bekennet, er habe die 16 Jahr über, da er von Hause gewesen, eine große Schuld bei seinem GOtt gemacht, dafür er billig Ursach hätte, herzlich zu bitten, daß sie ihm erlassen würde. So habe er auch dem Herrn, seinem GOtt, Dank über Dank zu sagen für den gnädigen Schutz, den er ihm in so fernem Landen und unter so fremden Völkern also väterlich verliehen, daß er aus so mancher Not und Gefahr, aus Hunger und Kummer, aus Feuer und Wasser, aus Mangel und Blöße entronnen und ohne Mangel der Gesundheit zu den Seinigen wiederkommen sei. Die Gebetlein und Christlichen Kirchengesänge, die er in der Jugend zu Hause erlernt, hat er noch alle fertig und völlig auswendig gekonnt, welches dann eine genugsame Anzeig gewesen, daß er auch in der Fremde, da er weder Predigt noch Abendmahl gehabt, nichts desto weniger sich desjenigen erinnert und durch oftmalige Wiederholung unvergessen geblieben, was er in der Schule, Kirche und Kinderlehre hiebevor erlernet und wohl gefasset hatte.

Gleich wie er aber in seinen blühenden Jahren nichts anders gehört und gesehen als was Kriegsgeschäfte gewesen: also hat er auch in seinen (so zu reden) fruchtbringenden Jahren nichts anders, als was zum Kriegen gehöret, verwalten mögen. Deswegen er dann in Kriegsverrichtungen gebraucht zu werden (sonderlich seinem Vaterlande zum besten) sich jederzeit verlangen lassen.

Diesem nach, da der gerechte Gott aus billigmäßigem Eifer wider unsere Sünden dem grausamen Erb- und Erzfeind der Christen, dem Türkischen Bluthunde, verhänget, daß er sich, nicht allein mit starker Macht gerüstet, sondern auch in den Vormauern des Teutschlandes (in Siebenbürgen, auch Ober- und Niederungarn) mit großer Furi eingefallen und, samt seinem barbarischen Anhang mit Rauben, Plündern, Morden, Sengen und Brennen, ingleichen mit Einnehmung und gewaltsamer Eroberung der Christlichen Pässe, Städte und Festungen großen

Schaden getan, darüber dann die Römische Kaiserliche Majestät und alle des Heiligen Römischen Reichs Mitglieder verursacht worden, diesem wütenden und mehr als unmenschlichen Feinde mit einer ansehnlichen Kriegsmacht zu begegnen und mit einem christlichen Kriegsheer seine leidige Progressen zu verhindern, wozu auch ein Wohledler, Gestrenger, Fürsichtiger und Hochweiser Rat der Stadt Nürnberg, unsere Hochwertesten Landesväter, das Ihrige mit dabei tun und so wohl mit Fußvölkern als mit einer Cavallerie, dem gemeinen Wesen zustatten kommen müssen, so hat also nicht weniger unser nunmehr seliger Mitbruder seine Dienste seinen Herrn und Obern zu præstiren und seinem geliebten Vaterlande (dem doch ein Teil unserer Substanz gewidmet sein soll) sich anerbietig zu machen seiner Schuldigkeit gemäß zu sein erachtet. Ist auch hierauf von Wohledel besagtem Rat zu einem Fähnrich über eine Compagnie bei deren Fußvölkern bestellt und Montag den 14. März jüngstverwichen bestätigt, folgends aber, den 2. April, neben anderen Officieren fürgestellt und ihm das Fähnlein eingehändigt worden.

Da nun bald nach diesem die Fränkischen Kriegsvölker zusammengeführt und also fortgeschickt worden, ist unser Herr *Sahr* ebenmäßig mit denselbigen aufgebrochen und von hier nach Oesterreich und nach Ungarn abmarschiert.

Gleich wie aber das Kriegsglück zweifelhaftig ist und ihrer viele in den Streit ausziehen, die nicht wieder zurück wenden; also hat es auch diß Orts eingetroffen, und ist unser Herr Fähnrich *Sahr* zwar unter denen gewesen, die von uns abgereist; unter denen aber, die sich wieder zu Hause finden sollen, ist er nun leider! nicht mehr zu erwarten. Denn als am verwichenen 22. Juli / 1. August das blutige Treffen bei St. Gothart in Ungarn zwischen den christlichen und türkischen Völkern fürgegangen, darinnen zwar die christliche Armada das Feld behalten, so hat es doch den einen und andern Cavallier und tapfern Soldaten, sonderlich aber zur Seiten des fränkischen Regiments zu Fuß, gekostet, unter denen auch ehrngedachter Herr *Sahr* leider! gewesen, welcher neben unterschiedlichen andern unglücklich getroffen und danieder gelegt worden. Da dann kein Zweifel, weil solches in seinem ordentlichen Beruf und dazu in einer solchen action, die die Verteidigung des christlichen Namens betroffen also beschehen, weil er auch sonsten sich durch ein fleißiges Gebet dem lieben GOtt zu allen Zeiten befohlen, es werde der barmherzige GOtt, der ihn allbereit so fern seiner Bitte gewehret, daß er ihn nicht lang daliegen und kreisten, sondern ob zwar schmerzlich doch fast unversehens und ehe er es wohl empfunden, dahin sterben lassen auch seiner Seelen sich angenommen, und um des Verdienstes Jesu Christi willen selbige zu seinen väterlichen Händen wohl empfangen haben, auch als ein anvertrautes Depositum und teure Beilage treulich bewahren, bis an den Jüngsten Tag.

Wie schmerzlich es unterdessen seiner hinterlassenen Frau Wittib müsse beschehen sein, da sie von seiner erbärmlichen Niederlage gehört, das ist unschwer zu erachten, zumal da sie erst fünf Wochen nach seinem Tode Schreiben von seinen Händen empfangen, die er einen Tag vor seinem Abschied an sie und ihren leiblichen lieben Vater, als seinen Herrn Schweher, hat abgehen lassen und darinnen vermeldet, daß er allerdings frisch auf und gesund wäre, auch die ganze Zeit seines Abseins, dafür er GOtt herzlich gedankt, sich anders nicht als bei guter Gesundheit befunden hätte?

Allein, weil von einem Gott die Verwundung und wiederum die Heilung geschieh, die Betrübnis und der Trost von einem Gott und Vater unser aller herrühret; wohlan, so wünschen wir von dem GOtt der Geduld und alles Trostes alles, was in solcher traurigen Begebenheit vonnöten ist, daß er die Frau Wittib und alle Leidtragenden trösten, mit seinem Heiligen Geist ihnen beiwohnen, christliche Geduld verleihen und (wann die Nacht des Weinens vorüber) des Morgens wieder Freude schaffen wolle, wie Er denn der GOTT ist, der nach dem Weinen und Heulen uns überschüttet, das ist: überflüssig und überschwänglich beseligt mit Freuden. Tob. 3 / 22.

Hiernächst aber berichten wir, diejenigen, die solchen Tod und Ende für eine Schand achten, daß er als ein christlicher Kriegsmann für die Ehre Gottes und für sein Vaterland mit allem Ruhm und hinterlassenen guten Namen gestorben sei, deswegen er auch außer Zweifel gezählt ist unter die Kinder Gottes und sein Erbe ist unter den Heiligen. Nunmehr hat er nach dem Streit den Sieg und also auch zum Dank von der Hand des HERRN ein herrliches Reich und eine schöne Krone, Sap. 5. v. 17, nämlich die Krone der Gerechtigkeit, die der gerechte Richter auch allen geben wird, die seine Erscheinung lieb haben. 2. Tim. 2/s.

Sein Leiden und Streiten auf dieser Welt (dann das ist die Beschreibung des menschlichen Lebens, so lang des währt auf Erden, Hiob. 7/1.) hat sich erstrecket auf 38. Jahr, 8. Monat und 3 Tage; seine Ruhe aber wird von nun an währen in Ewigkeit. Denn selig sind die im Herrn sterben von nun an sie ruhen, spricht der Geist, von aller Arbeit. Off. Joh. 14/13.

Nun du seliger Herr *Sahr*!, so genieß dann solcher Ruhe, solcher seligen, solcher himmlischen, solcher ewigen Ruhe in unzerstörten Freuden.

Ruhe sanft und ruhe wohl
Aller Freud' und Freiheit voll,
Alles Streitens quit und los,
In des Himmels Vaters Schoß;
Ruh' in Frieden immerda,
Bei der Frieden Engel-Schar,
Ob der Leib jetzt ist zerstäubt,
Dennoch Deine Seele bleibt
Als ein teur' verwahrtes Pfand
In des treuen Gottes Hand,
Bis er, nach vollend'ter Zeit,
Leib und Seel in Ewigkeit
Herrlich schön und wohlvergnügt
Wiederum zusammenfügt.
Der verleih auch uns zugleich
Ruh' und Fried' im Himmelreich.
Amen! Amen!

Johann Christoph Arnschwanger

WORTERKLÄRUNGEN

absetzen – amputieren

Accord – Übereinkunft

Adelborst – Rang zwischen Soldat und Vizekorporal, Offiziersanwärter

Advise – Bericht, Meldung

Æquinoctial-Linie – der Äquator

æstimieren – wertschätzen

Affion – Opium (malaiisch Apiun)

Ambra-Grüs – Ambra grisea, arzneilich verwendbare Ausscheidung des Pottwals

Amschel – Amsel

Anfall – Angriff, Attacke

Annassen – Ananas

Approche, approchieren – Annäherung, sich nähern

Armistitium – Waffenstillstand

arquebusieren – mit einer Arquebuse niederschießen

artlich – artig

Assecuration – Versicherung

Assignation – Anweisung

Bandelier – Gehänge zum Tragen von Schießbedarf

Barbiri – Beri-Beri, Wassersucht

Barbier – Schiffsarzt, Chirurg

baß (von Leib) – stark (von Leib)

Batterie – Bauwerk zur Aufstellung von Geschützen

Batzen – (Silber-) Münze

Beilager – Hochzeitsnacht

benebenst – nebenbei

Beständer, Bestand – Pächter, Pacht

Bewindhaber – Direktoren der Vereinigten Ostindiencompagnie (niederländisch bewindhebber)

Blattern – Pocken

Boscage – Dickicht, Unterholz

Botte – Bote, Reisebegleiter

Boutellier – Bediensteter, der auf Schiffen die Speisekammer bewacht

Brunst – Brand, Feuersbrunst

Brustwehr – Mauerstück oder Erdwall zur Deckung von Waffen und Soldaten

Bunt – (Kopf-) Binde

Butze – abgebrannter Docht

Campane – Offiziersraum (niederländisch Kampanje)

Canelles – Zimt (fanzösisch cannelle)

Capitain – Hauptmann, Schiffskapitän

capital – todeswürdig

Cardamumen – Kardamon

Cartaune –Viertelbüchse

Charge – militärischer Rang

Circumvallation – Ringmauer

cito – rasch, schnell

Clapperbaum, Baum der Pimpernuß

Clemenz – Gnade, Nachsicht

Cobele – Kabeljau

Cojet – Wohn- und Schlafraum auf Schiffen, Kajüte

Comitat – Geleit, Begleitung

Commendation – Gelöbnis, Verschreibung

Commissarius – Beamter der Vereinigten Ostindiencompagnie

Compagnia – die Vereinigte Ostindiencompagnie
Compagnie – Kompanie
Comptoir – Faktorei, Niederlas-
sung
concludieren – beschließen
condemnieren – verurteilen
Condition – Anstellung
Confirmation, confirmieren – bekräftigen, Bekräftigung
conjugieren – verbünden, verei-
nigen
Connestabel – Unteroffizier der
Schiffsartillerie
consecriert – geweiht
Conseiller – Ratgeber
Consilium – Ratschlag
Conspiration – Verschwörung
constanter – beständig, hartnäckig
contentieren – zustimmen, sich
zufrieden geben
Contrair-Ordre – Gegenbefehl
Contrair-Wind, Contrari-Wind –
Gegenwind
Contrarium – Gegenteil
Contremine – zur Verteidigung
angelegter Gang unter Mi-
nengängen des Angreifers
convoiren – eskortieren
Convoy – Geleitzug
Copulation – Verheiratung
Cornutus – Gehörnter, betrogener
Mann
Courtoisie – Höflichkeit, Ritter-
lichkeit
Creditiv – Beglaubigung für Ab-
gesandte

Dam – Damespiel
Daumen – Längenmaß

declinieren (den Krieg) – den
Krieg ablehnen
deliberieren – beratschlagen
Demission – Entlassung, Abschied
Deplaisir – Mißvergnügen
Deshonneur – Schande
desperieren, Desperation, desperat –
verzweifeln, Verzweiflung,
verzweifelt
Dessein – (böse) Absicht, Plan
Devoir – Pflicht
Discipulus – Schüler
dislocieren – ausrenken
Disordre – Unordnung
Drahtkugel – mit Draht verbunde-
ne Musquetenkugeln
Durchbruch – Durchfall
durchnähen – steppen

einnisteln – einnisten
Eisenschwein – Stachelschwein
(niederländisch Ijzenverken)
Elle – Längenmaß
embarquieren – einschiffen
emportieren – fortschaffen,
mitnehmen
Entreprise – Unternehmung
Erbis – Erbse
eschappieren – fliehen, entkommen
Espion – Kundschafter, Spion
&c. – et cetera
Excrementum – Kot, Unflat
Excusen – Entschuldigungen
Exercitium – militärische Übung
expedieren – abfertigen, verrichten

Fabian – Pavian
Faginnen – Reisigbündel zur Befestigung von Feldschanzen
(französisch fascine)

Falitte – Bankrott, Konkurs

Fendrich – Fähnrich

festiglich – fest, unumstößlich

Feuerrohr – Flinte

Fice – indianische Feigen (Bananen)

Figuer – Koir (Choir), Kokostau

flanquieren – angreifen

Flöt-Schiff – dreimastiges Schiff mit geringem Tiefgang (niederländisch Fluit)

Fluß – Ruhr, Rheuma

Fontaine – Quelle, Brunnen

Fort, Forteresse – Festung, Schanze

fortificieren – befestigen

Fortun – Geschick, Glück

Franzosen – Lustseuche (morbus gallicus, lues venera)

Furor – Raserei, Wut

Gaden – Stockwerk, Anbau

Galeone – hauptsächlich als Frachtschiff eingesetztes Schiff

Galiot – anderthalbmastiger Schiffstyp

Gefäß – Dolch- oder Degenscheide

Gegengratial – Gegengabe

geimballiert – gepackt, verpackt

Gepluder – Bäusche von Pluderhosen

Geschrei – Gerede, Gerücht

Gewehr – Sammelbezeichnung für Waffen

Glas, Glasen – Zeitmaß auf Schiffen

Glimpf – guter Leumund

Gradus Longitudinis, Gradus

Latitidunis – Längengrad, Breitengrad

Granate – Geschoß, Frucht des Granatapfelbaums

groltzen – grollen

Hafen – Gefäß, Topf

Hagel – gehacktes Blei oder Steine, die verschossen werden

Hasard – Glücksspiel, Wagnis

Haspel – Winde

Herren Staden – die Generalstaaten

hitzig – Hitze erzeugend

hohes Land – Hoch-, Binnenland

Hottentotten – Bevölkerungsgruppe am Kap der Guten Hoffnung (Khoihoin)

Humor – Gesinnung, Laune, Stimmung

in Armis – unter Waffen

in Proprio – zu Eigentum

in solidum – unter die Erde

Indigo – blauer Farbstoff

Itinerarium – Reisebericht, Wegbeschreibung

Jackhals – Schakal

Jachtschiff – Segelschiff (niederländisch Jacht)

Jubelen – Juwelen

Kandel – Kanne

Kebsweib – Konkubine, Nebenfrau

kiefen – kauen, nagen

Klafter – Längenmaß

Knöcklein – Knöchel

Köl – Kohl

Kraut und Lot – Pulver und Blei
Kriez – Dolch
Kümmerling – Gurke
künstlich – kunstvoll, kunstfertig

Lage – Salve
Larin – arabische Münze (niederländisch Larijn)
Latwerge – breiige Arznei
lavieren – kreuzen bei widrigem Wind
Lechaban – Leguan
lediger Sturm – Scheinangriff
Legat – Gesandter
Legenländer – Küstenländer
leichte(r)n – den Anker lichten
Leimenwand – Wand aus Lehm
leinisch – matt, träge
Leinwat(h) – Gewebe von Leinen
Leylack – Leintuch
Linea – Äquatoriallinie
Lisabonöl – Olivenöl
lösen – einen Schuß abfeuern
Logiment – Unterkunft
Loos, Los – Signal, Parole
Luder – Köder, Lockspeise
lück – leck

männiglich – jedermann, jeglicher
Mal de Naples – die Syphilis
Maniere – Gewohnheit, Sitte
Marillen – Kirschenart
Maschera – Maskerade
Mastix – das Harz des Mastixbaumes
Matilotes – Seeleute (französisch matelots)
Meerkatze – langschwänzige Affenart
Meng – rote Farbe aus Blei

Mortier – Mörser
Mumpelpouse – Pampelmuse
Mund – Flußmündung
Muscadennüsse, -blumen – Muskatnüsse, -blüten
Musquete – Schußwaffe mit Gabelstock
Mutation – Veränderung
Mutsie – niederländisches Maß (ca. 0, 15 Liter)

Nägel, Nägelein – Gewürznelken
Negoce – Handel, Geschäft, Gewerbe
Niederlage – Faktorei, Kontor
niederbüchsen, niederrichten, niederwürgen – niederschießen, umbringen

obstinat – beharrlich
Occasion – Gelegenheit
Officium – Amt, militärischer Rang
ordonari Räte – Mitglieder des Rates von Indien
Ordonnance – Anordnung, Anweisung
Ordre – Order, Befehl
Orlog, Orlogschiff – Krieg, Kriegsschiff (niederländisch Oorlog)
Ostree – Auster

Palanquin – Sänfte, Tragsessel
Pantoffelholz – Rinde des Pantoffelbaums
Papagoy – Papagei
Paß – Meerenge, Durchgang, Zugang
Passage-Wind – Passatwind

peccieren – sündigen

penetrieren – herausfinden

Penitence – Buße

per mare, per terra – zur See, zu Lande

persuadieren – überreden

Pfeben – Kürbisart

Pfriem – Eisenspitze zum Bohren

Pique – Lanze ohne Fahne und Knopf

Pilot – Lotse, Steuermann

Pinen – Betelnüsse (Pinang)

Pinnet – am Fock angereihtes Segel

Pisan (-blätter) –Bananenblätter

Placades – Anschläge, Plakate

Plenilunium – Vollmond

Plumache – Federbusch, Hutfeder

Pomeranze – Bitterorange

Possessor – Besitzer, Inhaber

Post – Meldung, Nachricht

Posto – Posten, Standort

Posteriora – Hinterteile

Postur(e) –Körperhaltung, Positur

Præceptor – Lehrer

Prædicant – Pfarrer, (Hilfs-) Prediger

Præparatorio – Vorbereitung

Præservatio – Vorbeugung

præsumieren – vorwegnehmen

Prætext – Vorwand

Preis machen – Beute machen

prosperieren – gedeihen

Provision – Proviant, Vorrat

Provoß – Oberaufseher auf Schiffen

Pünte – Befestigung, Bollwerk

Pulverhorn – Schießpulverflasche

Quaderstück – Quaderstein

Quartier geben – Soldaten gefangen nehmen

Quartiermeister – Steuermann eines Handelsschiffs im Rang eines Offiziers

Rancion – Ration

recent (e Frucht) – frisch (e Frucht)

recognoszieren – ausforschen, ausspähen

recollegieren – sich erholen, Mut fassen

Recours – Zuflucht

Recreation – Erholung

recta – direkt, geradewegs

Reduit – Rückzugspunkt in einer Bastion, Feldschanze

Ré, Reé, Re(e)de – Ankerplatz

Recognition – Anerkenntnis

Refraichissement – Erfrischung, Erholung

regieren – ein Schiff führen

Remedium – Arznei, Heilmittel

Renegat – Abtrünniger

Reproche – Vorwurf, Tadel

(sich) resolvieren – sich entschließen

Retirade, Ritirato – Rückzug

restieren – Widerstand leisten

retirieren – abziehen

Reservat – Vorbehalt

Resolution – Entschlossenheit

Revier(e) – Fluß, Uferzone

Rodomontade – Angeberei, Prahlerei

Rohr – Büchse, Feuerrohr

Sagebaum – Sabenbaum (Juniperus sabina)

Sagem – Sago

Saibel – Säbel, Krummschwert
Salvaguardia – Leib- oder Schutz-
wache
salvieren – in Sicherheit bringen
Schallmei – Musikinstrument
Scharbock – Skorbut
Scharlack – hochrote Farbe
scharmüzieren – im Scharmützel
fechten
Schauer – Hafenarbeiter, Schau-
erleute
Schelfe – Obstschale, weiche
Baumrinde
Schießpforte – Stückpforte
Schillerhäuslein – Schilderhäus-
chen
Schimpf – Ehrverminderung,
Schmach
schlieffen – gleiten, schlüpfen
Schnapphahn – Flinte mit Stein-
schloß
Schönbart – Larve, Maske
schröpfen – zur Ader lassen, ritzen
Schuh – Längenmaß
schweben – bei Windstille auf dem
Wasser treiben
Schwertfeger – Waffenschmied
Seccurs – Hilfe, Untersützung
Semen cete – Samen des Wals
Siechenhaus – Hospital
sintemalen – weil, indem
Sodomiterei – Sodomie, Pädasterie
solicitieren – Geschäfte eines ande-
ren besorgen
Spanne – Längenmaß
spargieren – ausstreuen (portugie-
sisch espargir)
Spiegelfeder – Feder mit glänzen-
dem Fleck
Spiel – Musikinstrument

Specification – Bescheinigung,
Zeugnis
Spezereien – Gewürze
Splendor –Ansehen, Glanz
Springer – leichte Fußfessel
Staffel – Stufe, Treppe
startzen – Glieder steif hervorra-
gen lassen
Steggaten – Degenstoß, Verstüm-
melung (portugiesisch esto-
cada)
Stempfel – Stampfer, Stößel
Stengel – Verlängerung eines
Mastes
streichen – beschießen
Stock – schwere Fußfessel
Stoßgewehr – Stichwaffe
Stuber – niederländische Münze
(Stuiver), 20 Stuiver machen
einen Gulden
Stück – Geschütz, Kanone
substituieren – austauschen, er-
setzen
Succurs – Hilfe, Unterstützung
superstituosus – abergläubisch
Subjection – Unterwerfung
Suspiction – Argwohn, Mißtrauen
Sustentation – Ernährung, Un-
terhalt

(Tabak) trinken – (Tabakrauch)
einatmen
Tagwähler – abergläubische Menschen, die zwischen ver-
meintlich guten oder bösen
Tage wählen
Tambour – Trommler
tentieren – einen Versuch unternehmen
Testiculus – Hoden

Tractate – Verhandlungen
Tractement – Abkommen, Vertrag
tractieren – behandeln, handhaben
Travaglien – Anstrengungen, Mühen
Treffen – bewaffneter Zusammenstoß
Tropicus capricorni – der Südliche Wendekreis
Trumm – Haufen, Menge

Unflat – Unrat, Kot
Urach – Urältermutter

Valet – Abschied, Lebewohl
Venæsection – Aderlaß
verbeut – verboten
vergeben (mit Gift) – verderben, vergiften
verführen – an einen anderen Ort bringen
vermachen – vernichten
versparen – schonen, zurückhalten
verstinken – aufhören zu stinken
vexieren – necken, peinigen
Victuaille, Victuales – Lebensmittel
Visier-Rute – Meßstab zur Bestimmung des Kalibers
visitieren – prüfen, untersuchen
Vivres – Lebensmittel
Viceroy – Vizekönig
Volk – Bevölkerung, Schiffsbesatzung, Truppe
Volo(u)ntaires – Freiwillige

Warterin – Aufwartefrau, Dienerin
Wasen – Fascine, Reisigbündel
zu Wasser werden – mißlingen

welsch – romanisch, italienisch, französisch
Werk – Befestigung, Bollwerk
Wittib – Witwe
Wurzel Sina – Wurzel der Stockwinde (smilax China)

zeitig – reif
Zeitung – Kunde, Neuigkeit
Zeughaus – Arsenal
Zibethkatze – ostindische Schleichkatze
Zündstrick – Lunte, Zündschnur
Zweiback – (Schiffs-)Zwieback
Zwifel – Zwiebel

LITERATURHINWEISE[*]

T. M. Aerts, »Het verfoeijelijke crimen van sodomie«. Sodomie op VOC-schepen in de achtiende eeuw. In: Leidschrift 4 (1988), S. 5–21

Leo Akveld, Els M. Jacobs (Hg.), The Colourful World of the VOC. National Anniversary Book VOC 1602/2002, Bussum 2002

Jürgen Andersen, Volquard Iversen, Orientalische Reisebeschreibunge Jürgen Andersen aus Schleszwig der An. Christi 1644. ausgezogen und 1650. wieder kommen. Volquard Iversen aus Holstein so An. 1655. ausgezogen und 1688 wieder angelanget, Schleswig 1696 (Nachdruck mit Nachwort von Dieter Lohmeier Tübingen 1980).

E. Bassani, L. Tedeschi, The image of the Hottentot in the Seventeenth and Eighteenth Centuries. An iconographic investigation. In: Journal of the History of Collections 2 (1990), S. 157–186

Johann Beckmann, Litteratur der älteren Reisebeschreibungen. Nachrichten von ihren Verfassern, von ihrem Inhalte, von ihren Ausgaben und Uebersetzungen nebst eingestreuten Anmerkungen über mancherlei gelehrte Gegenstände, 2 Bde. Göttingen 1807/09 (Nachdruck Genf 1971)

Johann von der Behr, Diarium, oder Tage-Buch, über dasjenige, So sich Zeit einer neun-jährigen Reise zu Wasser und Lande, meistentheils in Dienst der vereinigten geoctroyierten Niederländischen Ost-Indianischen Compagnie, besonders in denselbigen Ländern täglich begeben und zugetragen, Jena 1668, Frankfurt 1689. Unter dem Titel »Reise nach Java, Vorder-Indien, Persien und Ceylon 1641–1650« neu herausgegeben von S. P. L'Honoré Naber als Bd. IV der »Reisebeschreibungen von Deutschen Beamten und Kriegsleuten im Dienst der West- und Ost-Indischen Kompagnien 1602–1797«, Den Haag 1930

F. Belec, Unterwegs auf den großen Weltmeeren. Die Geschichte der großen Handelsrouten, München 2005

---

[*] Die Auswahl ist bewußt knapp gehalten und umfaßt Titel, die zum Verständnis in *Saars* Reisebericht mitgeteilten Begebenheiten, der niederländischen Ostindienkompagnie und des Kolonialreiches in Fernost beitragen. Weiterführende Literatur ist nachgewiesen in: *John Landwehr*, VOC. A bibliographie of publications relating to the Dutch East India Companie 1600–1800, hg. von P. van der Krogt, Utrecht 1991.

Jill Bepler, The Traveller-author and his Role in Seventeenth-Century German Travel Accounts'. In: Zweder von Martels (Hg.), Travel Fact and Travel Fiction. Studies on Fiction, Literary Tradition, Scholarly Discovery and Observation in Travel Writing, Leiden, New York, Köln 1994, S. 183–193

Urs Bitterli, Die «Wilden« und die «Zivilisierten«. Grundzüge einer Geistes- und Kulturgeschichte der europäisch-überseeischen Begegnung, München 1991

J. Bolte, Soldatenleben in Batavia. In: Zeitschrift des Vereins für Volkskunde 18 (1908), S. 77–81

Willem Ysbrantsz. Bontekoe van Hoorn, Die Gefahrvolle Reise des Kapitän Bontekoe und andere Logbücher und Schiffsjournale holländischer Seefahrer des 17. Jahrhunderts. Herausgegeben, übertragen, kommentiert von M. R. C. Fuhrmann-Plemp van Duiveland, Tübingen und Basel 1972

C. R. Boxer, The Dutch Seaborne Empire: 1600–1800, London 1990

P. H. Brans, Mitarbeiter der »Oost-Indianischen Compagnie« aus deutschen Ländern. In: Deutsche Apotheker-Zeitung 29 (1963), S. 905–910

Peter J. Brenner (Hg.), Der Reisebericht. Die Entwicklung einer Gattung in der deutschen Literatur, Frankfurt/Main 1989

J. R. Bruijn, E. S. van Eyck van Heslinga (Hg.), Muiterij. Oproer en berechting op schepen van de VOC, Haarlem 1980

J. R. Bruijn, Femme S. Gaastra, I. Schöffer, Dutch-asiatic shipping in the 17th and 18th centuries, Vol. I–III, The Hague 1979/87 (Rijks Geschiedkundige Publicatiën, Grote Serie, Bde. 165–167)

J. R. Bruijn, Femme S. Gaastra, The Dutch East India's Shipping 1602–1795 in a Comparative Perspective. In: Dies. (Hg.), Ships, sailors and spices. East India Companies and their shipping in the 16th, 17th and 18th centuries, Amsterdam 1993, S. 177–208

Isaac Commelin, Begin ende voortgangh vande vereenighde Nederlandsche Geoctroyeerde Oost-Indische Compagnie, 4 Bde., Amsterdam 1646 (Nachdruck Amsterdam 1969)

Mike Dash, Der Untergang der Batavia, München 2005

David K. Fieldhouse, Die Kolonialreiche seit dem 18. Jahrhundert, 15. Aufl. München 2001

Egon Friedell, Kulturgeschichte der Neuzeit. Die Krisis der europäischen Seele von der schwarzen Pest bis zum Weltkrieg, 2. Bd.: Barock und Rokoko/ Aufklärung und Revolution. 7.–12. Aufl. München 1928

Femme S. Gaastra, Die Vereinigte Ostindische Compagnie der Niederlande – Ein Abriß ihrer Geschichte. In: Eberhard Schmitt, Thomas Schleich, Thomas Beck (Hg.), Kaufleute als Kolonialherren. Die Handelswelt der Niederländer vom Kap der Guten Hoffnung bis Nagasaki 1600–1800, Bamberg 1988

Femme S. Gaastra, De Geschiedenis van de VOC, Zutphen 2002

Roelof van Gelder, Das ostindische Abenteuer. Deutsche in Diensten der Vereinigten Ostindischen Kompanie der Niederlande (VOC), 1600–1800. Schriften des Deutschen Schiffahrtsmuseums, hg. von Uwe Schnall, Band 61, Hamburg 2004

K. Glamann, Dutch-Asiatic Trade, 1620–1740, 2. Aufl. Den Haag 1981

J. Goor, De Nederlandse koloniën. Geschiedenis van de Nederlandse expansie 1600–1975, Den Haag 1994

Wilhelm G. Grewe, Epochen der Völkerrechtsgeschichte, 2. Aufl. Baden-Baden 1988

Horst Gründer, Eine Geschichte der europäischen Expansion. Von Entdeckern und Eroberern zum Kolonialismus, Stuttgart 2003

Albert Haeger, Duitschers in Indië. In: Tijdschrift voor Nederlandisch Indië, Nieuwe Serie, Zeventiende Jaargang, Teede Deel (1888), S. 160–188

Caroline Hanken, Sebalds Reisen. Die ferne Welt der Seefahrer, Darmstadt 2001

M. Harbsmeier, Wilde Völkerkunde. Andere Welten in deutschen Reiseberichten der frühen Neuzeit, Frankfurt/New York 1994

H. Hazelhoff Roelfzema (Hg.), Het machtige Eyland Ceylon. Ceylon en de VOC, Den Haag 1988

Hermann Helmes, Übersicht zur Geschichte der fränkischen Kreistruppen 1664–1714. In: Darstellungen aus der Bayerischen Kriegs- und Heeresgeschichte, hg. vom K.B. Kriegsarchiv, Heft 14, München 1905, S. 1 ff.

Andreas Herport, Eine kurze Ost-Indianische Reisbeschreibung, Bern 1669, Amsterdam 1671. Unter dem Titel »Reise nach Java, Formosa, Vorder-Indien und Ceylon 1659–1668« neu herausgegeben von S.P. L'Honoré als Bd. V der »Reiseschreibungen von Deutschen Beamten und Kriegsleuten im Dienst der West- und Ost-Indischen Kompanien 1602–1797«, Den Haag 1930

J. de Hullu, Op de schepen der Oost-Indische Compagnie. Vijf artikelen van J. de Hullu, hg. von J. R. Bruijn, J. Lucassen Groningen 1980 (Instituut voor Geschiedenis der Rijksuniversiteit te Utrecht, Historische Studies Bd. XLI)

A. Hulshof, Duitschers in dienst der Oost-Indische Compagnie. In: Haagsch Maandblad XXXIV (Juli–Dezember 1940), S. 506–514

Jonathan I. Israel, Dutch Primacy in World Trade, 1585–1740, Oxford 1989

Ilse Itscherenska, Deutsche Reiseberichte über Indien vom 16. bis 18. Jh. Bemerkungen zu ihren Aussagen in Bezug auf das ökonomische und soziale Leben in Indien. In: Horst Krüger (Hg.), Neue Indienkunde / New Indology. Festschrift für Walter Ruben zum 70. Geburtstag, Berlin 1970, S. 91–108

Els M. Jacobs, Varen om Peper en Thee. Korte geschiedenis van de Veronigte Oostindische Compagnie, Zutphen 1991

Els M. Jacobs, De Vereenigte Oost-Indische Compagnie. Zeist 1997

Christian Gottlieb Jöcher, Eintrag SAAR (Johann Jacob). In: Ders., Allgemeines Gelehrten Lexicon, Bd. 4, Leipzig 1751

D. de Jongh, Het krijgswezen onder de Oostindische Compagnie, Den Haag 1950

S. Kalff, Duitschers in Indië. In: Koloniaal Tijdschrift 15. Jahrgang (1926), S. 420–437

Peter Kirsch, Deutsche Reiseberichte des 17. Jahrhunderts als Quelle für die Niederländische Ostindienfahrt. In: Deutsches Schiffahrtsarchiv 13 (1990), S. 57–82

Peter Kirsch, Die Reise nach Batavia. Deutsche Abenteurer in Ostindien 1609 –1695, Hamburg 1994

H.-J. König, W. Reinhard, R. Wendt (Hg.), Der europäische Beobachter außereuropäischer Kulturen. Zur Problematik der Wirklichkeitswahrnehmung, Berlin 1989

E. U. Kratz, The Journey to the East. 17th and 18th century German travel books as sources of study. In: Journal of the Malaysian Branch of the Royal Asiatic Society, Vol. LIV, Part I (1981), S. 64–81

Horst Lademacher, Geschichte der Niederlande. Politik – Verfassung – Wirtschaft, Darmstadt 1983

Helmut Lahrkamp, Münsterische Ostindienfahrer des 17. und 18. Jahrhunderts. In: Westfälische Forschungen 16 (1966), S. 167–169

Johann Jacob Merklein, Journal, oder Beschreibung alles deßjenigen, was sich auf währender unserer neunjährigen Reise, im Dienst der Vereinigten, geoctroyierten, Niederländischen Ost-Indianischen Compagnie, besonders in denselbigen Ländern täglich begeben und zugetragen, Nürnberg 1663, 1672. Unter dem Titel »Reise nach Java, Vorder- und Hinter-Indien, Persien und Ceylon 1644–1653« neu herausgegeben von S.P. L'Honoré Naber als Bd. III der »Reiseschreibungen von Deutschen Beamten und Kriegsleuten im Dienst der West- und Ost-Indischen Kompagnien 1602–1797«, Den Haag 1930

Giles Milton, Muskatnuß und Musketen. Der Kampf um das Gold Ostindiens, Reinbek bei Hamburg 2002

M. Mitrovich, Deutsche Reisende und Reiseberichte im 17. Jahrhundert. Ein kulturhistorischer Beitrag, Diss. University of California, Illinois (Urbana) 1957

Mulert, Eintrag SAAR (Johann Jacob). In: Nieuw Nederlandsch Biografisch Woordenboek, Vijfde Deel, Leiden 1921, Sp. 647–648

Geofffey Parker, Der Aufstand der Niederlande. Von der Herrschaft der Spanier zur Gründung der Niederländischen Republik 1549–1609, München 1979

Kurt Peball, Die Schlacht bei St. Gotthard-Mogersdorf 1644, Wien 1964

F. Ratzel, Eintrag Saar, Johann Jakob. In: Allgemeine Deutsche Biographie (ADB) Bd. 30, Neudruck der 1. Auflage 1890, Berlin 1970, S. 106–107

G. J. A. Raven, De geografische herkomst van de soldaten in dienst der VOC 1637–1791 (Diplomarbeit Rijksuniversiteit Leiden 1978, unveröffentlicht)

Peter Rietbergen, Elsbeth Locher-Scholten, Een dubbelperspectief. Aziatische hoven en de VOC, circa 1620–circa 1720. In: Dies. (Hg.), Hof en Handel. Azatische vorsten en de VOC 1620–1720, Leiden 2004, S. 1–14

Johann Friedrich Riederer, Merckwürdiges Leben einiger hier und dar gewesenen Kauf-Leuthe oder, der illustren Negtianten, Frankfurt und Leipzig 1739 S. 7–24

Simon Schama, Überfluß und schöner Schein. Die Kultur der Niederlande im Goldenen Zeitalter, München 1988

Caspar Schmalkalden, Mit Kompaß und Kanonen. Abenteuerliche Reise nach Brasilien und Fernost 1642–1652, hg. von Wolfgang Joost, Stuttgart-Wien 2002

R. Siebertz, Eintrag Saar (Sahr), Johann Jakob. In: Neue Deutsche Biographie (NDB) Bd. 22, Berlin 2005, S. 317–318

Jan Albert Somers, De VOC als volkenrechtelijke actor. The (Dutch) East India Company as an actor in international law, Gouda 2001

Jean Gelman Taylor, The social World of Batavia. Europeans and Eurasians in Dutch Asia, Madison Wisconsin 1983

H.-J. Teuteberg, Reise- und Hausväterliteratur der frühen Neuzeit. In: H. Pohl (Hg.), Die Bedeutung der Kommunikation für Wirtschaft und Gesellschaft, Stuttgart 1989, S. 216–254

F. Übleis, Deutsche in Indien 1600–1700. Struktur: Entstehung und Funktion des Indienbildes der deutschen Reiseberichte des 17. Jahrhunderts. In: Zeitschrift für Religions- und Geistesgeschichte XXXII (1980), S. 127–151

François Valentijn, Beschrijving van Oud en Nieuw Oost-Indiën ..., 8 Bde., Dortrecht und Amsterdam 1724/26 (Nachdruck Franeker 2002)

Georg Andreas Will, Eintrag Sahr oder Saar (Johann Jacob). In: Nürnbergisches Gelehrten-Lexicon, Band 3, Nürnberg/Altdorf 1757

Johann Sigmund Wurffbain, Vierzehen Jährige Ost-Indianische Krieg- und Oberkaufmanns-Dienste in einem richtig geführten Journal- und Tage-Buch, Sulzbach und Nürnberg 1686. Neu herausgegeben unter dem Titel »Reise nach den Molukken und Vorderindien 1632–1646« von S.P. l'Honoré Naber als Bde. VIII und IX der »Reiseschreibungen von Deutschen Beamten und Kriegsleuten im Dienst der West- und Ost-Indischen Kompagnien 1602–1797«, Den Haag 1931.

Johann Heinrich Zedler, Eintrag Saar (Johann Jacob). In: Großes vollständiges Universal-Lexikon aller Wissenschaften und Künste, 33. Band (S-San), Leipzig und Halle 1742, Sp. 23–26 (Nachdruck Graz 1961)

Ein Europäer unter Kannibalen

Hans Staden

Brasilien

1548–1555

288 Seiten, mit zeitgenössischen
Illustrationen und Karten
ISBN 978-3-86503-039-4

Stadens Bericht aus der Frühzeit der europäischen Besiede-
lung Brasiliens ist eine literarische Besonderheit. Vom Lands-
knecht und Kaperfahrer wandelt sich Staden zum Naturfor-
scher und Berichterstatter über die Sitten und Gebräuche
heute ausgestorbener Völker. Die Detailgenauigkeit wirkt
dabei fast grausam.

EDITION ERDMANN

In holländischen Diensten

Caspar Schmalkalden
Mit Kompass und Kanonen
1642–1652

240 Seiten, mit zeitgenössischen
Illustrationen und Karten
ISBN 3-86503-109-9

Rund ein Jahrzehn lang fuhr der Autor als Soldat in holländischen Diensten über die Weltmeere, besuchte Brasilien und Chile, die Kanaren und Südafrika, Sumatra, Taiwan und Japan. Schmalkalden erlebte und überlebte Krankheiten, Stürme, Meuterei und Kriegsgetümmel – und nutzte zugleich seine Zeit für eindrucksvolle Studien von Tieren und Menschen.

EDITION ERDMANN

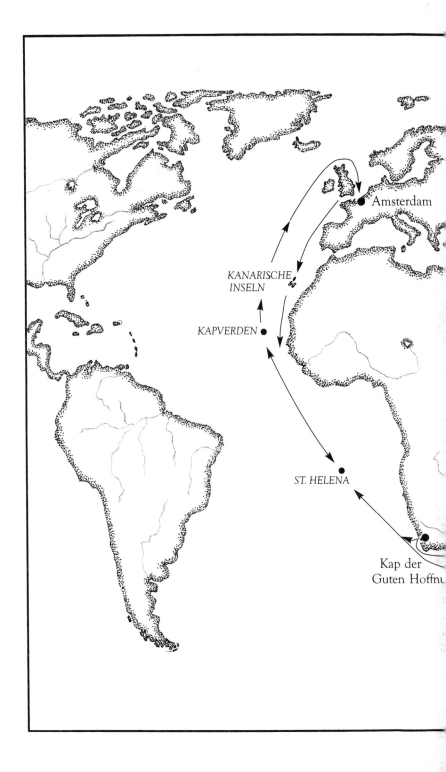